K · L · Spengemann **ARCHITEKTUR WAHR - NEHMEN**

Karl-Ludwig Spengemann

ARCHITEKTUR WAHRNEHMEN

Wahrnehmen ist in einen lebenslangen Lernprozeß eingebunden. Von ihm ausgehend ist ein fundiertes und erweitertes Verständnis für Architektur aufzubauen. Die Arbeiten dienen dieser Aufgabe.

Karl Kerber Verlag

Buchgestaltung:
Herbert Lange BDG, AGD

Satz und Druck:
Busch. Druckerei & Verlag, Bielefeld

ISBN 3-924639-23-X

Inhalt

Vorwort

Diese Werkberichte zeigen Arbeiten, die über längere Zeitabschnitte durchgeführt sind. Die Einzelberichte, meist aus Beobachtungsnotizen zusammengestellt, sind im Laufe der Jahre zum Teil ergänzt, auch revidiert worden, wenn neue Ergebnisse vorlagen. Alle Experimente und die Mehrzahl der Untersuchungen sind spontan, ohne Auftrag, fast spielerisch und immer wieder aus Neugierde heraus durchgeführt. Oft waren Anregungen in der Umgebung die Auslöser. Auf diese Weise konnte ich im Windschatten der allgemeinen Architekturbetrachtung arbeiten. Zu verschiedenen Aspekten entstanden Einzelveröffentlichungen, die hier zum Teil in gekürzter Form mit aufgenommen sind. Erst in den letzten Jahren verdichteten sich einige Ergebnisse zu immer deutlicher sich abzeichnenden Aufgaben und Zielvorstellungen. Sie waren der Anlaß zu dieser Zusammenstellung, die zugleich eine Art Zwischenbilanz darstellt.

Um die Berichtsform nicht mit zuviel Zitaten zu befrachten, habe ich die für jedes Einzelkapitel wichtigen Zitate dem Berichtstext gesondert gegenübergestellt. Der Leser mag daraus ersehen, wer, wann, wo Ähnliches im Sinne hatte und mich als guter Geist begleitet hat. Ein noch sehr subjektiver Literaturnachweis zeigt am Schluß auf, welche Quellen angezapft wurden.

Die verschiedenartigen Skizzen sind über die Jahre verteilt, zur eigenen Klarstellung, oder zu Veröffentlichungen entstanden. Ich hoffe, daß sie nicht allzu kaleidoskopartig wirken und dem Leser das Mitverstehen erleichtern, auch manchmal ein Schmunzeln auslösen.

In kurzen Vortexten zu den einzelnen Kapiteln sind die Anlässe zu den Untersuchungen beschrieben und die mir dazu wichtigste Literatur aufgeführt.

Mit ästhetischen Wertungen habe ich mich weitgehend zurückgehalten, um die Berichterstattung nicht „ideologisch" einzufärben. Auch kunstgeschichtliche Einordnungen sind nicht vorgenommen.

Der Leser wird schnell erkennen, daß noch viele Fragen und Problemstellungen offengeblieben sind. Ich hoffe, er wird mir das nachsehen. Es war oft nur ein Vortasten in ein für mich neues Land. Gesamt hat die Spurensuche Spaß gemacht, wobei es in diesen sensiblen Themenbereichen wichtig war, pragmatische Ziele nicht aus dem Auge zu verlieren.

Das Interesse, vor allem von jungen Menschen, gab mir Anschub zu dieser zusammenfassenden Bearbeitung.

Die wichtigste Unterstützung erfuhr ich von Elisabeth Häussermann durch ihre vielseitige Mithilfe und kritische Beratung.

Dr. Ulrich Weisner verdanke ich wertvolle Erkenntnisse zur Architekturdidaktik, und Thomas Mense, als einfühlsamen Moderator des mit ihm gestaltetem Fernsehfilms. „Architektur und Geschwindigkeit" wichtige Erfahrungen mit den Medien.

Die „Architektur" des Buches entwarf Herbert Lange, dem ich für seine engagierte Gestaltung dankbar bin. Christof Kerber als Verleger danke ich für das entgegengebrachte Verständnis und den Mitarbeitern der Firma Busch, Druck und Verlag, für die sorgfältige technische Ausführung.

Es wäre zu wünschen, wenn sich anhand dieser heterogenen Stoffsammlung ein kritischer Gedankenaustausch zwischen den an der Thematik Interessierten, auch über die engen Fachbereichsgrenzen hinweg, ergeben würde.

In der Architektur ist heute alles machbar. Ihre Gestaltgebung ist damit grenzenlos offen.

Gibt es Grenzen, wo liegen diese, nehmen wir sie noch wahr?

Chance und Niedergang der Architektur entscheiden sich daran.

Einleitung

1 Leonardo da Vinci	❜ Die Erkenntnis, die nicht durch die Sinne gegangen ist, kann keine andere Wahrheit erzeugen, als die schädliche.
2 C. G. Jung	❜ Das beste, was wir hervorbringen können, ist wahrer Ausdruck.
3 H. Matisse	❜ Es gibt somit eine innere, eingeborene Wahrheit, die in der äußeren Erscheinung eines Objektes enthalten ist... Dies ist die einzige Wahrheit, die gilt.
4 A. Mitscherlich	❜ Wir waren zwar im Verlauf des letzten Jahrhunderts zunehmend in der Lage, eine artifizielle Umwelt mit unseren technischen Mitteln zu schaffen, aber wir wissen eben wenig über die stimmenden Rückwirkungen dieser Umwelt auf unser Wohlbefinden.
5 A. Gosztonyi	❜ Die Gestaltgesetze wirken gleichsam durch das Bewußtsein hindurch, entstammen aber nicht aus dem Bewußtsein.
6 Frei Otto	❜ (Wir brauchen) eine neue Sensibilisierung des Wahrnehmungsvermögens für Qualität in der Architektur durch Wiedererweckung von verlorenen sinnlichen Komponenten.
7 E. Fromm	❜ Sich seines Unbewußten bewußt werden, heißt mit seiner vollen Humanität in Berührung kommen.

Vorweg: Es gibt kein Wahrheitsmonopol für eine bestimmte Architektur. Wahr ist jedoch: Jede Architektur übt auf den Menschen eine bestimmte Wirkung aus. Wahr ist zudem: Jede Architektur wurzelt in einem bestimmten Standort, der zugleich mit ihr wahrgenommen wird.

Im Fadenkreuz dieser Koordinaten sind die vom Ansatz sehr unterschiedlichen Beiträge entstanden. Untersucht werden sollte, wieso Wahrnehmen von Architektur mehr bedeutet, als das Konsumieren ihrer Oberflächen und wann und wie weit sich die Idee eines Bauwerks auf den Menschen auswirkt.

Das Wissen um das, was Architektur tatsächlich bewirkt, steckt noch im Nebel. Aus ihm müssen wir herauskommen! Die „Inneren Regelmäßigkeiten", denen jeder Mensch nach wie vor unterliegt, zeigen auf, daß wir den Nebel zumindest aufhellen können.

Schon eine ganz simple Mauer „strahlt" permanent ihre Wirkung aus und setzt zugleich konkrete harte Fakten in den umgebenden Raum. Die Frage dazu lautet: Welche Rolle spielt dabei der Wahrnehmende, ist er nur passiver Beobachter oder muß er mehr oder weniger aktiv diese alltäglichen Vorgänge mitvollziehen? Daran schließt sich eine weitere Frage an: Läßt sich bei der Verschiedenartigkeit der Menschen, ihren so unterschiedlichen Interessen, Altersstufen, Stimmungen, ein gemeinsamer Nenner für das Wahrnehmen von Architektur ausfindig machen und sind diese Wahrnehmungen letztlich nicht nur undefinierbare Gefühle?

Ich weiß, Fragen über Fragen. Um an Fakten heranzukommen, habe ich zunächst versucht, Rangstufen unserer Wahrnehmungsvorgänge ausfindig zu machen. Gibt es, wenn möglich, so etwas wie einen harten (wahren) Kern, auf den es besonders ankommt? Liegen hier womöglich

Ausgangspositionen für den oft so leichthin zitierten „menschlichen Maßstab"?

Schon bald war festzustellen, daß vorwiegend im vielschichtigen Bereich der Psychologie für die Architektur wertvolles Material ungenutzt liegt. Dieses Material muß jedoch erst auf die Fachebene der Architektur transponiert werden. Um praxisnahe Ergebnisse zu erhalten, kann uns Architekten diese Umsetzung niemand aus einer anderen Denkebene abnehmen.

Eine erste Aufgabe, die ich für an diesem Thema Interessierte sehe, ist die Präzisierung von Arbeitsbegriffen, um aus der zunehmenden Sprachverwirrung eines sich immer weiter verzweigenden Fachgebietes herauszukommen. Diese Synchronisation der „Werkzeuge" ist die Vorbedingung, um arbeitsteilig eine langfristige Aufgabe produktiv zu gestalten.

Nachdem wir heute vor den wohl größten Herausforderungen unserer bisherigen menschlichen Existenz stehen, müssen wir in vielem, auch im Bereich der Architektur „von neuem beginnen" (J. Posener[8]). Die Zunahme gestaltunsicherer und menschenfeindlicher Architektur zeigt, daß die anthropologischen Zusammenhänge denen eine jede Architektur unterworfen ist, zur Neubearbeitung anstehen.

Unsere Wahrnehmung funktioniert in der Regel zu großen Teilen meist „unterschwellig". Von diesen inzwischen längst erforschten Feststellungen bin ich ausgegangen.

„Architektur" verstehe ich in diesen Berichten in einem weit gesteckten Rahmen als die bauliche Ordnerin unserer Lebensverhältnisse, „als Tektonik unserer räumlichen Ausgedehntheit" (W. Siegfried[9]). Baukunst und Baustile sind wichtige Teilbereiche.

Die durchgängig verwendete Wortverbindung „Umraum" wurde für mich, im Verlauf der Arbeit zu einem Schlüsselbegriff, weil sich daraus nicht nur verschiedene Raumschichten ableiten lassen, sondern weil Wahrnehmung immer von einem Raumkontinuum um uns herum ausgeht.

Den roten Faden der Werkberichte bilden die Begriffe „Archefakten" bzw. „Archetypen". Die Übernahme dieser, vor allem in der Tiefenpsychologie gängigen Begriffe halte ich deshalb für legitim, weil schon im Alltagswort Architektur als Wortwurzel „das Urbildhafte", „das Eigentliche", eine „älteste erreichbare Gestalt" (Duden) mitartikuliert wird.

Aus den für die Architektur gefilterten archetypischen Fakten sind keine zusätzlichen baulichen Festsetzungen zu entnehmen, vielmehr praxisnahe Leitlinien, um den menschlichen Maßstab genauer in seiner Substanz zu erkennen.

Um das ohnehin komplexe Stoffgebiet nicht weiter zu differenzieren, sind neben den im ersten Abschnitt beschriebenen Experimenten zur Wahrnehmung von Gebautem, die beiden folgenden Abschnitte nur nach „Haus" und „Ort" unterteilt.

Ein noch zu wenig beackertes Aufgabenfeld, sehe ich darin, den Blick für die „Einpflanzung" von Architektur in den jeweiligen Standort zu schärfen. In einer Zeit zunehmender Mobilität und zunehmender technischer Möglichkeiten „Berge zu versetzen", geht es darum, die Einmaligkeit eines jeden Standortes gründlicher zu erkennen. Auch dazu lassen sich aus dem Wahrnehmungsvorgang wichtige Hinweise ableiten. Auf diese ist im dritten Abschnitt näher eingegangen.

Nicht als beiläufige Zutat wird im letzten Abschnitt dieser Werkberichte auf die Einbindung des am Architekturgeschehen interessierten Bürgers hingewiesen. Die qualifizierte Wahrnehmungsgabe vieler Bürger habe ich achten gelernt. Aufgrund dieses, meist latent vorhandenen Interesses an seinem Umraum ist hier ein Modellversuch erläutert, der auf das Verständnis für Architektur in einer breiteren Öffentlichkeit abzielt.

Die erst seit kurzem sich ausweitende Sensibilität dem gebauten Umraum gegenüber weiter zu entwickeln und damit auch eine Verantwortung der Architektur gegenüber zu festigen, gehört mit zu den humanitären Aufgaben unserer Zeit.

Neben den immer höher entwickelten technischen Verfahren, Baulichkeiten „optimal" zu errichten, darf ein Gespür und Wille für das ihnen menschlich zuträgliche Optimum nicht weiter verkümmern. Dieses Gespür durch eingehende Beobachtungen und interdisziplinär vorliegende Erkenntnisse für das Gestalten von Architektur praxiswirksamer zu entwickeln – darum geht es.

An Arbeiten von Paul Klee sind
vielfach archetypische Gestaltelemente
der Architektur spürbar.
Die komplexe Einheit zwischen
Gestaltgebung und deren Wirkung
auf den Menschen
hat er in eingehenden Untersuchungen
zur „Formenlehre" dargelegt.

Aus: Will Grohmann „Paul Klee", Verl. W. Kohlhammer, Stg. 54

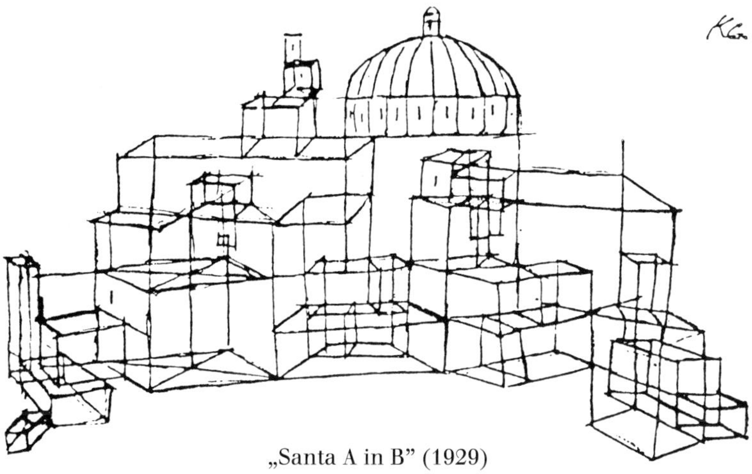

„Santa A in B" (1929)

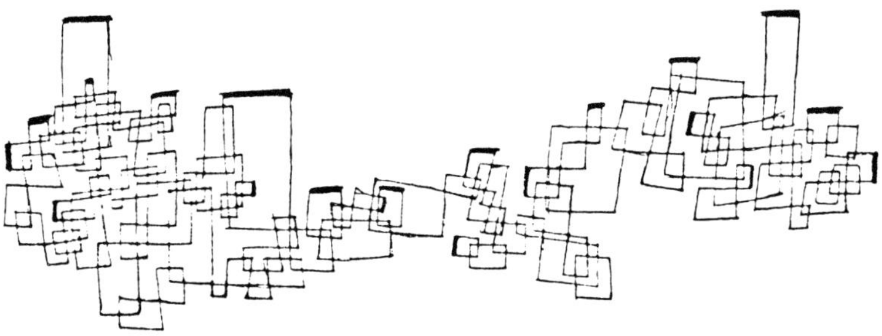

„Mechanik eines Stadtteils" (1928)

„Vorort von Beride" (1927)

1 Wahr–Nehmen

1
G. Vollmer

› Die menschliche Erkenntnisfähigkeit hat sich in Wechselwirkung mit der Umwelt und in Anpassung an diese herausgebildet.

2
St. C. Wilson

› (Wahrnehmen hat) mit der Konstellation bestimmter Urformen zu tun ... so als sei unser Umgang mit Architektur irgendwie aufgespalten in einen Überbau und eine Infrastruktur ... einer Art unbewußt wirkendem Code.

3
H. Kükelhaus

›
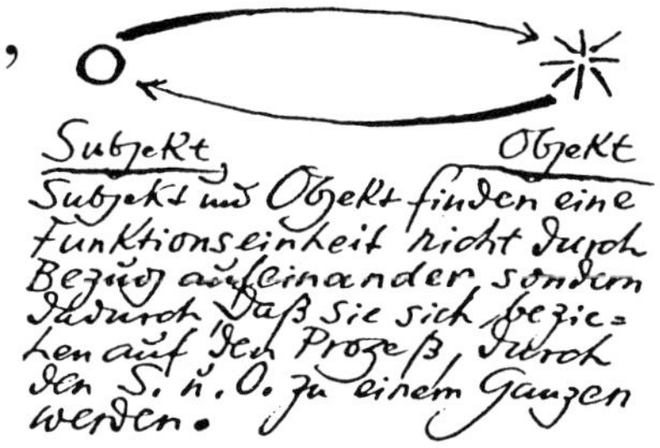

4
K. Tucholsky

› Wir sehen ja nur, was wir sehen wollen.

5
J. Pieper

› Architektur ist in letzter Konsequenz eine anthropomorphe Projektion von archetypischen Bildern und Vorstellungen.

6
C. G. Jung

› Das Bewußte läßt sich wie ein Papagei dressieren, nicht aber das Unbewußte.

7

› Für die analytische Psychologie war es daher keine geringe Überraschung, als sie in den Produkten des Unbewußten viel archaisches Material fand.

Woran liegt es, daß wir meist in Sekundenschnelle eine Architektur beurteilen? Was spielt sich in diesem Augenblick unserer Wahrnehmung ab? Das waren über Jahre immer wieder meine Hauptfragen.

Da Architektur, ohne sie wahrnehmen zu können, nicht erlebbar ist, muß ihre Gestaltgebung auch ursächlich auf die komplexen Wahrnehmungsvorgänge in uns bezogen sein.

Von dieser Prämisse bin ich ausgegangen, um nach möglichen regulativen Elementen der Architektur zu suchen. Nach ihnen entscheidet sich letztlich die Verträglichkeit jeder Architektur.

Zunächst ging es darum, mir innerhalb der verschiedenen Wahrnehmungszeiten einen Überblick zu verschaffen. Daraus entstand die (ergänzungsbedürftige) Zusammenstellung von Zeitdaten. Schon daran wird deutlich, wie im „Sekundenbereich", in einer außerordentlich kleinen Zeitspanne, die wichtigsten Wahrnehmungsereignisse stattfinden. Aus diesen Fakten ergaben sich Ausgangspositionen für erste Untersuchungen, die durch Forschungsergebnisse nachfolgender Autoren motiviert wurden.

An Versuchen mit Kindern hatte schon Jean Piaget[8] eindrucksvoll nachgewiesen, daß Sehen eine „erlernbare Fähigkeit" ist, jedoch auch „angewöhnte Vorzüge" und „der Erfolgsprozeß des Wiedererkennens" eine entscheidende Rolle mitspielen.

Als ich begann, mich mit C. G. Jungs Tiefenpsychologie[9] zu beschäftigen zielten meine Überlegungen und Untersuchungen immer mehr auf das Noch-nicht-bewußt gewordene einer Architektur hin. Es entstanden daraus die Experimente mit „Kurzreflexen". Die Fragen lauteten: was läßt sich in einem allerfrühesten Stadium schon erkennen, und können daraus, wenn möglich, Schlüsse auf einen in uns ausgeprägten „Erfahrungsfundus" mit Architektur-Elementen gezogen werden?

Im „Gestaltkreis" von V. v. Weizsäcker[10] und den für die Architekturentwicklung bedeutenden Arbeiten von O. F. Bollnow „Mensch und Raum"[11] fand ich Richtungsweisendes für die weitere Arbeit. In der „Evolutionären Erkenntnistheorie" von G. Vollmer[12] war mir sein Begriff des „Vorwissens" wichtig für die Versuchsreihen zum Kurzreflex. Für die hier dargestellten Architekturuntersuchungen habe ich daraus den Begriff „Vorbewußtsein" abgeleitet und damit diese Zwischenzone verbal eingegrenzt.

Eindeutig ist in diesem Zusammenhang die Stufenfolge: Gefühl – Gedanke – Sprache. Aber was heißt das differenziert bei der Wahrnehmung von Architektur? Noch mehr: was spielt sich während eines Augenblitzes bei der Hin- und Herschaltung zwischen uns und der uns gegenüberstehenden Architektur ab?

Ich vermute, die rein individuellen Bezüge werden uns weitgehend verborgen bleiben. Nur einiges davon können wir erahnen. Wichtig sind jedoch die interpersonell feststellbaren Beziehungen. Hier sind die Erkundungen für den Architekturbereich zu erweitern. Dieses habe ich fragmentarisch versucht.

Eine der wichtigsten, ich denke auch lösbaren Aufgaben liegt darin, das „in uns wirkende Ordnungsprinzip" (C. G. Jung) weiter aufzuspüren und für die Architektur nutzbar zu machen.

Die Bewegungsabläufe als Primärphänomen unserer Wahrnehmung sind bisher in der Architektur viel zu wenig beachtet worden. Auch in diesem aktuellen Bereich, bin ich der Ansicht, wird man weiter fündig werden.

Der Vergleich des optischen mit dem haptischen Tastvorgang fördert vielfache Fakten für die Grenzen und Möglichkeiten zum Wahrnehmen von Architektur zutage. Insbesondere der innere Übersetzungsvorgang beim Abtasten von Architekturmodellen mit Blinden sollte weiter erkundet werden.

Architektur wahrnehmen bedeutet letztlich ihren Sinn nicht nur zu lesen, sondern auch zu verstehen. Wie läßt sich an dieses komplexe Grundphänomen herankommen? Ich habe dazu immer wieder mit Buchstaben gespielt. Sie stehen uns trotz ihrer Zweidimensionalität visuell ebenso konkret gegenüber wie eine Architektur. In ihrer Zusammenfügung zu Worten, Sätzen und Gedanken führen sie an eine Thematik, die m.E. mit der Entstehung von Architektur mehr als nur Analogieschlüsse erlaubt.

1 1 Augen-Blicke

1
J. E. Berendt
❜ Es gehört zur Natur des Auges,
daß es herumfährt,
daß es weniger vernimmt,
als sucht.

2
❜ Das Auge ist von unseren Sinnen
der Expansivste, Aggressivste,
der Härteste und Schneidendste,
der Maskulinste, der am stärksten
Egozentrierte und Machthungrigste.

3
W. Obrist
❜ Die ungeheure Fülle sensorischer
Information, die uns unsere
Sinnesorgane in jedem Augenblick
zuführen, wird reduziert und . . .
durch höhere Gestaltgesetze
strukturiert.

4
K. Lynch
❜ Der Aufbau des inneren Bildes der
Umwelt ist ein gegenläufig
gerichteter Vorgang zwischen dem
Betrachter und dem Betrachtenden.
Er sieht die äußere Form.
Aber wie er diese interpretiert,
zu einem Bild ordnet
und auf was er besonders achtet,
das beeinflußt wiederum
das Geschehene.

5
S. Boisserée
❜ Mittel der Mitteilung für die Maler,
Bildhauer, Baumeister zuerst
„Farb Licht" dann erst „Form"
und „Maß".

■ Um festzustellen, ob unterhalb der letzten Bewußtseinsschwelle von 1/10 Sekunden noch Architektureindrücke visuell fixiert werden können, ließ ich 1978 aus zwei älteren Fotoapparaten die Linsensysteme ausbauen. So konnte ich mit dem Verschlußsystem (Tachistoskop) arbeiten.

Als erste Versuchsanordnung baute ich mir einen Guckkasten mit Beleuchtung zum Einhängen von, zu mir hin, verdeckten Bildtafeln. Auf diese Weise ließen sich, bis Ende des Versuchs mir unbekannte Bildtafeln testen. Über das verstellbare Verschlußsystem wurden in der Mehrzahl Einstellungen von 1/100 bis zu 1/300 Sekunde verwendet und sofort über ein Ist- und Sollverfahren ausgewertet.

Eine zweite simple Versuchsfolge ergab sich 1979 aus neuen Fragestellungen bzw. zur weiteren Absicherung einiger Vorergebnisse. Dazu wurden 5 Stäbchen in Streichholzlänge, ebenfalls verdeckt, aus einem Abstand von etwa 20 bis 25 cm Höhe, auf eine weiche Unterlage abgeworfen. Ihre Figuration wurde anschließend wieder mit 1/100 bzw. 1/300 Sekunde visuell fixiert und die Ist- und Sollergebnisse miteinander verglichen und ausgewertet.

Neben den schon benannten „Anregern", boten mir verschiedene Handbücher über „Psychologie"[6–9] bisher erforschte Daten. ■

Aus der ersten Versuchsanordnung mit Bildtafeln ergab sich:

Schon weit unterhalb der Bewußtseinsschwelle von 1/10 Sekunden sind Architekturstrukturen visuell fixierbar. Es gibt zudem Stufenfolgen in diesem allgemein noch nicht bewußten Wahrnehmungsvorgang. Primär werden Bewegungsabläufe fixiert. Es folgen Licht- und Farbwerte, letztere überraschend genau im Farbton, zusammen mit einer groben Aufteilung der (Bau-)Massen innerhalb des

Der erste Wahrnehmungseindruck
unseres Umraumes sind
farbige Massen,
in ihrer Struktur vorgeordnet,
jedoch noch
undetailliert.

Christian Rohlfs,
„Türme von Soest" (farbig) 1921
(Westfälisches Landesmuseum – Münster)

Blickfeldes. Vielfach ist je nach Objekt dessen Hauptstruktur erkennbar.

Wir suchen immer nach Mustern. Schnittpunkte von Architekturgliederungen sind visuelle Magnete. Ihre Haupterstreckungen werden in Richtung und Winkelstellung (bei guten Lichtverhältnissen) erstaunlich präzise erfaßt. Größenordnungen von Gebäuden lassen sich nur vage, als grobe Masse abschätzen. Raumbildungen und erst recht Detailausbildungen sind in diesem visuell „embryonalen" Stadium noch nicht fixierbar.

Die zweite Versuchsanordnung sollte näher erkunden, wie sich „visuelle Magnete" der Architektur auswirken. Hier war aufschlußreich, daß Stabüberschneidungen und Winkelformen vorrangig erfaßt werden. Aber auch Stäbe in Parallellagen finden Beachtung, je regelmäßiger um so mehr. Isoliert in der Fläche liegende Einzelstäbe können dagegen nur ungenau in ihrer Lage bestimmt werden.

Bestätigt wurde bei den Stäbchenversuchen, daß wir (ich) in der Regel auf einen Blick „nur bis 5 zählen können". Relativiert wird diese Feststellung jedoch von der Lage der Stäbe zueinander, z.B. bei Kreuzungen.

In beiden Versuchsreihen mit Kurzreflexen stellte sich durchgehend heraus, daß das Erinnerungsvermögen bei diesem visuellen Blitz nur bis maximal 2–3 Sekunden reichte und dann sofort erlosch.

Was läßt sich aus diesen zwar nur subjektiv durchgeführten Versuchsreihen für die Architektur ableiten?

Das Hauptergebnis sehe ich darin, daß schon im Vorbewußtsein eine Gestalteinwirkung des Architektur-Umraumes nachweisbar ist. Wenn auch noch kein räumlicher Gesamteindruck entstehen kann, so sind visuell, zwar noch rudimentär in der Komposition, jedoch in ihrer Farbgebung, Lage und Zuordnung schon deutlich erkennbare Architekturelemente festzustellen.

Da im Unterbewußtsein noch ganzheitliche Schichten des inneren „Bilderstromes" unserer Vorstellungswelt abgelagert sind, folgere ich daraus: Architekturelemente, welche visuell bis in die Zonen des Vorbewußtseins dringen und dort feststellbar sind, stellen eine Art von hartem Kern der jeweilig erlebten Architektur dar. Ich vermute, daß diese strukturbildende Kernsubstanz eine höhere Objektivitätsstufe besitzt gegenüber den zeitlich nachrangig (mehr subjektiv) wahrnehmbaren Einzelheiten. Diese haben ihren eigenständigen Bedeutungsrang innerhalb der Bewußtseinsbildung.

Nach der Reihenfolge der obigen Feststellungen sollte eine der dringlichen Aufgaben sein, die immer schnelleren Bewegungsabläufe besser auf das Wahrnehmen von Architektur abzustimmen.

Ein aktuelles Aufgabenfeld ergibt sich aus der vorrangigen Einstufung unserer Wahrnehmung der Farbe gegenüber. Das hat nicht nur Folgen für die Oberflächengestaltung, sondern für das sensibele Gebiet der Materialwahl als Farbträger. „Farbe: Die Wirklichkeit setzende spirituelle Materie" (Georg Meistermann).

Dazu einige Beobachtungen aus den Experimenten mit Kurzreflexen:

Es war leicht festzustellen, daß das Rotspektrum zeitlich weit vor dem Blauspektrum registriert wird. Himmelsfarben, Wasser und vor allem leichtere Schattenbildungen sind im Sehblitz noch nicht wahrnehmungswirksam. Klare, kraftvolle Farbtönungen haben vor Vermischungen visuellen Vorrang. Das Farbton vermittelnde Grünspektrum läßt mit seiner hohen Differenzierung schon im Kurzreflex Assoziationen z.B. zu Jahreszeiten aufkommen.

Gesamt zeigen die Farbbeobachtungen, daß

Versuch, verschiedene
Zeitstufen des „Augenblicks"
in ihren visuellen
Zyklen zu differenzieren,
zugleich die „Kurzreflexe"
in den Wahrnehmungs-
prozeß einzuordnen.

WAHRNEHMUNGS-STUFEN

Unbewußt

abrufbereit sind die Daten der „Inneren-Uhren" und eine Fülle der „Inneren-Bilder gespeichert.

Vorbewußt

mit 1/300 –1/100 Sekunde als „Kurzreflexe" sind schon Architekturelemente erkennbar. (eigene Experimente)

Bewußt

3 bis 5 Blickwechsel finden je Sekunde beim Wahrnehmen eines Objektes statt. (1)

0,1 Sekunde dauert ein „Orientierungsreflex". (2)

0,2 bis 0,6 Sekunden Fixationszeit sind als Minimum erforderlich, um den Wahrnehmungsprozeß „in Gang zu setzen". (eigene Experimente)

bis 5 Architektur-Elemente sind als visuelle Einheiten allgemein nur auf einen Blick erfaßbar.
(eigene Experimente)

(Maximal sind „bis zu 7 Erbsen" mit einem Blick zu erfassen). (3)

Gespeichert

1,2 bis 1,4 Sekunden werden in der Regel als „Reaktionszeit" benötigt. Früher wurden nur 0,7 bis 0,1 Sekunden z.B. in der Rechtssprechung bei Autounfällen anerkannt. (4)

1 bis 2 Sekunden dauert das „Kurzgedächtnis bei einem Wahrnehmungseindruck. (5)

1 bis 10 Sekunden wird als „subjektive Gegenwart", als „Erlebtes-Jetzt, als „Betrachtung" angenommen. (6)

6 bis 12 Sekunden „bei stetigem Bewußtseinsstrom" sind minimal erforderlich, um einen Wahrnehmungseindruck ins Langzeitgedächtnis zu übernehmen.
(7 und eigene Versuche)

Literatur: (S) „Knaurs Moderne Psychologie" 1.1. (8)		
	1	Seite 90
	2	Seite 93
	3	Seite 92
	4	„Bild": 29. 10. 76 (Köln)
	5	Seite 92
	6	Seite 90
	7	Seite 90

vermutlich zwischen der wahrgenommenen Farbgebung und unseren „inneren Farbbildern" sehr kurze Drähte bestehen.

Von diesen Überlegungen angeregt, habe ich mir als Arbeitsansatz, unabhängig von den zahllos vorhandenen Farblehre- und Farbkreisvorschlägen, einen „archetypischen Farbkreis" zusammengestellt. Für den Alltagsgebrauch sollten didaktisch leicht zu vermittelnde, praxisnahe elementare Hilfen zur Farbgestaltung von Architektur weiter entwickelt werden. In diese müßten jedoch die unterschiedlichen Materialstrukturen der gängigen Baustoffe und deren Oberflächenwirkung einbezogen werden.

Für das Wahrnehmen einer räumlichen Gliederung spielt die „visuelle Frequenz", welche jedes Einzelglied in seinem Volumen und seiner Unterteilung ausstrahlt, eine gestaltprägende Rolle. Die ausgewogene Dosierung dieser Frequenzen, vom Blickpunkt des Betrachters und Nutzers der Architektur ausgehend, wird noch kaum beachtet. Ich sehe darin eine kommende Aufgabe für die Architektur.

In einen Werkbericht gehört, neben die Feststellungen und Vermutungen, auch der Hinweis auf die Fülle oft bedrängender offener Fragen. Aus den Untersuchungsnotizen entnehme ich nur einige:

- Wann und wodurch wird eine Architektur (bevorzugt) ins Langzeitgedächtnis transportiert?
- Wie weit spielt das in uns angelegte „Prägnanzprinzip" und die aus Erfahrung heraus entwickelten „Anpassungen" an eine Architektur ihre Rolle?
- Schalten wir bei gewohnter Architektur optisch ab, weil uns diese, wie z.B. bei der Hintergrundsmusik im Supermarkt, durch ständige Begleitung zu viel oder zu langweilig wird?

Gesamt, so vermute ich, liegt in der höchst wirksamen Zwischenzone, dem „Vorbewußtsein" der Umschlagpunkt zwischen den inneren Vorstellungen und den äußeren Eindrükken. Hier entscheidet sich, wie weit uns die gegenüberstehende Architektur positiv oder negativ „unter die Haut geht". So oder so tut sie es, ob wir das wollen oder nicht, das machen m.E. die Experimente mit „Kurzreflexen" deutlich.

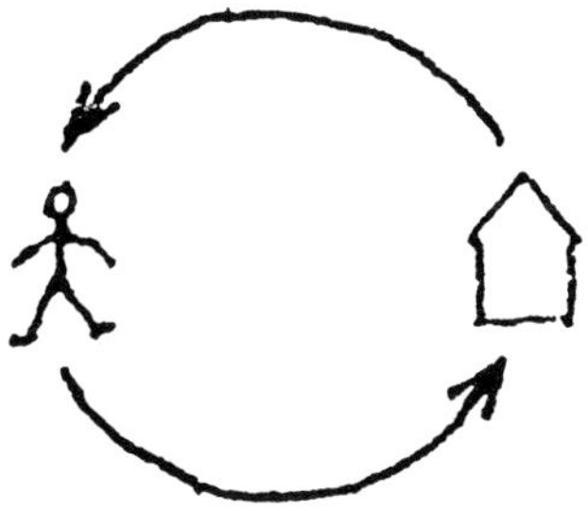

Mensch und Umraum
stehen sich in ständiger
Wechselwirkung gegenüber.

Beim verarbeiten von Architektur ist
das Bewußtsein nur „die Spitze
eines Eisberges", sein Schwergewicht
bildet das Unterbewußtsein.

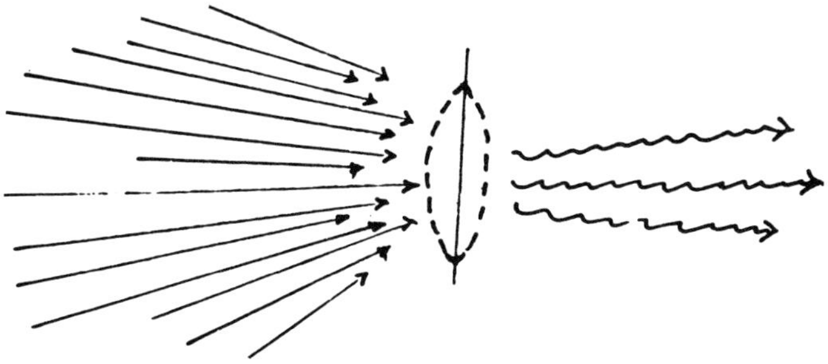

Nur ein Bruchteil
der ankommenden visuellen
„Architektur-Reize" wird verarbeitet.

Boden, Wand, Decke
werden vermutlich zeitlich
gestuft wahrgenommen.

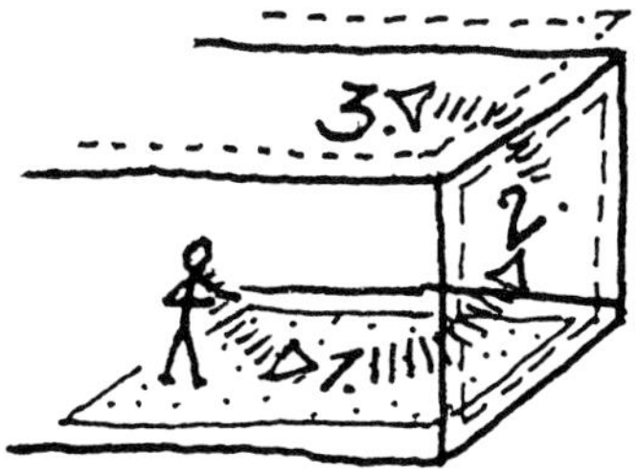

Farbempfindungen basieren
auf archetypischen
Zusammenhängen.

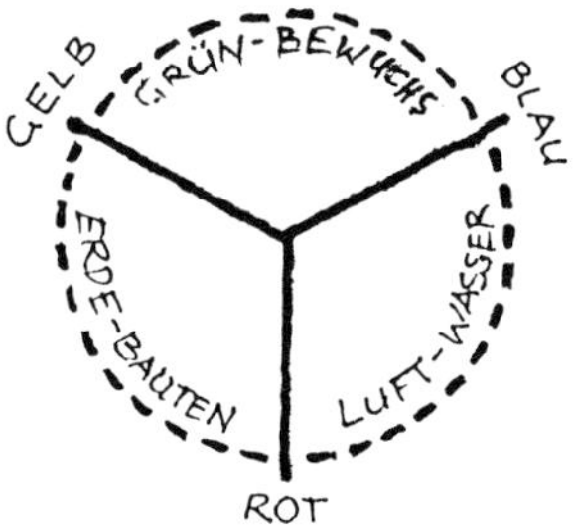

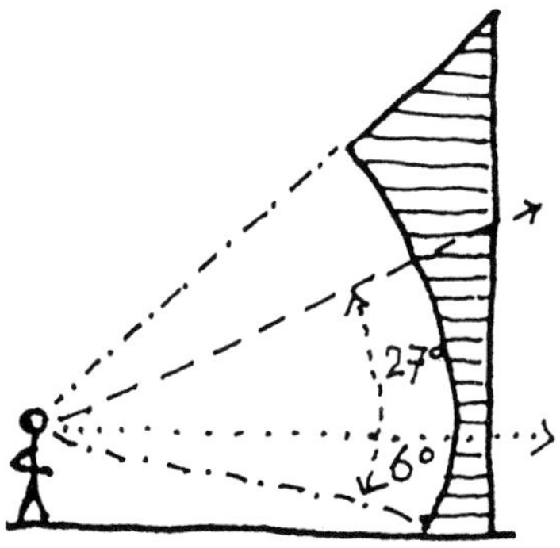

Architekturteile, die sich
ober- oder unterhalb des
Sehwinkels befinden,
erhalten visuell
zusätzliches Gewicht.

1₂ Bewegungs-Abläufe

1
E. Roth

› Ein Mensch hat einen Kreisel, rund.
Bemalt mit sieben Farben, bunt.
Er peitscht ihn an, der Kreisel schwirrt,
bis schneller er und grauer wird.
Soll unser Leben bunter bleiben,
darf man's nicht all zu munter treiben.

2
K. Wagenbach

› Schnelle Bildfolge: Das Auge vergißt,
daß Gehirn zu benachrichtigen.

3
V. v. Weizsäcker

› . . das Wesentliche ist, daß
zwischen Zeitdauer und Figur
eine funktionale Bindung
gefunden wird.

4
Ch. Norberg-Schulz

› Architektur entsteht aus
der Dialektik von Weggang
und Rückkehr.

5
A. Siza

› Die Sinneseindrücke entstehen
durch die Bewegung,
man kann die Empfindung,
in einem Raum zu sein,
nicht reproduzieren.

E. Mendelsohn
Skizze zum Kaufhaus Schocken, Stuttgart
1926–28

6
F. Schumacher

› Es gibt auch eine künstlerische
Verkehrsregelung . . . diese tritt erst
ganz zutage, wenn der lineare
Rythmus sich im plastischen
Rythmus fortsetzt.

■ Um das Wahrnehmen auch von schnelleren Bewegungsabläufen zu erkunden, baute ich mir 1980 eine nach Geschwindigkeiten dosierbare Drehscheibe. Zahlreiche Papierbänder mit unterschiedlich sequentierten Zeichen, vor allem aber Straßenabwicklungen, wurden mit Hilfe eines Winkelspiegels und vorgestellten Figuren, Radfahrern und Autos untersucht. (Im Fernsehfilm: „Architektur und Geschwindigkeit" WDR 1989 und 1992 (Wh.) wurden diese Experimente dargestellt und erläutert).

Wichtige Anregungen erhielt ich für diesen Themenkomplex von Viktor von Weizsäckers „Gestaltkreis" [7], aber auch aus dem vielschichtigen Werk von Wolfgang Metzger: „Gesetze des Sehens". [8]

Der nachfolgende Text ist die leicht gekürzte Fassung eines „Bauwelt"-Artikels [9]. (Die Zitate mit Seitenzahl (.....) sind dem „Gestaltkreis" entnommen.) ■

Immer häufiger und immer schneller bewegen wir uns zwischen immer mehr Standorten hin und her. Die Frage ist: Wirken sich diese Bewegungsabläufe auch auf die Baugestalt aus?

Um es vorweg zu nehmen: Ich bin der Ansicht, daß durch die explosionsartige Zunahme der Mobilität neben die oft zum Slogan abgegriffene Entwurfsthese „form follows funktion" zumindest eine ergänzende oder sogar eigenständige These treten sollte: „Form folgt Bewegung".

Der viel zitierte menschliche Maßstab läßt sich nur ausmachen, wenn zur Gestaltung baulicher Umräume nicht nur rein funktionale, daß heißt relativ statische, in sich begrenzte und immer wiederkehrende Handlungsabläufe berücksichtigt werden. In ihnen finden zwar partiell auch Bewegungen statt, aber nur innerhalb eines geschlossenen Funktionssystems.

Besondere Berücksichtigung erfordern, allein zeitlich gerechnet, die heute zunehmenden Bewegungsabläufe zwischen unterschiedlichen und entfernten Standorten als eigenständige Bewegungsart.

WECHSELBEZIEHUNGEN

Schon beim Gehen durch ein Zimmer treten bedeutende Wahrnehmungsveränderungen auf: „. . . die Umgebung erscheint nicht in Ruhe, sondern in Verschiebungen, mithin Bewegungen gegeneinander; zwischen mir und den Wänden lagern sich die Möbel in neuen Positionen, der Rahmen des Fensters verschiebt sich gegen die Landschaft" (S. 29). Oder beim Gehen vor einem Haus: „Bewege ich mich an einem linker Hand liegenden Haus, vor dem ein Baum steht, vorbei, so erscheint mir der Baum nacheinander rechts, vor und links von dem Hause und ich sehe die Verschiebung sich Schritt um Schritt vollziehen" (S. 29).

Diese Wechselbeziehung zwischen Objekt und Subjekt wird also schon beim Gehvorgang deutlich. Es „schieben sich die Objekte nicht auf beiden Seiten am wahrnehmenden Beobachter vorbei, sondern dieser als Subjekt setzt sich aktiv zu beobachtbaren Objekten in Beziehung", und: „Veränderungen werden dabei nur dadurch erfaßbar, daß die Gegenstände einerseits als konstant festgehalten werden, andererseits aber gleichzeitig Veränderungen an ihnen oder um sie registriert werden" (XVI).

Wie weit sich bei erhöhten Geschwindigkeiten in unserer Wahrnehmung die Objekte verändern, macht das bekannte Beispiel eines vorüberfahrenden Zuges deutlich. Findet umgekehrt eine erhöhte Selbstbewegung statt, tritt ein entsprechender Vorgang ein. Während bei einer Null- bzw. Gehbewegung Detail und Vertikalbezüge noch aufgenommen werden,

Wenn ich 90 Sekunden bei 4 km/Std. an 10 Häusern entlanggehe, bilden sie noch ein NEBENEINANDER IM RAUM.

Wenn ich 90 Sekunden bei 40 km/Std. an 100 Häusern entlangfahre, entsteht der Eindruck von einem NACHEINANDER IN DER ZEIT.

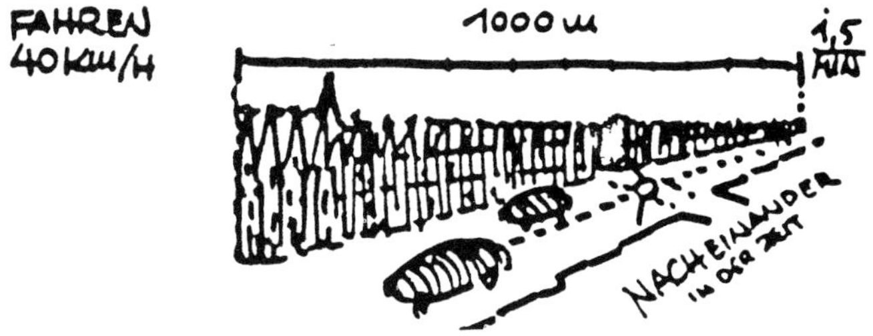

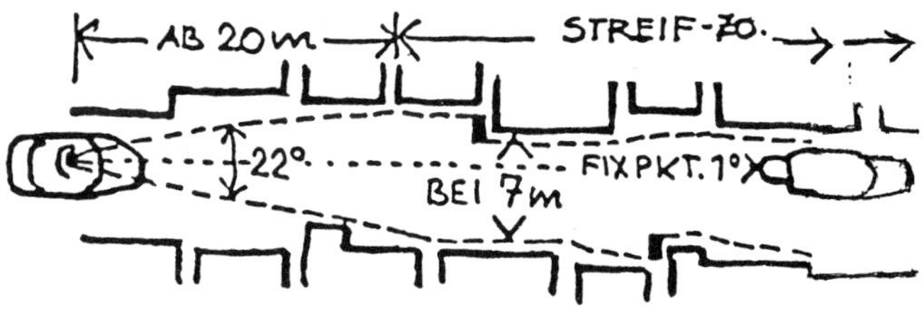

Sind Fahrwege zu eng und Geschwindigkeiten zu hoch, setzen VISUELLE EROSIONEN ein. Hauseinheiten und Raumbildungen sind nicht mehr wahrnehmbar.

ändert sich die Wahrnehmung je nach Geschwindigkeitsverlauf, sie wird immer mehr horizontal bezogen. Je nach Abstand und Kleinteiligkeit „fliegen" die Fassadendetails an uns vorbei. Je näher, um so größer wird die visuelle Erosion.

Ein eigener Simulationsversuch mit verkleinerten Straßenabwicklungen ergab: Schon bei einer Geschwindigkeit von 50–55 km/h ist in einem Abstand von 7–9 m eine senkrechte Fenstersprosse von ca. 20 mm nicht mehr sichtbar, während dagegen die waagerechten Sprossen in ihrer vollen Stärke visuell erhalten bleiben.

Dieses „Umkippen" einer Senkrechten hat für die Gestaltung in der Architektur weitreichende Folgen. Denn „das Bewegungsbild entsteht gleichsam bilateral oder bipolar, es besteht nur als eine relativistisch geordnete Formbeziehung zwischen einem Organismus und seiner Umgebung" (S. 197).

UMRAUM VERÄNDERUNGEN

Anschaulich sind diese Beziehungen zwischen Form und Bewegung in der (hier analysierten) Schweizer-Bildermappe dargestellt. Ein angenommener Standort ist mit seinen baulichen Veränderungen in sechs Zeitabschnitten wiedergegeben. Die Veränderungen sind überwiegend von zunehmenden Verkehrsanlagen geprägt. Die Bildfolge zeigt damit einen vielerorts eingetretenen Stadtumbau. Nur vier Zeitabschnitte sind hier abgebildet, der erste 1953 und der letzte 1976 sind ausgewertet.

Wenn man diese beiden zeitlichen Zustände in ihren Hauptwahrnehmungselementen miteinander vergleicht, ergeben sich folgende Veränderungen der Bauformen:

- Diagonale Elemente, vor allem an Dächern, aber auch an einzelnen Baugliedern entfallen immer mehr als formale Weichmacher.
- Senkrecht und einzeln stehende Öffnungen werden zu waagerecht verlaufenden Öffnungsbändern umgeformt. In sich zentrierte schmale Hausfassaden gehen in durchlaufende, linear gegliederte Breitstrukturen über.
- Die Verkürzung und Abnahme der vertikalen Elemente führt zu einer Verminderung der Plastizität und Rhythmisierung der Bauglieder.
- Vielfach untergliederte, kurze horizontale Elemente gehen in lang ausgezogene, meist parallele „Gleitformen", insbesondere in Fahrbahnnähe, über.

Gesamtergebnis: Das bauliche Umfeld mit kleinteiliger, vielseitiger und räumlicher Gliederung ist in großflächige, gradwinklige und additiv wirkende Horizontal-Ebenen umgeformt.

Bedenken wir, daß während eines Blickverlaufes, auch ohne eigene Fortbewegung, unsere Augen in einer Sekunde schon eine Vielzahl verschiedener Fixpunkte verarbeiten, so wird deutlich, welche Augenarbeit zusätzlich während eines Fahrvorganges zu verkraften ist. Bei nahem und schnellem Vorbeigleiten von Umfeldobjekten ist die rein optische Anstrengung dazu noch mit einem ständigen Abhacken von Bewußtseinsansätzen verbunden. Dies führt zum visuellen Umschalten vom Umraumerleben auf reine Fahrkonzentration. Das Nebeneinander im Raum geht in ein Nacheinander in der Zeit über.

Daraus läßt sich die These ableiten: Je schneller der eigene Geschwindigkeitsablauf ist und je näher das bauliche Umfeld liegt, desto weichere und fließendere Formen benötigen wir, um visuelle Erosionen zu vermeiden.

Folgende Fragen ergeben sich daraus: Muß der Preis höherer Geschwindigkeiten mit dem Verlust der Plastizität des Bauwerkes und vor allem dem seiner Erlebnisfähigkeit bezahlt

Hauswände werden bei zunehmender Fahrgeschwindigkeit visuell auf überwiegend horizontal gezackte Strichfolgen reduziert.

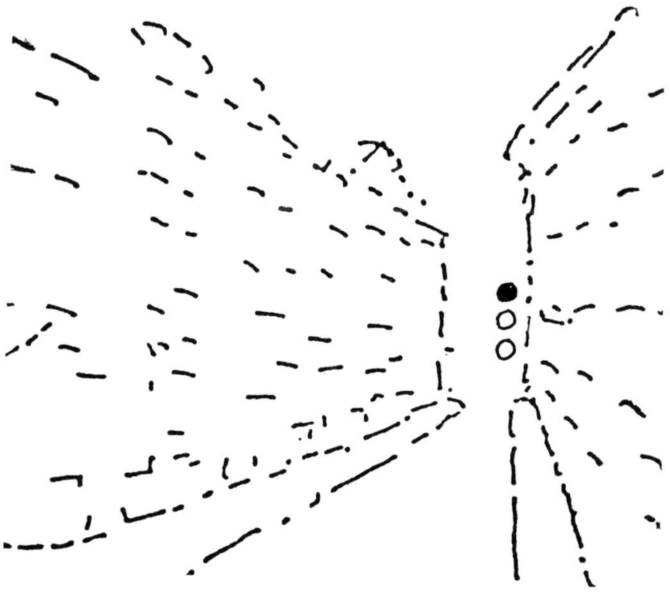

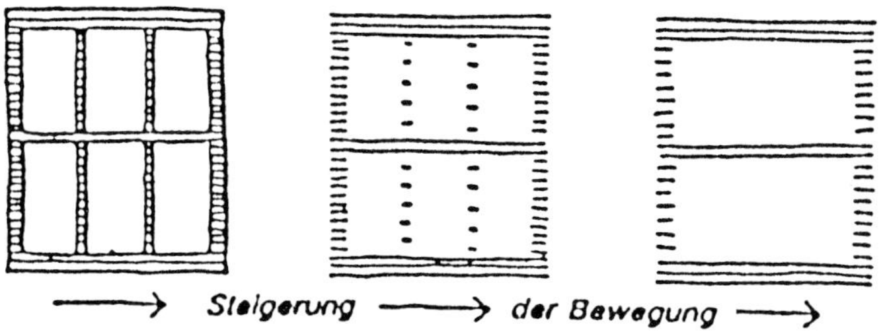

Ab 50 bis 55 km/Std. sind senkrechte Fenstersprossen im Abstand von 5 bis 7 Metern, ohne Blickfixierung nicht mehr erkennbar (eig. Experimente)

werden? Wie ist einem gesichtslosen Horizontalismus entgegenzuwirken?

FOLGERUNGEN

Was „wohldosierte Reize" bei langsamen Bewegungsabläufen wie Gehen oder Radfahren bedeuten, ist uns geh-läufig und an Straßen mit älterem kleinteiligen, überwiegend vertikal bezogenen Baubestand ablesbar.

Andererseits brauchen horizontal orientierte Bauten an verkehrsreichen Straßen nicht einfallslos zu sein, wie Bauten und Entwürfe von Erich Mendelsohn zum Beispiel bezeugen. „Kennzeichen der Mendelsohnschen Architektur ist die Horizontale" (M. Sack [10]). Vor über einem halben Jahrhundert, das machen vor allem seine Skizzen deutlich, hat er in seiner „fließenden neuen Bauweise" anscheinend Künftiges vorausgeahnt.

Um Wohldosiertes für die Bebauung an verkehrsreichen Straßen mit erhöhter Geschwindigkeit zu ermitteln, sind für die Entwurfspraxis noch vielfache Fragenkomplexe zu klären:

- Voran die Frage nach Grenzwerten der Aufnahmekapazität von Umraumbebauungen bei höheren Fahrgeschwindigkeiten,
- in Verbindung damit die nach Geschwindigkeitsgrenzen für das Wahrnehmen von Raumeindrücken – also von Tiefendimensionen, deren Abstand und Sequentierung.
- Nicht zuletzt: Lassen sich für unterschiedliche Architekturformen vergleichbare Anhaltswerte ermitteln, die interpersonell Gültigkeit beanspruchen können?

Eine allgemein verwertbare Folgerung halte ich für gesichert: Farbe und Material, Gebäudeabstand und Höhe, Gebäudeumfang und Gliederung stehen mit der Fahrgeschwindigkeit in enger Wechselbeziehung. So wäre „eine hohe Bebauung entlang der Hauptverkehrswege und

1 2

1953

1978

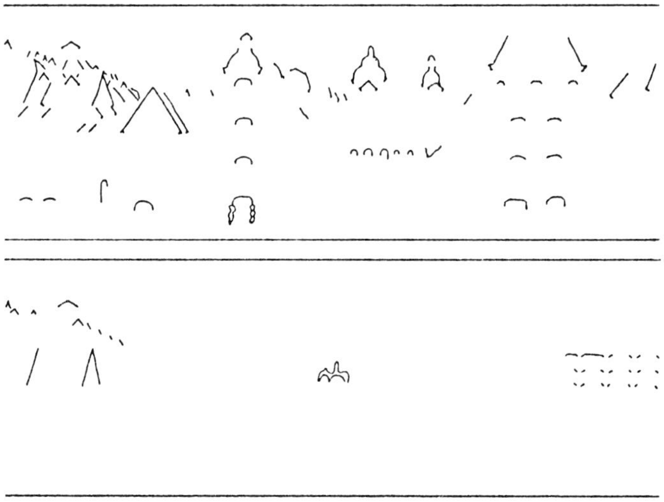

1. DIAGONALE ELEMENTE
werden immer mehr als formale „Weichmacher" verdrängt.

1953

1978

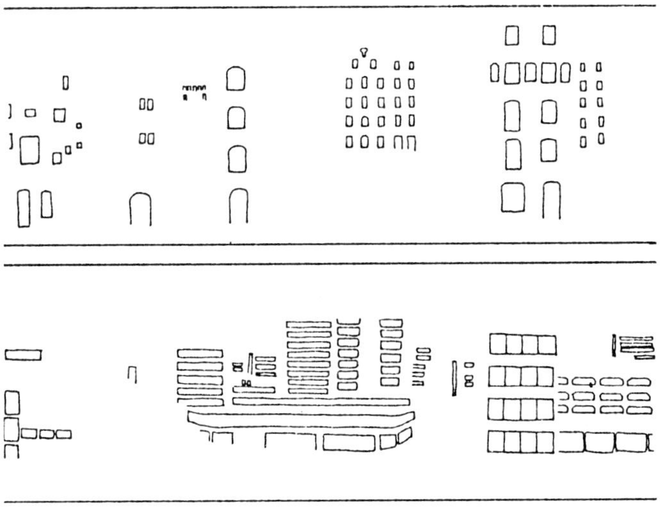

2. ÖFFNUNGEN
einzeln stehende Fenster sind zu waagerechten Bändern umgeformt.

s. „Bauwelt" Heft 10/1988 – Bildermappe
von Jörg Möller, Heinz Ledergerber
„Hier fällt ein Haus,
dort steht ein Kran
und ewig droht der Baggerzahn",
Sauerländer Verlag, Aarau/Schweiz (1976)

Zwischenzeiten 1959 1969

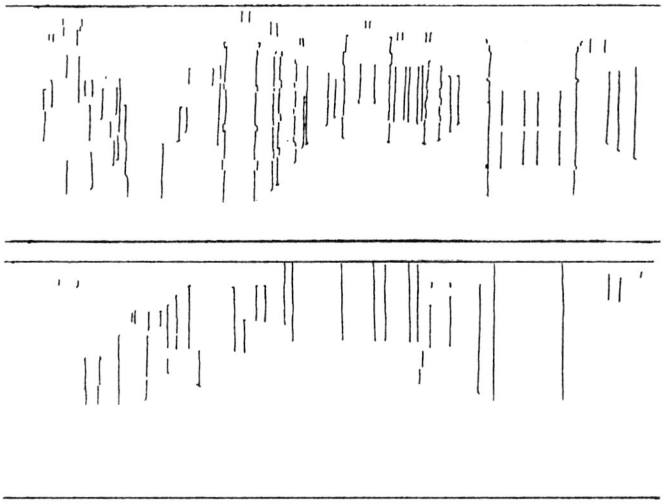

3. VERTIKALE ELEMENTE
sind reduziert und führen zum Plastizitäts- und Rhythmisierungsverlust der Baukörper.

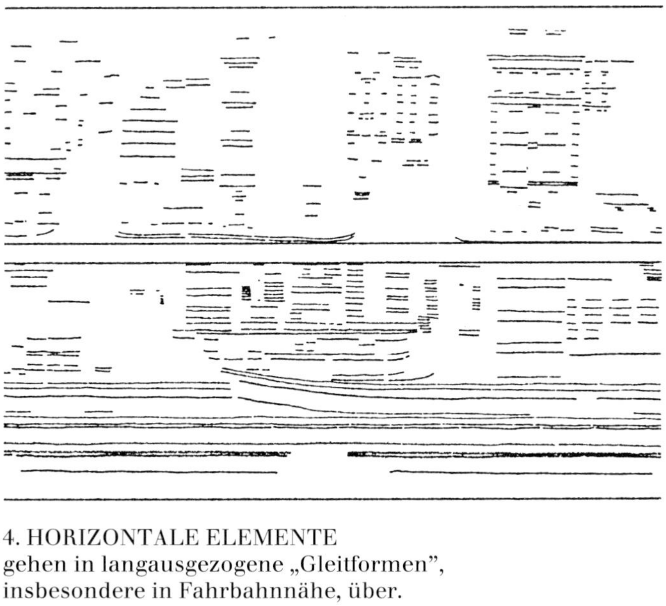

4. HORIZONTALE ELEMENTE
gehen in langausgezogene „Gleitformen", insbesondere in Fahrbahnnähe, über.

1953

1978

1953

1978

Gesamtergebnis:
das bauliche Umfeld mit kleinteiliger, vielseitiger und räumlicher Gliederung ist innerhalb von 25 Jahren in großflächige, gradwinklige und additiv wirkende Horizontal-Ebenen umgeformt.

der Ausfallstraßen nicht mehr zuzulassen" (U. Conrads [11]).

Um Erfahrungswerte zu erhalten, sollten bebaute Straßen auch von der Wahrnehmung her auf eine entsprechend zulässige Geschwindigkeit hin untersucht werden. Bestandsorientierte Planung erfordert eine differenziertere Stufung der Verkehrsgeschwindigkeit als bisher üblich. Zu prüfen ist, ob nicht zum Beispiel zur Verkehrsberuhigung von Straßen unverwechselbare Leitfarben als Orientierungszeichen einfacher und zweckmäßiger sind, als der aufwendige Ausbau einer schilderreichen Slalomstrecke, die dem System Straße ohnehin entgegensteht.

Aus meinen bisherigen Versuchen mit Kurzreflexen (Tachistoskop) ergibt sich ein weiterer Untersuchungsaspekt: die Planung und Gestaltung von „visuellen Fixpunkten". Jeder kann leicht feststellen, daß die zeitliche Dauer einer Wahrnehmungsphase in hohem Maße von der visuellen Sogkraft eines Objektes abhängt. Da der Blickverlauf beim Fahren allgemein kaum gleitend, sondern meistens sequentiert, also sprunghaft von Merkmal zu Merkmal, heute oft nur „von Ampel zu Ampel" abläuft, spielen Standort und Gestaltung baulicher Fixpunkte als Blickfang und Blickhalt zum Erfahrbarmachen von Fahrumfeldern eine bedeutende Rolle.

Man entzieht mit diesen visuellen Zentrierungen Nebensächlichkeiten die Beachtung, „indem man einen Gegenstand fest ins Auge faßt" (S. 29).

Zu untersuchen ist, ob diese Fixpunkte bei höheren Geschwindigkeiten, etwa an Schnellstraßen, in ein großräumiges, städtebaulich einprägsames Wahrnehmungsnetz zu integrieren sind. Dabei ist zu prüfen, wieweit sie nicht nur Orientierungshilfen, sondern zugleich räumliche und symbolische Gliederungselemente sein können, etwa „Torsituationen" innerhalb einer Stadt oder Landschaft. (s. 2.5)

Zu untersuchen ist ferner die visuelle Gestaltdurchlässigkeit, das heißt das Wahrnehmenkönnen der verschiedenen Gliederungsstufen eines Gebäudes, nach dessen Umfang und Abstand von einer Fahrbahn. (s. 2.4)

Die Dringlichkeit dieser noch weitgehend ungelösten Fragen macht die rapide Zunahme von immer länger werdenden Fahrbahnkanälen zwischen hohen Spundwänden deutlich. Trotz Bemalungsversuchen bilden diese geradezu den Gegenpol zur Forderung unverwechselbarer Orte. Sie sind vielfach „eine Zumutung, oft genug eine optische Körperverletzung" (P. Rumpf [12]).

FAZIT

Hoffen wir, daß uns die zeitlich noch sehr junge Mobilität in ihrer explosionsartigen Zunahme der Bewegungsabläufe an Frequenz und Geschwindigkeit nur kurzfristig berauscht und verwirrt. Ob dabei der Verlust des Räumlichen, vor allem entlang von Verkehrsadern, als Preis ein vorübergehender ist oder ob sich Verkehrsabläufe und deren bauliche Umräume in verträglicher Weise aufeinander einpendeln, wird die Zukunft zeigen.

Medizinische Untersuchungen über Streß beim Fahren machen deutlich, daß wir tiefer in die Fragen der Abhängigkeit von baulicher Gestaltung und hoher Fahrgeschwindigkeit eindringen müssen. Wie weit können Architekturformen zu einer Stabilisierung der Psyche des Menschen, damit auch seines Organismus beim Fahrablauf beitragen? Wie vielfältig, wie labil und wie eng sind diese Wechselbeziehungen? Wieweit kann und darf ein Verkehrsfluß sein bauliches Umfeld „mitreißen"? Oder umgekehrt: Wieweit kann und darf eine bestandsorientierte Stadtplanung den Verkehrsfluß bremsen?

Das Angehen dieser Problemfelder ist heute wichtiger, als das meines Erachtens vordergründige Herumstochern in abstrakten Architekturformalismen. Führt es doch zu mehr Gestaltsicherheit. Es geht im Ergebnis dabei nicht um rezeptartige, eilfertige Lösungen, sondern zunächst, neben dem Bewußtmachen dieser Phänomene, um Beurteilungskriterien. Geschäfts-, Auto- oder Wohnstraßen unterliegen jeweils anderen visuellen Anforderungen. Diese sind aus der speziellen Situation am Ort abzuleiten.

Wohin führt die Reise?

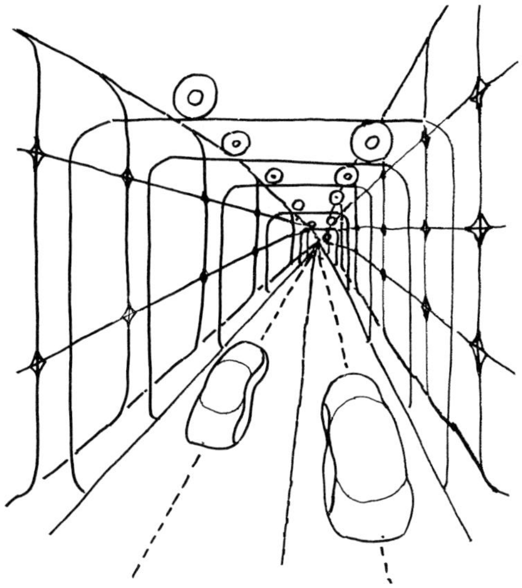

1₃ Tast–Vorgänge

1
L. Kahn

› Sehen (ist) nur die genauere Form des Berührens.

2
H. Klock

› Mein Blick sucht Gegenstände mit strukturellem Reiz. Differenzierte Oberflächen unterschiedlicher Materialien und deren nuancierte Farbabstufungen fangen meine Aufmerksamkeit.

3
J. Hennig

› Wir erkennen nicht die Oberfläche unmittelbar, in ihrer originalen Form, sondern erhalten lediglich ihr kompliziertes erklärungsbedürftiges Abbild.

4
H. Kükelhaus

› Das Leben lebt vom Reiz.
– Der Reiz seinerseits ist wiederum etwas Verletzliches, d. h. er gilt nur in der richtigen Proportion.
Und für die Dosierung des Reizes gibt es eine Faustregel, die ausschlaggebend für die Praxis des Städteplaners ist:
schwache Reize führen zur Entstehung von Organen.
Mittelstarke Reize kräftigen sie.
Starke Reize hemmen, überstarke zerstören sie.
Leben heißt also nicht nur:
auf Reize reagieren
– das tut die Materie auch –, sondern:
zugleich Reize provozieren.

5
U. Conrads

› Architekten, nicht allen, aber ich vermute, den meisten (bleibt) zeitlebens oft die – nächst dem Einverleiben, dem Essen – intensivste Erfahrung von Stofflichkeit versagt.

■ Die Fragestellung war: welche Rückschlüsse lassen sich für die Architekturgestalt aus verschiedenen Tastvorgängen ableiten? Wie gehen das Auge, die Hand oder der Fuß als Tastorgane einer Sinngebung voraus? Hieran habe ich zwischen 1978 und 1989 vom Ansatz sehr unterschiedliche Experimente durchgeführt. Sie reichen vom Blindlaufen am Strand, über Tastblätter mit Architekturelementen bis zum Abtasten von Schriftzeichen und Architektur-Modellen mit Blinden.

Mit 3 bis 5 Blickwechseln in der Sekunde tasten wir ein Gesicht, auch eine Architektur ab.

Die Erkenntnis von Louis Kahn, daß „Sehen nur die genauere Form des Berührens" ist, machte mich neugierig. Ich wollte Architektur ertasten. Schon bei den Untersuchungen mit Kurzreflexen hatte ich bemerkt, wie blitzschnell visuell ein Abtastvorgang abläuft und daß dabei „Muster" als Gelenkpunkte eines Gestaltgerüstes eine wichtige Rolle spielen.

Es ging mir auch darum, wie sich die verschiedenen Tastarten beim Berühren bzw. visuellen „Aufprall" auf verschiedenartige Oberflächen verhalten.■

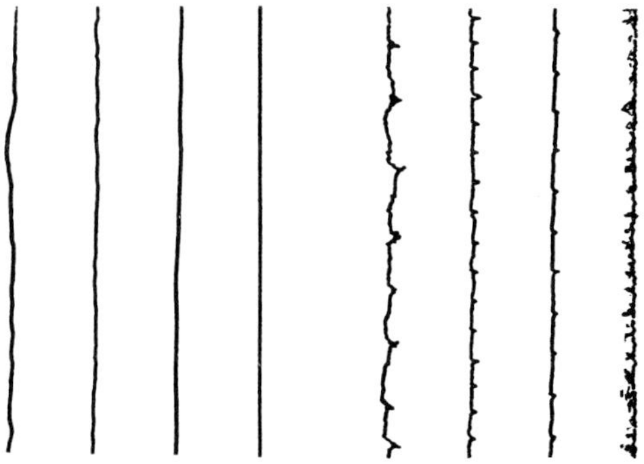

Haptische und optische Tastvorgänge unterliegen hoher Sensibilität. Oberflächen besitzen ihre speziellen Mikro-Strukturen.

←

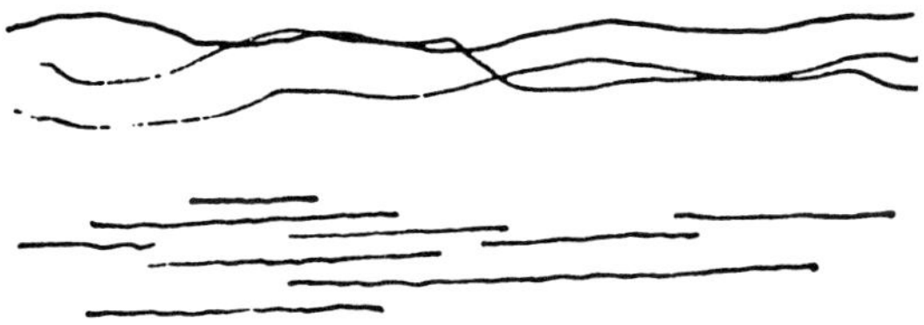

→

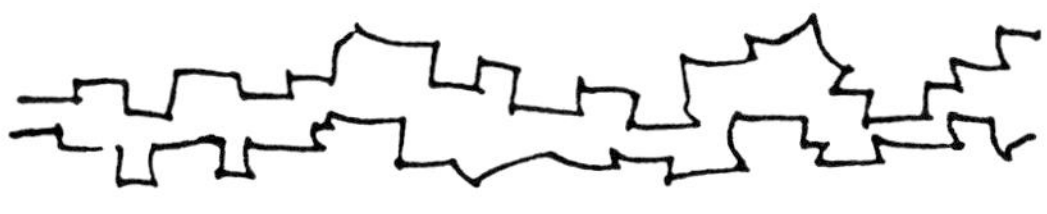

Zwischen weichen-wellenartigen und scharf-kantigen Formen laufen die meisten Tastbewegungen ab.

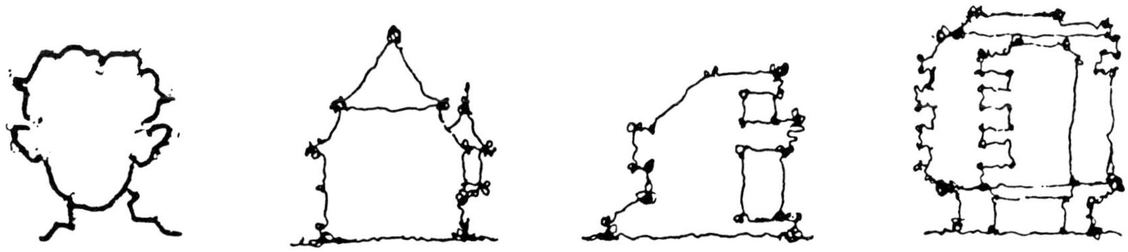

Das Abtasten von Gestalt-Umrissen läuft entlang der Gelenkpunkte.
Nach ihrer Lage und Dosierung grenzen wir das Gestaltbild ein.

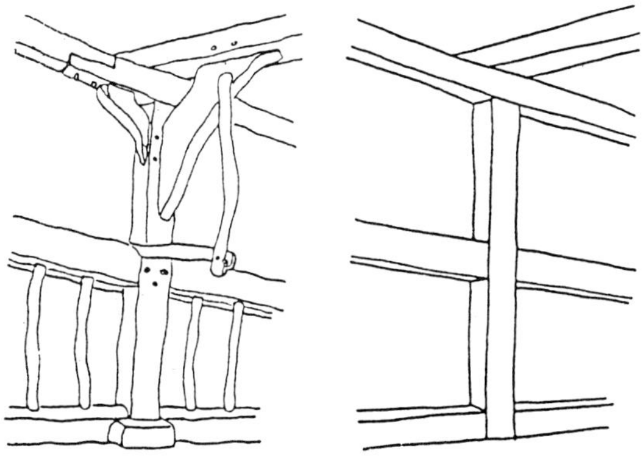

Das visuelle Abtasten von handbearbeiteten und maschinell hergestellten Bauteilen macht signifikante Gestaltunterschiede deutlich.

←

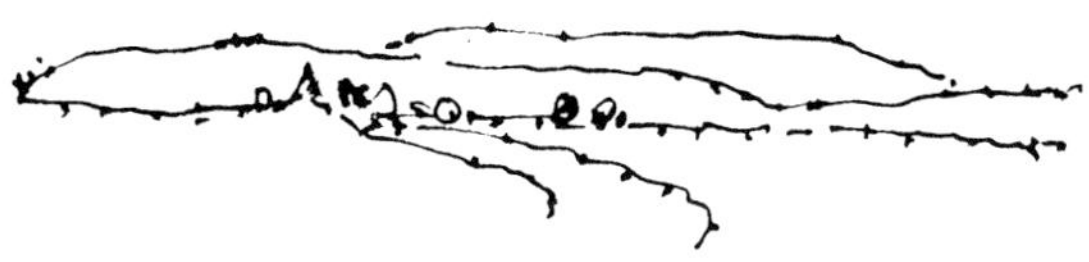

→

Ob Mikro- oder Makro-Strukturen wahrgenommen werden, die Tastmechanismen sind einander ähnlich.

GESTALT-FREQUENZEN

Nach dem Prinzip
der Blindenschrift
sind bei zwei extrem
verschiedenen Architektur-
gestalten deren visuelle
Gelenkpunkte fixiert.

Das Gebäude weist,
besonders im Mittelbereich,
eine Überfülle von
Gestalt-Elementen und
deren Überschneidungen
auf. Das Wahrnehmen
wird dadurch erschwert.
Die Gebäudegruppe wirkt
(aus diesem Blickwinkel)
verwirrend.

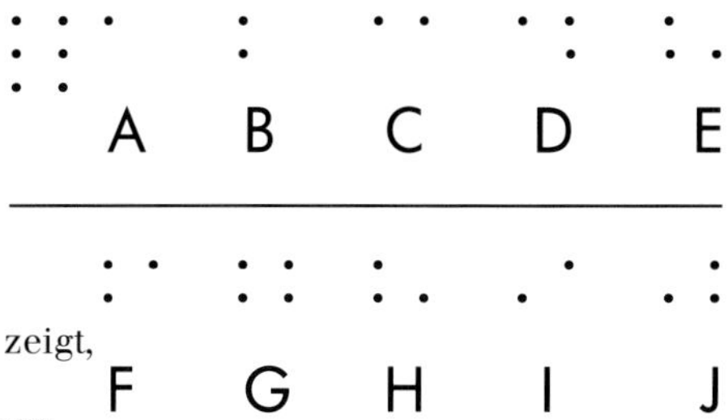

Eine Blindenschrift zeigt,
daß schon kleinste,
abstrakte Figurationen
genügen,
nach Einübung
Sinngehalte zu ertasten.
(„System Louis Braille")

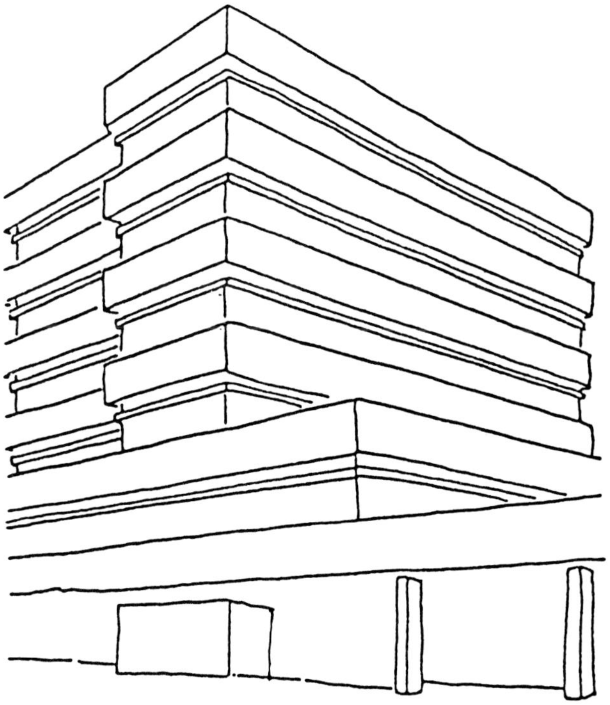

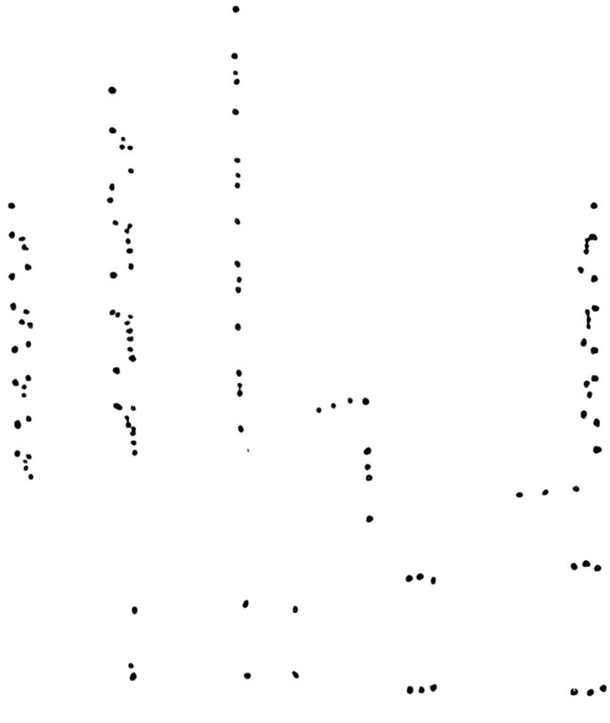

Das Gebäude bietet
der Wahrnehmung
in seiner langgezogenen
horizontalen Schichtung
zu wenig Gestalt-Frequenzen.
Das Gebäude wirkt monoton
und langweilig.

Anhand derartig
visualisierter Tastvorgänge
sind Gestalt-
frequenzen nachprüfbar
und dosierbar.

Trotz der unterschiedlichen Untersuchungsansätze ließ sich bei allen Tastarten feststellen, daß der Suchvorgang nach einer Orientierungsspur ein wesentliches Merkmal ist. Vorsicht scheint dabei das oberste Gebot zu sein, vor allem, wenn es sich um Neues, Unerwartetes handelt. Mehr und mehr grenzen wir tastend ein Objekt ein, ehe wir es sinnhaft vereinnahmen, um es letztlich zu einer Gestaltvorstellung zu verarbeiten.

Bei verschiedenen Läufen am Strand mit geschlossenen Augen stellte ich fest, daß wir keineswegs eine geometrische Gerade als Richtung einhalten, sondern uns nur wellenartig „geradeaus" bewegen können.

Das Blindtasten von dazu präparierten Blättern, bei denen einfache geometrische Muster und abstrakte Architekturen untersucht wurden, ergab: Auch hier tasten wir geometrische gerade Erstreckungen wellenförmig ab. Spannend wird es an Ecken, die nach unten abfallen. Erst schießen wir über sie hinweg und „fallen dabei mit herunter". Dann springen wir wieder zurück und tasten die Ecke in ihrem Winkelgrad ab. Biegt eine Ecke nach oben ab, stoßen wir erst überrascht an, um dann den Winkel in seiner Lage und Länge zu „testen". Sowohl beim fallenden wie beim steigenden Winkel waren die Winkelgrade innerhalb eines Spielraumes von etwa 10–15 Grad feststellbar. Aufschlußreich war das Abtasten von Kreuzungen. Hier konnten die Winkelgrade erst ermittelt werden, nachdem durch Umkreisen die verschiedenen Richtungen der einzelnen Geraden abgetastet waren – also mit Zeitverzug.

Schon in diesen einfach nachvollziehbaren Untersuchungen stecken meines Erachtens für die Gestaltgebung von Architektur wichtige Folgerungen:

- Bei allen Tastvorgängen wird zunächst nach einer Ausgangsposition möglichst einer „Basislinie" gesucht. Die Bedeutung der Tiefpunkte z.B. für das Bewerten von Höhenverhältnissen hängt damit zusammen.
- Sind bei den Tastgeraden Unterbrechungen vorhanden, werden diese bei kurzen Längen überspielt, bei größeren als Zäsur mit neuzuordnender Position empfunden.
- Ist die horizontale Gleitlinie sehr lang, kommt der Tastvorgang „in Fahrt" und schießt zunächst über die Eckendigung hinaus ins Leere. An eine Gerade anschließende Senkrechte oder Diagonale erzeugen dagegen abrupte Bremswirkungen
- Sind horizontale Erstreckungen durch Parallelbetonungen verstärkt, „schwimmen" innerhalb dieser Trennlinien liegende Einzelelemente und sind nur schwer einzuordnen.
- Je eindeutiger eine Umrißlinie ist (optimal der Kreis), um so einfacher und schneller läuft der Tastvorgang ab. Umgekehrt liegt bei starken Umrißeinbuchtungen ein größerer Zeitaufwand für die Erkundung vor. Die visuell abtastbare Umrißlinie sollte aus einer ausgewogenen Mischung von Streckenabschnitten bestehen. Die Sinne sind in Schwingung zu versetzen! Die Diagonale als das subjektive Element in den überwiegend rektangulären Umraum-Systemen spielt dabei die Rolle eines formalen Weichmachers, zugleich die eines visuellen Streckenverkürzers. Je größer die Formen, um so eindeutiger ist dieses.
- Ein spitzer Winkel ist leichter zu erfassen als ein stumpfer.
- Kreuzungen sind Solitärbereiche, die zur Wahrnehmung Raum um sich brauchen und zum „Einkreisen" Zeit benötigen.
- Gelenk- und Netzpunkte (z.B. eine Hausfassade) brauchen ihre dosierte Dichte, um ein sinnhaft wahrnehmbares Bezugsystem herzustellen.

Auch die Blindenschrift vermittelt wichtige Hinweise zur Wahrnehmung. Präzisiert sie doch den Tastvorgang für Buchstaben auf Mikroflächen von 8 x 8 mm mit bis zu 8 verschieden angeordneten plastizierten Punkten.

Daß sich aus dieser abstrakten kleinflächigen Figuration „Sinn" ableiten läßt beweist, welche Präzision schon beim haptischen Wahrnehmen vorhanden ist. Ich folgere daraus für das visuelle Abtasten baulicher Oberflächen, daß ihre Materialstrukturen psychisch wirksame Ausdruckskräfte vermitteln.

Nachdem in den letzten Jahrzehnten mikrostrukturelle Veränderungen der Baustoffe tiefgreifende Unterschiede gebracht haben, wird die Kontrastrierung von naturbelassenen und künstlich hergestellten Baustoffen in serieller Massenfertigung für die Architektur eine zunehmende Rolle spielen. Die Wege, die Scarpa und Schattner in ihrem „Schichtenprinzip" aufgezeigt haben, bieten der Wahrnehmung in ihrer Kontrastwirkung neue interessante Entdeckungen und zeigen auf, welche reichhaltigen Gestaltmöglichkeiten heute in einem diszipliniert eingesetzten Materialspektrum enthalten sind.

Gesamt weisen die Tastvorgänge eindringlich darauf hin, wie intensiv die Gestaltbeziehungen der Architektur durch ihre Oberflächen, Umrisse, Gliederungen und Details zum Sensorium unserer Wahrnehmung sind.

1 4 Sinn-Gebung

1
H. D. Schaal

› Die Ursprungswirklichkeit der Architektur ist das Bild.

2
U. Hohlbein

› Bildertauschend stehen sich Kopf- und Weltgebäude gegenüber.

3
D. Liebeskind

› Die Körperlichkeit der Architektur mag aus Stein und Glas sein, doch die Form und der Gehalt sind nicht an den Körper gebunden.

4
L. Snozzi

› Eine allgemeine Lesbarkeit des Gebauten herstellen.

5
W. Obrist

› Unsere heutigen Sprachen sind stark mit Begriffen angereichert und somit recht abstrakt und von der direkten Wiedergabe der sinnlich erfahrbaren Wirklichkeit weit entfernt.

6
P. Rumpf

› Wenn Architektur Sprache ist, so können Wort und Syntax neutral sein, nicht aber das, was Sätze und Texte an Inhalten transportieren – oder an Assoziationen wachrufen.

■ Sinngebung bahnt erst den Weg zum Architekturerlebnis. Mich interessierte, wie und wodurch dieser „Weg" ausgelöst wird. Nach den Experimenten mit Kurzreflexen, insbesondere mit den kleinen Stab-Figurationen – noch ohne jeden Sinngehalt – versuchte ich 1980 über den Buchstaben an einen Aufbau von Sinngehalten heranzukommen.

Von dort war der Weg auf das schon von vielen beackerte Thema „Architektur und Sprache" vorgegeben. Jedoch wollte und konnte ich diesen weiten Komplex nur vom Aspekt der Wahrnehmung und dem Entstehen von Architektur – dem Entwurf – aus angehen. Der „Versuch einer Auswertung von Karl Jaspers' „Die Sprache" [7] ist dazu als gekürzter Artikel [8] hier aufgenommen.

Zur besseren Fundierung der Architekturgestaltung halte ich es für wichtig, die bahnbrechenden Arbeiten über Sprache, unter anderem von Wittgenstein „als Spiel zwischen gewissen verbindlichen Regeln", und Cromskys „Sprach-Wertigkeiten" anhand seiner Verästelungssysteme praxisnäher zu verarbeiten.■

Architektur als gestaltete Materie ist auf Sinn angewiesen, da sonst keine Identifikation zu ihr erfolgt. Sowohl eine nackte Mauer wie ein höchst differenziertes Gebäude lassen Sinn erkennen. Kein Stein springt von selbst auf den anderen. Hinter jedem Bauvorgang steckt ein, so oder so wahrnehmbarer Sinngehalt. Wie baut sich dieser Sinngehalt auf? Gibt es dazu visuell erkennbare Ansätze, womöglich Sinnstufen? Vor allem, wo springt der Sinn durch formale Änderungen um?

Vom Baumuster eines Buchstabens als unterstes Stufenelement eines sprachlichen Sinnaufbaus bin ich ausgegangen. Trotz größter Leseübung müssen wir Buchstaben für Buchstaben (im Mittel etwa 30 je Sekunde [9]) verarbeiten.

Das Wahrnehmen von Buchstaben und von Architektur verläuft über dieselben Aufnahme- und Schaltorgane in uns ab.

Buchstaben sind erlernte, langjährig eingeprägte Grundmuster, die in ihrer Form viele Gestaltvariationen zulassen. Ihr Sinngehalt wird über einen unbewußt ablaufenden Lesevorgang vermittelt.

Durch figurative Umstellungen innerhalb der Buchstaben-Grundmuster entstehen die unterschiedlichen Buchstaben. Vielfach genügen 1 bis 2 Stabverschiebungen, um eine Buchstabenform in eine andere zu verändern.

Schon bei der Veränderung von kleinsten Stabteilchen (z.B. bei einer Zeitungsschrift von 2 mm) ergibt sich beim Lesen in der Regel ein SINN-SPRUNG, wie: „diese Hose ist schön" bzw. „diese Rose ist schön".

Meine Fragestellung lautet: Wenn schon bei der Wahrnehmung von derartigen Mikro-Strukturen gravierende Sinnsprünge stattfinden, welcher Art und wie tiefgreifend wirken sich demgegenüber die Makro-Strukturen einer Architektur aus?

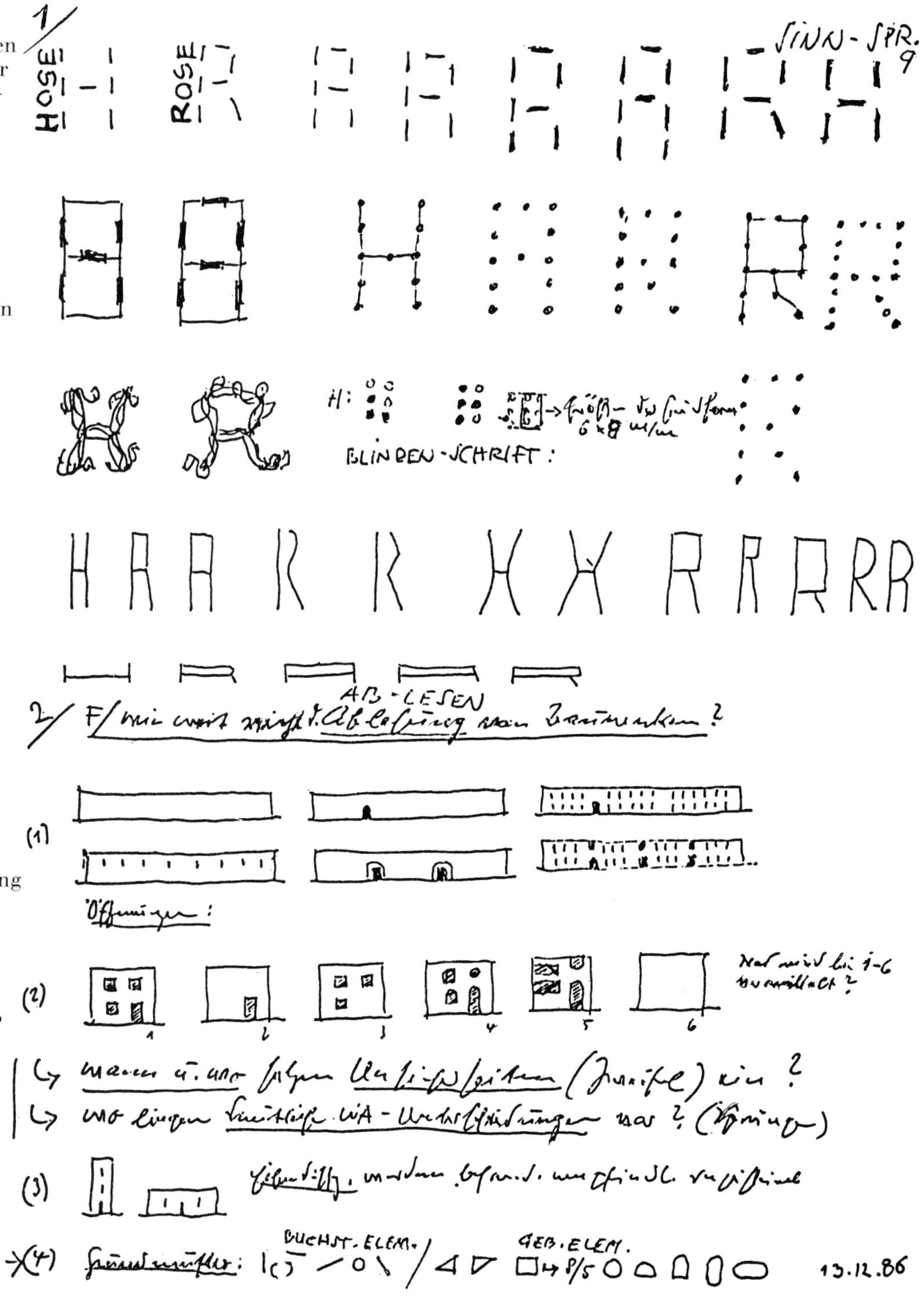

Ein Arbeitsblatt über „SINN-SPRÜNGE"

Kleinste Fehlerquellen werden sofort registriert.

Aus den Vergleichen mit Buchstaben wurde deutlich: Schon eine einzige Stabveränderung innerhalb eines einzelnen Buchstabens führt meist zu einem „Sinn-Sprung" und stellt damit eine Weichenstellung dar, die den Wort- und Satzgehalt auf ein anderes Geleise schickt. In einem zweidimensionalen Buchstaben ist eine zwar formal variierbare, jedoch signifikante und visuell eingespurte Grundform enthalten. Sie bietet einige vergleichbare Aspekte zur Wahrnehmung der Architektur.

Eindeutig ist: Der Sinn springt um, wenn Grundelemente eines Buchstabens bzw. der Architektur verändert werden. Ich gehe davon aus, daß derartige Grundelemente nicht an formalen äußeren Zutaten, auch nicht an Größen und Höhen, sondern allein an „Gestalttotalitäten" ablesbar sind, welche „die innere Mitsprache anrühren" (Piaget). Die Gesichtsbildung einer Architektur, nicht als äußerliche Fassade, sondern als das Durchscheinen des inneren Gefüges spielt hier die wesentliche Rolle.

Eine weitere Feststellung machte deutlich: Der Sinnaufbau mittels noch sinneutraler einzelner Buchstaben, über Silben, Worte, Sätze und dergleichen verdichtet den Sinngehalt in eine Art „Trichter". Je mehr Sinnschichten dieser Trichter besitzt, um so eindeutiger lassen sich daraus Inhalte entnehmen.

Wieder in simpler Form habe ich mir dazu eine Stufenübersicht zusammengestellt. Sie zeigt zum einen, wie elementiert jeder Sinnaufbau ist. Vor allem aber zeigt sie, daß bei größter Variationsbreite im Detail eine strukturierte Gestaltdurchgängigkeit zur Sinnerfüllung vorhanden sein muß.

Für das Ein-Fügen von Architektur in den Kontext läßt sich daraus folgern: Daß zeitnahe Gestaltabwandlungen möglich sind, wenn eine standortgemäße Grundform durchscheint.

Eine weitere Erkenntnis läßt sich aus der Stufenübersicht herauslesen: Jedes Wort, um so mehr jeder Satz, besitzt schon seine (kleine) Individualität. Sätze aus gleichen Worten sind sinnlos. Erst aus dem Zusammenfügen der unterschiedlichsten Wortgestalten lassen sich sinnhaft verständliche Botschaften entnehmen. Nicht eine sture Wiederholung gleicher Baugestalten, sondern die dosierte und komponierte Mischung von Architekturformen auf der Basis „strukturierter Gesetzmäßigkeiten" läßt Sinnerfüllung als existenzielles menschliches Bedürfnis entstehen.

Wie eng Sprache, als wohl unser größtes menschliches Vermögen, mit der geistigen Verarbeitung von Architektur – damit dem Wahrnehmungserlebnis – zusammenhängt, zeigt der nachfolgende Auswertungsversuch von Karl Jaspers' „Sprache" (die Auszüge sind mit den Seitenzahlen versehen (.....) [7].

SPRACHE UND ENTWURF

Vor kurzem fragte mich jemand, der mit Sprache zu tun hat: „Was haben Architekten eigentlich für ein Weltbild? Bauen die nicht viel zu wild darauflos und reflektieren zu wenig?" Diese Frage, in einer Zeit gestellt, in der sich die Auffassungen über Architektur „in radikaler Polarisierung spiegeln" (U. Conrads [10]), war mit ein Anlaß zu dieser vergleichenden Betrachtung, die indes weder eine Buchbesprechung noch die Würdigung eines philosophischen Werkes ist. Im Gegenteil, ich entnehme – so fragwürdig das auch sein mag – Jaspers' Denkgebäude lediglich Teilaspekte, um sie zudem noch höchst subjektiv auszuwerten.

Die Spannweite der Jasperschen Thematik kommt einer solchen Auswertung zugute, weil sie Sprache als ein Werk des Menschen ver-

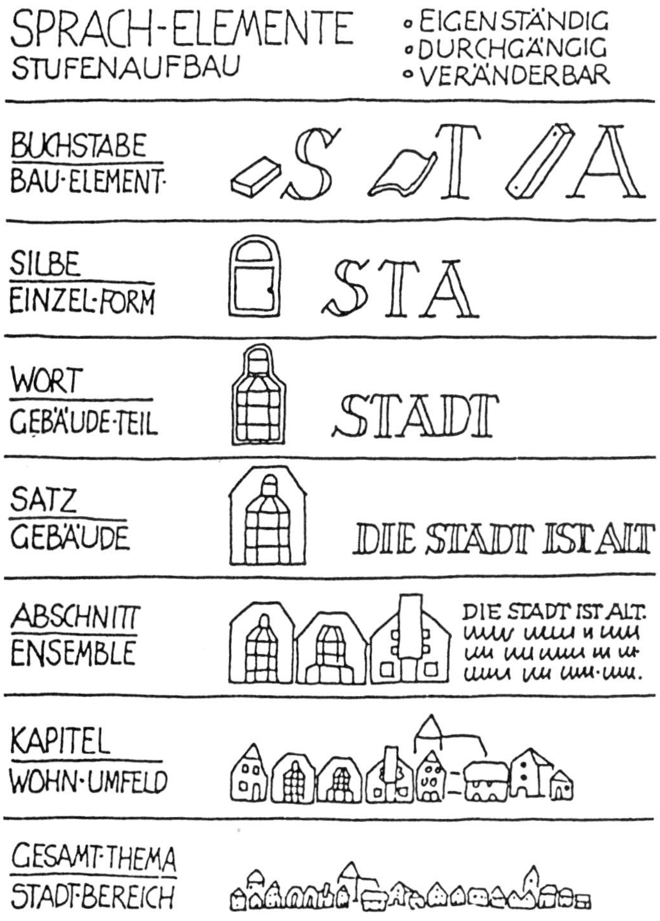

Sprache und Architektur sind auf Sinnerfüllung, d.h. auf Sinnstufen und Sinnschichten angewiesen.

Dazu ein simpler Vergleich: Sprach- und Architekturelemente zueinander in Beziehung zu setzen.

steht, „welche der Geist zwischen sich und die Gegenstände durch die innere Arbeit seiner Kraft setzen muß" (13).

I Um die Deckungsbreite zwischen Sprache und Entwurf deutlich zu machen, habe ich als Einstieg einige Auszüge als Materialien für die Auswertung zusammengestellt:

❜ Sprache ist ein Werk unter anderen Werken des Menschen, aber von einzigartigem, weil von universalem Charakter (32). Alles ist gleichnisweise Sprache (35) Ausdruck – Werkzeug – Gemeinschaftsstiftung – selbständiges Werk (33).

❜ Sprache verlangt die sinnliche Grundlage (20) ... in ihr liegt eine logische Struktur. Aber diese ist nur wie das Knochengerüst der Sprache, nicht das Leben der Sprache selbst (41/42).

❜ Sprache als Natur und Geist ist in ständiger Verwandlung und Bewegung (32). Sie schenkt sich aber nur dem Sachlichen (14).

❜ Mittel der Sprache ist Bedeutung (10) – Bedeutung heißt Ausdruck (11) – Ausdruck als Formniveau für das Werk als Gestaltungskraft (12). Erst mit den Worten werden auch Bedeutungen zugänglich (14).

❜ Worte sind ihrem Sinn nach unendlich beweglich ... und neu beziehbar (18). Die Vieldeutigkeit der Worte ist der Grund täuschender Verschiebungen des Sinnes, sobald der Denkende nicht durch die Energie seines anschaulichen Auffassens klar bei der Sache selbst bleibt (57). Leere Worte bleiben noch bestehen, wenn ihr Bedeutungsgehalt schwindet (56).

Im Rahmen der Universalität von Sprache unterscheidet Jaspers zwischen der Wort- und der Zeichensprache. Vergleichsweise werden dabei zwei Merkmale jedes Entwurfsvorganges – auf Typ und Norm zielend – deutlich.

❜ Jede Abbildung ist eine Sprache ... Die Prägung dieser Sprache liegt im Entwurf eines

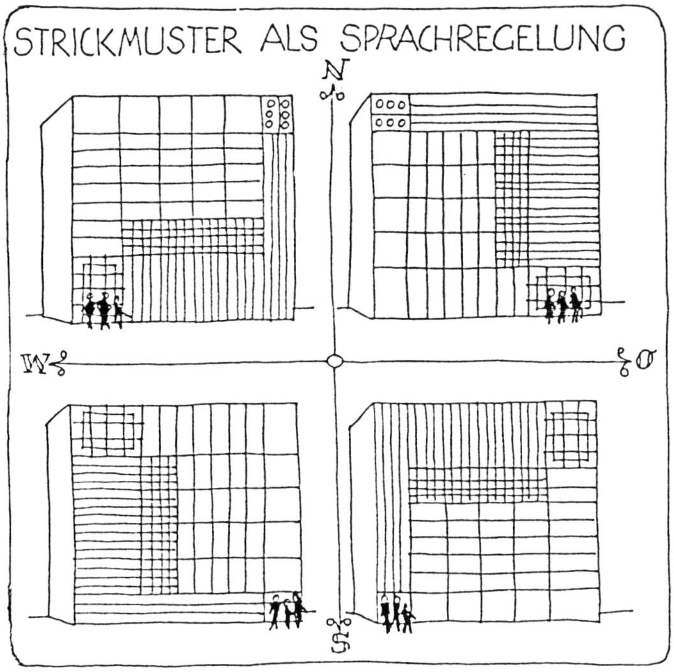

Typus, gleichsam in der Begrifflichkeit der Linienführung (37).

❜ Die Sprache ist als sinnlich-geistiges Phänomen unauflösbar ... Der Sinn der reinen Zeichensprache und der erfüllten Wortsprache geht in Richtungen, die sich voneinander entfernen (24).

❜ Trotzdem gibt es Gegenstände, die mit Zeichen besser als mit der Sprache getroffen werden. Ein glücklich gewähltes Zeichen eröffnet Welten der Erkenntnis (25).

❜ Dort, wo Gegenstände den Charakter haben, von jedem Verstand identisch erkannt werden zu können, in bloßer Wiederholung die Sache selbst zu bleiben, von jedermann technisch anwendbar zu sein, nähert sich die Wortsprache einer Zeichensprache (27).

Auch das sprachlose Denken – zugleich ein integraler Teil des Entwurfsprozesses – hat Jaspers mit einbezogen:

❜ Vielleicht geht das Entscheidende des Erkennens – der Sprung zum Neuen, der Ansatz, das ursprüngliche, vorwegnehmende Begreifen – im sprachlichen Denken vor sich (40).

❜ Nicht eigentlich sprachlos ist das Denken in Bedeutungen, die an Bildern, Figuren, Schemata haften. Dieses Denken kann sich in der sprachlichen Anschauung zwar bis zu einem gewissen Grade entfalten, dann aber drängt es doch zur Wortsprache, mit der es erst eigentlich hell wird und weitergeht, indem das Anschauliche durch seine schon vollzogene Sprache den Leitfaden abgibt (39).

Ich gehe davon aus, daß mit diesen wenigen Materialien das Eingebundensein des Werdeprozesses von Architektur in den universalen Charakter von Sprache deutlich wird.

II In einigen gedanklichen Schwerpunkten des vielschichtigen Werkes stecken aktuelle Aspekte zur Entwurfssituation, die ich zu Fragenkomplexen gebündelt habe.

Jaspers diagnostiziert Sprache als ein eigenständiges, allumfassendes Phänomen. Wie weit dabei das Spektrum reicht, zeigen die nachfolgenden Auszüge. Kennzeichnend ist, daß an keiner Stelle in seinem Werk von einer „Sprachregelung" die Rede ist.

❜ Wir leben in vorwegnehmenden Strukturen, in Auffassungsschematen, Ordnungen, Kategorien. Es entfaltet sich uns durch sie eine Rationalität in der Abgrenzung der Bedeutungen, in der Übersicht und Gliederung der Anschauung. Die Wortsprache steht im Hintergrund, ständig bereit, Klarheit zu bewirken (40).

Was dabei Beachtung verlangt, hat Jaspers eindeutig bei Namen genannt:

❜ Das formal Logische ist nur eines der Gerüste der Sprache, nicht absolut gültig, wenn auch unerläßlich (88).

❜ Aufmerksamkeit fordern erstens die Grammatik: hier ist eine Quelle der formalen Logik; zweitens das Wörterbuch: die Worte sind Träger der Gehalte; drittens das bewußt Metaphorische: Bilder und Gleichnisse; viertens die Gesamtform der sprachlichen Mitteilung: die Stilformen (67).

Eine weitere Denklinie von Jaspers ist der Hinweis auf den unerläßlichen „Hintergrund" von Sprache, auf „ein Umgreifendes" als Grundphänomen der Sprache.

❜ Sprache ist nicht nur empirischer Tatbestand, sondern ein Umgreifendes, aus dem wir nicht heraustreten (10).

❜ Sprache ist ein ständiges Klarwerden aus dem wirkenden Umgreifenden (22).

❜ Worte sind . . . getragen vom Umgreifenden (21). Die eigentliche Bedeutung der Worte liegt nicht in ihnen allein, sondern erst in den Bewegungen der Sätze, in denen die Worte sich gegenseitig erhellen, begrenzen, bestimmen (30).

Als Vergleich für das „Umgreifende" setze ich die vielfachen Abhängigkeiten des nicht verschiebbaren Bauwerks innerhalb seines Umraumes, sowie die damit verknüpften menschlichen Verhaltensweisen, ihre Filterung und Transformation im Entwurfsprozeß. Dazu einige offene Fragen:

Warum haben wir die „Fülle des Hintergrundes" immer mehr abgekappt? Haben wir ihn vor lauter Sachzwängen nur übersehen, oder wissen wir mit ihm nichts mehr anzufangen? Oder haben wir nur die Materialien dazu nicht griffig – entwurfsrelevant – zur Hand? Bedienen wir uns deshalb immer mehr zusammengesuchter Zitate?

Darin stecken weitere Fragenbündel zur Methodik: Wie lassen sich bauliche Umräume in ihren psycho-physischen Zusammenhängen stofflich erfassen? Vor allem: Wie läßt sich ein derartig komplexes Stoffgebiet gliedern? Nicht zuletzt: Stoßen wir hier an Wertvorstellungen?

III Für Jaspers stellt die psychologische Wahrnehmung einen wichtigen Bestandteil seiner Deutung von Sprache dar.

❜ Die Enge des Bewußtseins fordert sinnliche Konzentrationspunkte. In jedem Schritt unseres Bewußtseins vollzieht sich nur je ein Aufmerksamkeitsstrahl, in dem etwas gewußt wird. Was der Mensch nicht irgendwann in einem Akt umspannen kann, ist nicht als Gegenstand für ihn da (38).

❜ Dieser zeitliche Vollzug des Erkennens ist als solcher an die Sprache gebunden (38).

Die heutige Problematik der Architektur, ihre räumlich überschaubare Zuordnung, ihre sinnhafte Begrenzung und ihre Kanalisierung durch das Bewußtsein ist hier vergleichsweise angesprochen.

Gestaltungskraft kann sich erst wieder breiter entfalten, wenn für die Entwurfspraxis ein hierarchisch gestuftes Leitgerüst für unverzichtbare Bindungen vorliegt. Wir sollten seine Erarbeitung sehr pragmatisch – grammatikalisch – ohne ideologische Wertdiskussion angehen. Dieses Gerüst wird tragfähig, je mehr abgesicherte strukturelle und quantifizierbare Fakten dazu vorliegen.

So wie Sprache keine Addition von Worten und Sätzen darstellt, sondern, um klar und unterscheidend zu denken, sich „sinnlicher Konzentrationspunkte" bedient, so ist bauliche Qualität – als sinnlicher Gebrauchswert – nur mittels konzentrierend wirkender, in sich „logischer Einheiten" praktizierbar. Im Entwurfsvorgang sollte deshalb jede Einheit „zu einem Gedanken werden" (71).

Voraussetzung ist, daß wir im Entwurfsprozeß nicht an erster Stelle die eigene Erleuchtung, sondern einen immanenten geduldigen Übersetzungsprozeß sehen. Wie vergleichsweise zeitnah Jaspers diesen Weg als Suche nach einer „zweiten Ursprünglichkeit” formuliert hat, zeigt ein letzter Auszug.

’ Mit der Übersetzung geht nicht nur verloren, was unübersetzbar ist, sondern tritt in Erscheinung, was nun seinerseits eine zweite Ursprünglichkeit ist, eine Verwandlung, in der schließlich zutage treten kann, was in der Ursprache nicht gedacht war. ... Es ist jetzt vielmehr eine neue Leistung: den überlieferten Begriff in seinen Ursprung zu verfolgen, ihn dadurch seiner Starre zu berauben und dann aus der eigenen ursprünglichen Anschauung im Material der schon gegebenen Begriffssprache das jetzt zu Sagende rein herauszubringen (64).

Das Auseinanderdriften unserer „Weltbilder” wird mit davon abhängen, ob wir aus dem vielerorts vorhandenen Interesse an Architektur als nächsten Schritt wieder ein Bewußtsein für ihre „Sprache” zustandebringen.

2 Archefakten-Haus

1 W. Hochheimer
› Archetypen bilden vermutlich die Strukturdominanten der Psyche überhaupt . . .

2 C. Norberg-Schulz
› Der archetypische Akt des Bauens ist die Umfriedung – Welche Einfriedigungsqualität eine Grenze hat, wird durch ihre Öffnungen bestimmt.

3 Frei Otto
› Der Architekt vermittelt zwischen Menschen und Lebensraum. Sein Werk ist das Haus . . . wie der Mensch, im Wesen untechnisch.

4 A. Loos
› Wenn ein Haus im Stil seiner Zeit gebaut ist – natürlich gut – paßt es in jede historische Umgebung. (Einschub von M. Sack)

5 R. Ostertag
› Die Diskrepanz zwischen dem Luxus des Abgehobenen, des Spektakulären und der Trivialität und Banalität der Masse des Gebauten war noch nie so groß, wie heute.

Im Haus als Nah-Umraum besteht das Wahrnehmen überwiegend aus Routine-Reflexen, jedoch mit erhöhter Aufmerksamkeit für Details. Relativiert ist dieses Verhalten durch die zunehmende, rapide geänderte Mobilität und den häufigen Wechsel der Umräume.

Am Prototyp der Architektur, dem Haus als „kleiner Kosmos" lassen sich die Vorprogrammierungen unserer Wahrnehmung am sinnfälligsten darstellen. Eine Fülle „innerer Bilder", je nach Kulturraum, vielfach mit Symbolen angereichert, verbinden sich mit dem Phänomen Haus und werden zu Sinnbildern verfestigt.

Diese Sinnbilder sind Vorläufer von Wortbedeutungen, bei ihnen ist die Trennung zwischen dem Ich und der Umwelt noch nicht gänzlich vollzogen. Sie befinden sich, aus meiner Sicht, noch im Bereich des Vorbewußtseins, üben aber schon hier auf die Gestaltgebung von Architektur ihre Wirkung aus.

In dieser archetypischen Struktur unserer Wahrnehmung befinden sich mehr inhaltliche Zusammenhänge, als sie bei einer rein zweckorientierten Architekturauffassung zum Ausdruck kommen. Das Verdrängen dieser Basisfakten unserer Wahrnehmung – ich bezeichne sie als Archefakten – halte ich im Blick auf die totale Machbarkeit von Architektur, für verhängnisvoll.

Das Eingehen auf diese Fakten und ihre Verarbeitung in der konkreten Architektur ist deshalb so wichtig, weil durch eine fast lückenlose Verbreitung der Massenmedien immer mehr die „Entkoppelung der Geschehnisse" vom wirklich existierenden Umraum stattfindet.

In dieser Problematik liegen für das künftige Verständnis und Interesse an Architektur als konkreter Umraumgestaltung große Gefahren. Ebenso bieten die Medien aber auch große Chancen, wenn wir sie dazu nutzen, um auf die

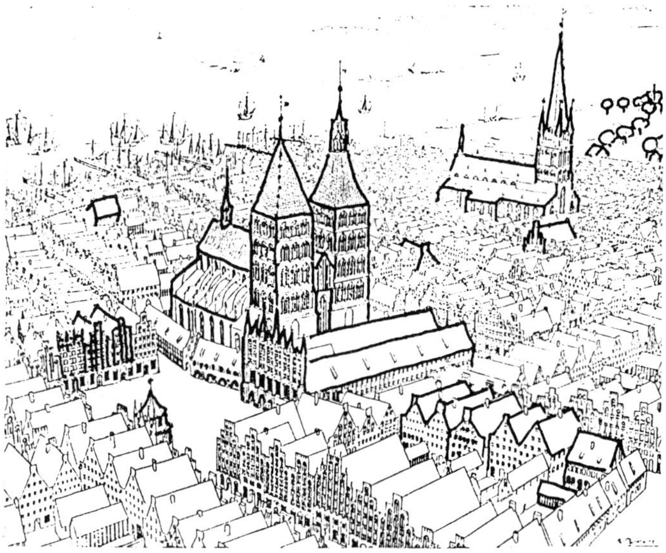

Die Grundformen von Architekturelementen in ihren vom Menschen und Standort vorgegebenen Größen, Höhen, Dachformen und Öffnungen haben sich gegenüber einer mittelalterlichen Stadt kaum verändert.

(Eintrag in Zeichnung von K. Gruber) (7)

psychischen Schäden aufmerksam zu machen, die viele Umräume heute verursachen.

Die hier untersuchten Archefakten stellen nur einen kleinen, subjektiven Ausschnitt dar. Aufzeigen möchte ich vor allem, daß sich die bis heute gebräuchlichsten Bauelemente in ihren Ansätzen – Grundformen – wenig verändern. Sie bilden die tieferen und ruhig dahinfließenden Schichten eines Stromes, der sich in seinem Oberflächengekräusel den jeweils herrschenden Zeitumständen anpaßt.

Die „Handlungseinheit-Haus", im Schnittpunkt zwischen Bewohnern und Standort gestaltet, ist (wieder) als ganzheitlich zu organisierende Lebenswelt zu sehen. Nicht Fassadenkosmetik und Grundrißausfuchserei sind getrennt als Spezialgebiete zu betreiben. Die Grundelemente jedes Hauses, wie Dach, Wand, Treppe bleiben trotz aller technischen Neuerungen in ihrer Bedeutung für die Architekturgestalt unvermindert wirksam.

An der Art ihrer Wirkung auf den Menschen ist die kritische Meßlatte anzulegen. Die Archefakten bieten dazu Orientierungshilfen.

Insbesondere bei der Wohnhausarchitektur ist es an der Zeit, die vielfach verinnerlichte heilige Kuh der „reinen Intuition" vom ohnehin brüchigen Eis zu bugsieren. Der Ablaufmechanismus unserer Wahrnehmung gibt dazu begründeten Anlaß.

Paulhans Peters präzisiert das so: „Das Gros der Wohnungen war früher einmal ruhige Kulisse, vor der Architektur gespielt werden konnte und ist heute Jahrmarkt." [6]. Mangelt es uns heute an Einfühlungsvermögen? Sind wir süchtig nach Attraktionen? Wie hoch schätzen wir bauliche Kontinuität noch ein?

Zu derartigen Fragen sind in diesem Abschnitt einige Untersuchungen zusammengestellt. Sie folgen keiner Systematik, sondern entstammen meist spontanen Einfällen, jedoch liegt allen der gleiche Zielhorizont zugrunde.

2 1 Gestalt-Elemente

1
H. Böll

› Die Form spannt den Geist des Menschen, der Inhalt das Herz und die Nerven.

2
U. Conrads

› Vom Umgang mit Grundstoffen des Bauens weitgehend abgeschnitten, leiden (viele) unter einem Mangel an Instinkt – Instinkt, verstanden als sicheres, durch Erfahrung abgesichertes Gefühl oder auch von Erfahrung genährtes Ahnungsvermögen . . .

So wie Jonas mit 5 Jahren die Elemente eines Hauses eingeprägt sind, so empfinden (noch) viele Kinder.

3
Michelangelo

› Zweifellos sind die Architekturglieder von den menschlichen Gliedern abgeleitet.

■ In den Jahren 1981 bis 1988 entstand auf Anregung der Redaktion der DBZ (Deutsche Bauzeitschrift) eine Aufsatzreihe über die wichtigsten Gestaltelemente des Hauses unter dem Aspekt der Wahrnehmung[4].

Für mich lag darin die Herausforderung, nach den mehr allgemein gehaltenen Untersuchungen, auch konkrete, spezifisch gestaltete Einzelteile der Architektur näher unter die Lupe zu nehmen. Von zwei Aufsätzen über Dächer und Fenster sind in diesem Kapitel leicht gekürzte Fassungen zusammengestellt.

Bei der Untersuchung der Gestaltelemente konnte ich wieder auf wichtige Erkenntnisse von Otto Friedrich Bollnow, Wolfgang Metzger und Hugo Kükelhaus zurückgreifen. Auch die Auswertung von Kinderzeichnungen gehörte dazu, vermitteln sie doch in unbefangener Form, welche archetypischen Strukturen in uns abgelagert sind.■

Das Wahrnehmen der verschiedenen Gestaltelemente eines Hauses ist eine Koordinationsleistung mehrerer Sinne. Der Hörsinn ist z.B. bei der Wahrnehmung eines Raumes intensiv mitbeteiligt. Er liefert vermutlich für den Gesamteindruck die zuverlässigsten Werte.

Erst wenn nach einem Wahrnehmungsreflex einem Einzelelement gegenüber seine logische Zuordnung innerhalb einer Architektur bestätigt ist, wird grünes Licht für eine sinnvertiefende Weiterverarbeitung geschaltet (falls Interesse vorliegt). Andernfalls, z.B. bei einem schiefhängenden Bild an der Wand, erscheint zunächst „rot", in der Regel so lange, bis die Störung beseitigt ist. Ähnliche Stops treten auf, wenn unsere Wahrnehmung totale Überraschungen zu verkraften hat oder Überforderungen ausgesetzt ist.

Dagegen werden Gestaltabwandlungen meist mit Interesse zur Kenntnis genommen.

Auch Neuigkeiten werden als Abwechslung und Bereicherung wahrgenommen, wenn ihre Dosierung so erfolgt, daß die Identifikation mit dem Umraum gewahrt bleibt. Dasselbe gilt für Kontrastbildungen, die meist eine belebende Wirkung für die Wahrnehmung erzeugen.

Gelingt es, die Gestaltelemente eines Hauses als Grundmuster der Wahrnehmung in seiner Architektur durchscheinen zu lassen, können die baulichen Mittel dazu neuartig und zunächst sogar ungewohnt sein.

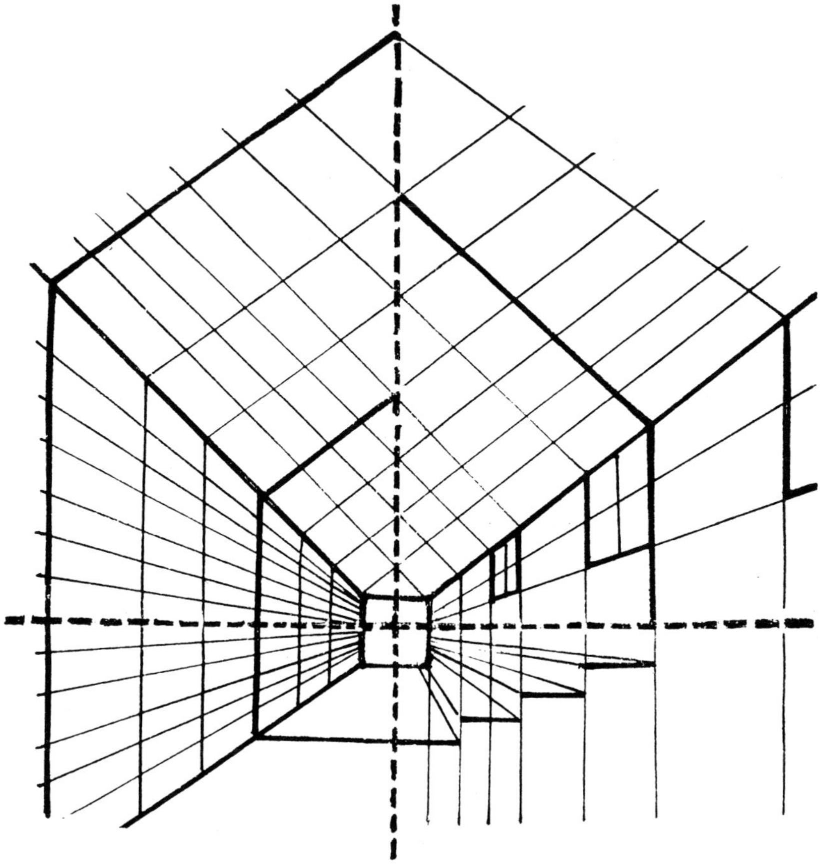

Aus vernetzten archetypischen Gestaltelementen setzen sich unsere „inneren-Bilder" zusammen. Konkrete Architektur entsteht erst aus der detaillierten Gliederung dieser Elemente zu einem funktional-komponiertem System.

2 1.1 Element-Dach

1
H. Gruhl,
R. Weidemann,
S. Hirsch

› Dekonstruktivismus heißt die Revolutionierung des Denkens in die Architektur einzubringen.

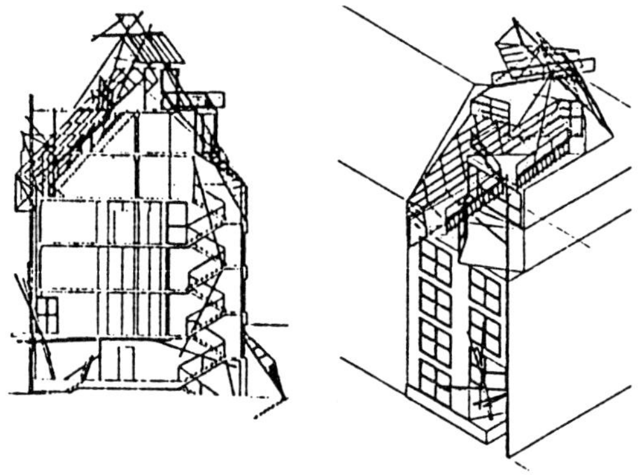

Ein bestehendes Objekt aus den fünfziger Jahren in Köln zu dekonstruieren, erschien uns besonders interessant.

Das Objekt spricht eine beredte Sprache. Gleichgültigkeit des Betrachters ist ausgeschlossen. Architektur wird wieder Gegenstand allgemeiner Anteilnahme, wird Gegenwart.

Im Dachgeschoß überlagern sich die Ereignisse. Spielerisch können wir Akzente setzen, Volumina auftürmen oder aushöhlen, Masse vermehren oder reduzieren.

Der sonst tierische Ernst weicht einer heiteren Entwurfslaune.

Die erzeugte Spannung über den Dialog zwischen erhaltener und neu erschaffener Bausubstanz ist bis auf das Pflaster der Straße spürbar.

2
M. Sack

› Das Geheimnis des angemessenen Bauens in einer vorhandenen Umgebung von bestimmter Eigentümlichkeit ... müssen wir in den Kopf kriegen, weil wir es nicht mehr in den ‚Fingerspitzen' haben, nicht mehr ‚im Gefühl'.

Kein Bauteil prägt ein Gebäude mehr als die Gestalt seines Daches. Aus diesem Grunde ist es bemerkenswert, daß das Dach in den letzten Jahren – fast geräuschlos – wieder als stadtbildprägendes Gestaltmittel entdeckt ist. Dies hängt nicht nur mit seiner bisher oft ungenutzten Raumreserve zusammen. Hinzu kommen vermutlich Mangelerscheinungen, denen unsere Wahrnehmung bei einer reinen „Deckelfunktion" des Daches ausgesetzt ist.

Obwohl in unseren Klimaverhältnissen das sichtbare Dach noch vielerorts das Erscheinungsbild unserer Städte prägt, ist mit dieser Untersuchung keine Auf- oder Abwertung bestimmter Dachformen verbunden. Nicht mit untersucht wurden die für die Wahrnehmung ebenso aufschlußreichen Raumwirkungen bei Dachschrägen.

SYMBOLWERTE

Die vielfachen Sprachbilder, die heute noch das Dach zum Inhalt haben, deuten vor allem auf die Schutzfunktion dieses unumgänglichsten Bauteils hin. Nicht nur das alte immer noch gebräuchliche Wort „Obdach", auch neuere Wortverbindungen wie „Dachorganisation" machen dieses deutlich. Eindeutig ist der Symbolbezug noch bei Kinderzeichnungen ablesbar. Wie Untersuchungen zeigten, sind selbst bei Kindern, die in einer Wohnumwelt ohne sichtbare Dachformen aufwachsen, noch Spuren archetypischer Vorstellungsbilder eines anschaulichen „Daches über dem Kopf" vorhanden.

Wie stark Dachformen ein Hausgesicht in seinem Ausdruck prägen und ändern, machen Häuser mit und ohne sichtbares Dach deutlich.

STANDORT

Sichtbare Dächer prägen Häuser dadurch, daß sie den Baukörper überhöhen. Sie signali-

Dachgestalten bieten der Wahrnehmung von Architektur zusätzliche Wirkungen. Das gilt erst recht für ein von Dächern akzentuiertes Ensemble (Tessin).

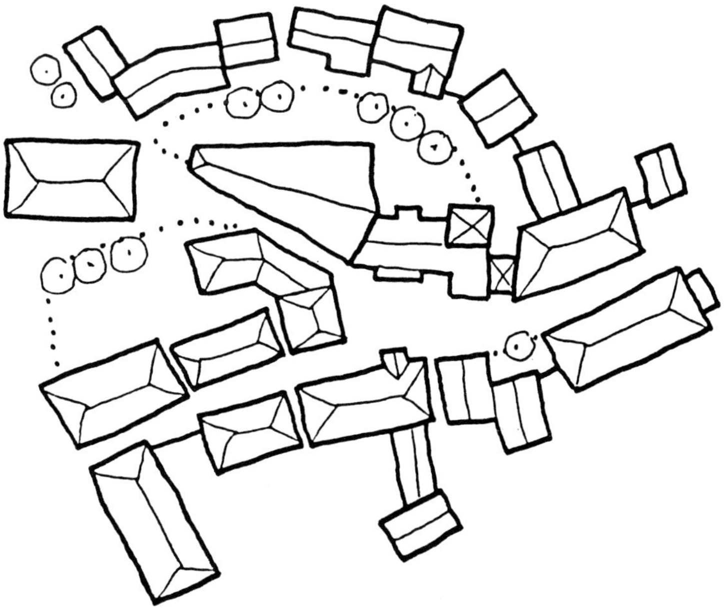

Dachkörper sind eigenständige Gestaltelemente, die einen Hauskörper, auch funktional bestimmend mitprägen.

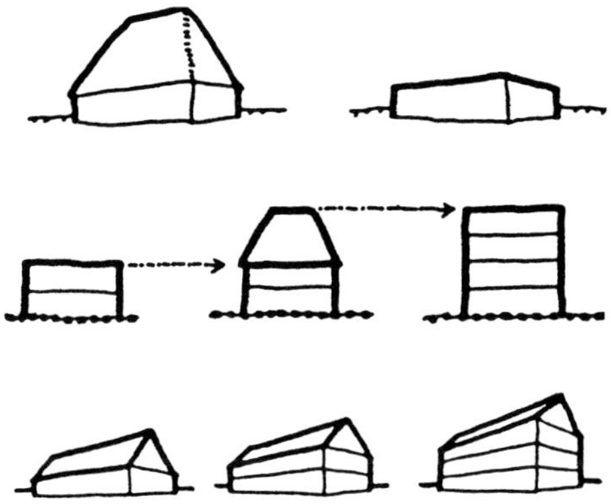

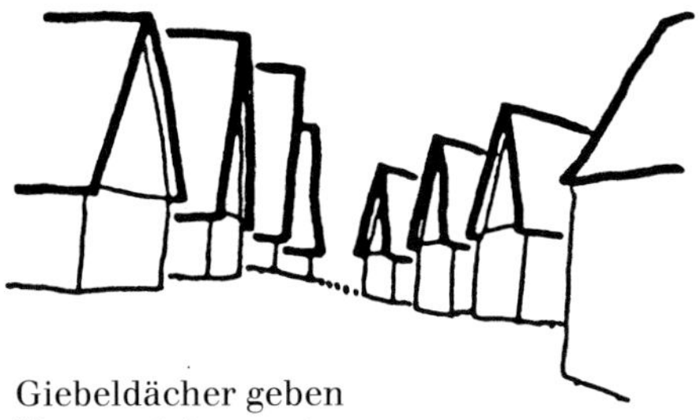

Giebeldächer geben Hausgesichtern eine zusätzliche Ausprägung.

Ein beliebiger Wechsel der Dachformen innerhalb einer Bebauung wirkt verwirrend und schadet dem Ansehen der einzelnen Baukörper.

sieren schon von weitem Standort, Richtung und Größe eines Hauses, ohne über dessen nähere Details vorzeitig Auskunft zu geben.

Daß sich die gleiche Dachform schon perspektivisch in der Wahrnehmbarkeit bei jedem zusätzlichen Stockwerk verändert, ist beachtenswert. Unterschätzt wird dabei meist die Höhe eines Dachkörpers.

Wie sehr Dachformen auf entsprechende Wahrnehmungsaspekte im Stadtorganismus angewiesen sind, wird deutlich, wenn sich Dachformen zu einem charakteristischen Haus-, Straßen- und Ortsbild verbinden. Auf die Bedeutung von Turmdächern als vertikal orientierte und damit zentrierend wirkende Merkzeichen sei hier nur hingewiesen. Verschiebt sich zudem noch der Wahrnehmungsstandpunkt durch Bewegungsabläufe – insbesondere beim Fahren – finden vor allem bei steilen Dachflächen laufend perspektivische Formverschiebungen, Überschneidungen und Verkürzungen statt.

DACHNEIGUNGEN

Eine vom Boden abgehobene schräge Fläche deutet, wie bei den Urformen des Hausbaues, auf eine Art optischer „Besitzergreifung" der darunterliegenden Fläche hin. Versuche mit Kurzreflexen zeigen eindeutig die hohe visuelle Sensibilität gegenüber Diagonalerstreckungen. Die Diagonale vermittelt – gleichsam als visueller „Weichmacher" – zwischen den beiden Grundrichtungen.

Eine ganz bestimmte Art von emotional empfundener Gestik der Hausform kommt durch die Wahl des Neigungswinkels zum Ausdruck. Sie spiegelt sich in den unterschiedlichen „Gemütswerten einer Dachschräge" wider. Dabei heben sich in der Wahrnehmung schon beim Kurzreflex die beiden Dachneigungen um 25 bzw. um 50° als eigenständige Formgruppierungen – unabhängig von den konstruktiven Unterschieden – eindeutig voneinander ab.

DACHUMRISSE

Das Auge tastet bei der Wahrnehmung, je nach Abstand etwa bei Stadtsilhouetten, von den Tiefpunkten ausgehend, zunächst die Umrißlinien einer Dachlandschaft ab. Die Größenordnungen in alten Städten, als hierarchische Ordnung der Bauwerke zueinander abgestuft, werden dabei unbewußt mit registriert.

Bemerkenswert ist, daß die bauliche Einheit des unteren Hauskörpers mit dem oberen Dachkörper trotz der perspektivischen Veränderungen erfaßbar wird. Dagegen betont die obere Umrißlinie von Flachdächern, insbesondere bei langen Dachlinien, den Hauskörper nur als Wand, während Flachdächer bei kleinteiligen Baukörpergruppierungen noch die Integration von Dach und Baukörper ahnen lassen.

Problematisch sind Drempeldächer, vor allem bei kleinen Häusern. Die räumliche Halbheit der Geschoßteilung zwischen Dach und Mauerkubus führt meistens zu gestelzt wirkenden Baukörpern.

Im Unterschied zu den laufenden Perspektiv-Verschiebungen von Neigungswinkeln, verkürzten Trauf- und Firstlinien, bleibt die Firsthöhe für die Wahrnehmung konstant. Die optische Schwere oder Leichtigkeit einer Dachform ist zu einem wesentlichen Teil davon abhängig. Dies gilt insbesondere bei Baukörpern in einer Reihung.

Gesamt erwartet das Auge in jedem Abstand die entsprechende Umrißschärfe. In besonderem Maße trifft dieses für das Dach als den am höchsten gelegenen Bauteil zu. Hinzu kommt als harmonisierender Wahrnehmungseffekt, bei der Gestaltvielfalt im einzelnen, ein aufeinander abgestimmtes Grundformenvokabular

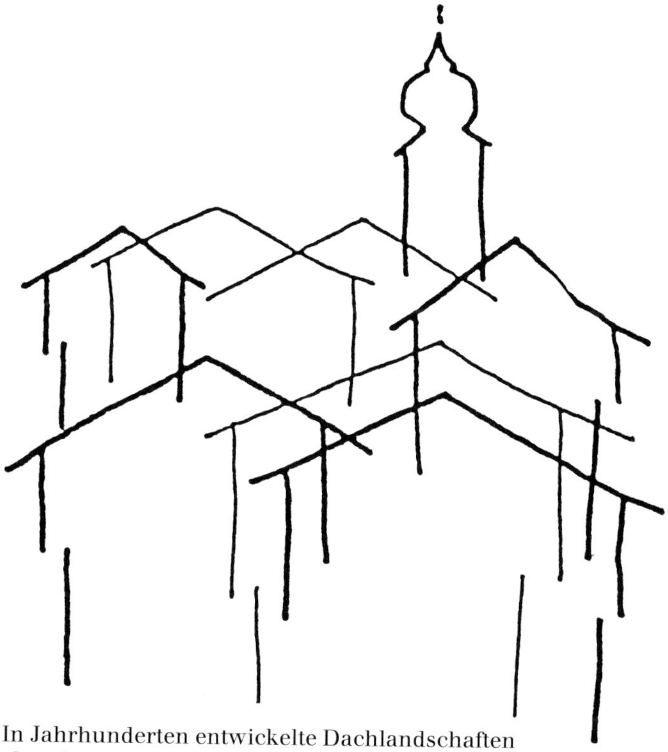

In Jahrhunderten entwickelte Dachlandschaften charakterisieren bis heute die Architektur von Orten und Regionen.

Die konstruktiv bedingten Neigungswinkel unterschiedlicher „Dach-Familien" werden schon im Vorbewußtsein registriert. Ihre Spielräume betragen je max. 10 Grad (eig. Exp.).

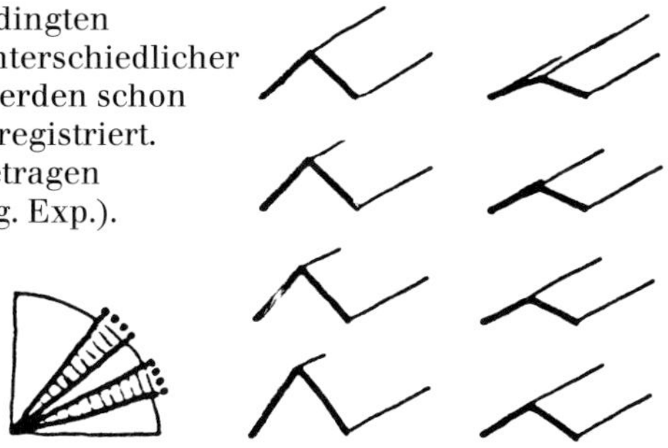

1

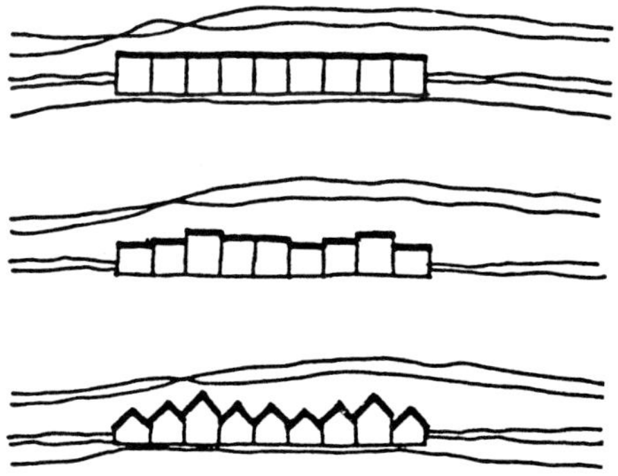

2

3

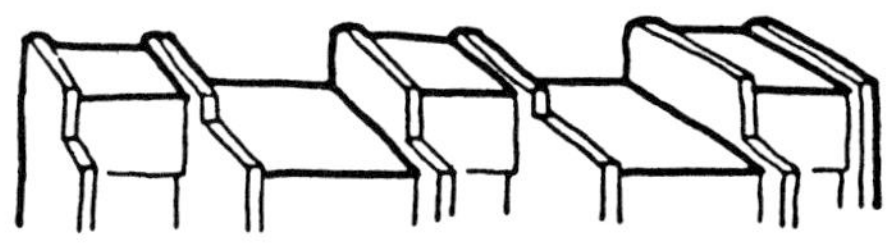

1, 2, 3:
Abwechslungsreiche Umrißgestaltungen sind nicht von bestimmten Dachformen, mehr von der Ein- und Untergliederung der Baukörper abhängig.

von Dachelementen. Die Lebendigkeit, aber auch die Einprägsamkeit von Dachlandschaften alter Städte beruht auf diesem Phänomen.

DACHFORMEN

Bei Neigungs- und Größenunterschieden eines Daches reagiert die Wahrnehmung auf Formen zunächst nach ihren „Erinnerungsbildern". Auf diese ist sie eingestimmt. Dies erweist sich neben allen funktionalen und konstruktiven Unterschieden besonders bei den regional noch ablesbaren Dachlandschaften, die sich jahrhundertelang ortstypisch ausgeprägt haben. Meist bieten die zwei bis zur Firsthöhe reichenden senkrechten Giebelseiten für das „Gesicht eines Hauses" höchst individuell ausgestaltende Schauseiten.

Einen bedeutenden Unterschied in der Wahrnehmung stellt zum Giebeldach das Walmdach dar. Nicht das Formenverbindende, sondern das Solitäre einer Hausform kommt dabei zum Ausdruck. Das „Einzeln-Stehen-Wollen" wirkt um so stärker, je steiler die Abwalmung wird. Das hohe geneigte Walmdach, als eine der frühesten Dachformen unserer Klimazone, eignet sich in der Regel am besten für einen meist größeren, freistehenden Baukörper, der damit auch seine bevorzugte Stellung anzeigt.

In den letzten Jahren hat sich das Pultdach immer mehr als eine anpassungsfähige Dachform herausgebildet. Für komplexe Grundrisse ist es besonders geeignet. Es ist leicht kombinierbar, deshalb für die maßstäbliche Einfügung größerer Baumassen von besonderer Bedeutung. Im Erscheinungsbild wirken Pultdächer aktiv und dynamisch.

Daß auch Flachdächer lebendig wirken können, zeigt die Abhängigkeit der Wahrnehmung von der Art des Bewegungsablaufes. Der Dachabschluß wird nur von senkrechten Flächen gebildet und damit entsteht weniger Formspiel als bei geneigten Flächen. Je höher beim Wahrnehmenden – etwa auf Autobahnen – die Geschwindigkeit ist, um so länger kann eine Dachkante angelegt sein.

Das Öffnen einer Dachfläche, hier nur als Wahrnehmungsfaktor verstanden, sollte grundsätzlich nur ein Minimum dieser Fläche betreffen. Obwohl es bewährte und auch brauchbare neue konstruktive Möglichkeiten gibt, ist zu bedenken, daß jede Öffnung eines Daches, sei es durch Einschnitt oder Aufsatz, die Ruhe einer als Ganzes auf Zusammenhalt hinwirkenden Bauform beeinträchtigt. Wenn erforderlich, eignen sich nur großflächige Dachflächen dafür.

MATERIAL UND FARBE

Das Material einer Dachdeckung steht, mehr noch als bei einer Außenhaut der senkrechten Wand, mit der „Logik seiner konstruktiven Anwendung" in Verbindung. Das heißt, die Wahrnehmung einer bestimmten Dachneigung ist auf ein begrenzteres Materialspektrum bezogen als das einer Wand. Sicherlich hängen damit die heute noch vorhandenen archetypischen Vorstellungen von Dachformen und ihren Materialien zusammen.

Aufs engste sind mit den Materialien auch die Farbwerte eines Daches verbunden. In frühesten Zeiten stellten die örtlich vorhandenen Naturmaterialien das Dach nur als eine Art Aufwölbung des Bodens dar. Schon die Erde, die im Brand erhärtet wurde, brachte nicht nur in ihrer prägnanten Dachkontur, mehr noch in ihrer überhöhten Farbigkeit deutliche Kontrastwirkungen hervor. Dieses Farbspektrum des Ziegeldaches, welches hierzulande bis heute den überwiegenden Teil der baulichen Umräume geprägt hat, liegt mit seinem roten Grundfarbton an der Spitze der Warmtonskala. Die visuelle Zusammenfassung und Bedeutungserhöhung z.B. eines vielgliedrigen Baukörpers durch einen warmen, ruhigen, aber kraftvollen Farbton ergibt sich auf Grund dieses Phänomens.

Die Dachmaterialien haben durch ihre Flächenausdehnung und Lage am Bauwerk für die Wahrnehmung Primärwirkungen. Die Gefahren für die Ortsbilder bei der Auswahl der heute unterschiedlichsten Angebote von Dacheindeckungen sind deshalb groß. Die witterungsbedingte Alterungs-Patina, die sich gerade bei Dachflächen besonders intensiv auswirkt, bietet ein zusätzliches, nicht zu unterschätzendes, qualitatives Wahrnehmungselement.

Die Art einer Dacheindeckung stellt in der Auswahl von Material und Farbwerten einen vorrangigen, bei weit sichtbaren Dächern den wichtigsten Faktor der Einbindung auch unterschiedlichster Gebäudeformen in ihrem Umraum dar.

FOLGERUNGEN

Das großflächig wahrnehmbare Bauelement Dach bietet sich bevorzugt an, mittels dezentral und regional abgrenzbarer Dachlandschaften bauliche Regenerierung zu fördern. Durch sein archetypisches Formenprinzip ist es möglich, bauliche Tradition und bauliche Erneuerung zu koordinieren. Wir sollten deshalb wieder ortstypische Dachformen mehr beachten. Daraufhin ist der Dachbestand zu analysieren. Die Variationsmöglichkeit innerhalb einer Grundform ist groß – auch für zeitgemäße Weiterentwicklungen.

Die Verwendung ähnlicher Dachmaterialien spielt für eine regionale Identität eine besonders wirksame Rolle. Die Wahl der Dachneigung, Oberflächenstruktur und Farbgebung erhalten auf diese Weise eine konkrete Ausgangsbasis. Die Festsetzungen in Bebauungsplänen sind deshalb in der Materialbestimmung präziser einzugrenzen. Wie sich bei derartigen Festsetzungen im benachbarten Ausland gezeigt hat, stellt sich die Bauindustrie und das Bauhandwerk, wenn der entsprechende Bedarf vorliegt, schnell darauf ein.

Formal entscheidend ist der Neigungswinkel eines Daches als ein exakt wahrgenommenes Gestaltphänomen. Es sollten deshalb in abgegrenzten Dachlandschaften für allgemeine Bauten Abweichungen der Dachneigung nur in einem begrenzten Spielraum von nicht mehr als 5–10° vorgegeben werden.

2 1.2 Element-Fenster

1
W. Metzger

› Wahrnehmen von Dingen (heißt) die ursprüngliche Einheit des Sinnenfeldes zu sprengen, es mit Grenzen zu durchziehen und geformte Teilgebiete daraus auszusondern.

2
Th. Fischer

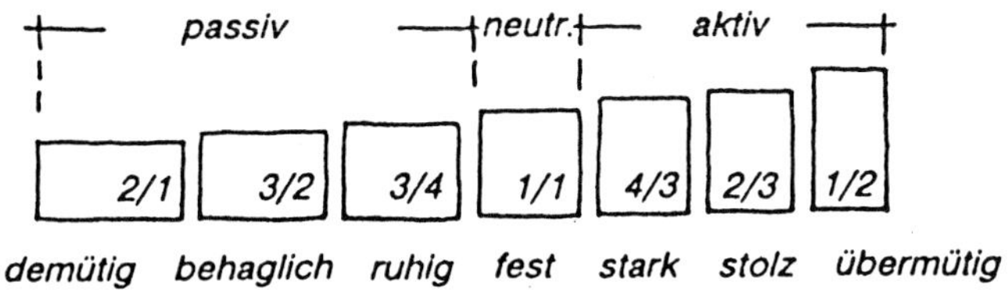

› Dem Intervall in der Musik kann in der Architektur das Verhältnis von Höhe zu Breite als Ausdrucksmittel gegenübergestellt werden.

In der Musik ist es die Eigentümlichkeit der Dissonanz, daß sie keine Beruhigung zuläßt, sondern zum Weiterschreiten, zur Auflösung treibt. Ähnliches können wir beim Rechteck beobachten: Rechtecke unterschiedlicher Verhältnisse ... nötigen gewissermaßen zur Ergänzung oder zur Aufteilung, zur Auflösung im eigentlichen Sinn.

Es wäre unendlich töricht, eine allgemeine bewußte Einstellung auf das Rechteck zu empfehlen und wenn ich eben den Unterschied darlegte, so ist damit noch keine Wertung ausgesprochen.

Woran liegt es, daß immer wieder Fenster und Augen miteinander verglichen werden? Liegt es daran, daß sich bei beiden hautdünn äußere und innere Einflüsse wie an keiner anderen Stelle berühren? Sind deshalb Fenster die sensibelsten Teile eines Hauses?

Diese Gebäudeteile so zu gestalten, daß sie neben der rein funktionalen Aufgabe auch die des sinnhaften Wahrnehmens optimal erfüllen, sollte bei der Fülle reichhaltiger technischer Möglichkeiten lösbar sein.

Zu kurz kommt heute weniger die technische Durchgestaltung eines Fensters, sondern die Erkenntnis seiner emotionalen Bedeutung für das Hausganze. Die gesichtslosen, austauschbaren Umräume haben nicht zuletzt durch anonyme Fensterformen ihre Inhumanität erhalten. Aber auch das Spielen mit rein zufällig wirkenden Fensterformen führt in eine Sackgasse.

AUGEN DES HAUSES

Im Hinblick auf die Lichtdosierung der Räume und der Gesichtsbildung des Hauses stellt das Fenster nicht nur ein aus der Wand gestanztes Loch dar. So wie das Augenspiel eines Menschen, so ist auch das Fensterspiel für das Haus von ganz besonderer Zartheit. Jedes Formendetail drückt schon bei leichter Variation eine andere Charakteristik aus. Wenn auch die besonders empfindlichen Augenmuskeln nicht Lage und Konstruktion des Schädels beeinflussen, so ist ihr Einfluß auf den Gesichtsausdruck doch von allergrößter Bedeutung. Denn diese feinen Muskelpartien stellen als höchstbewegliche Elemente gleichzeitig die visuell anziehendsten dar.

Kein Bauteil ist so kurzfristigen, schnellen und vielfachen Veränderungen ausgesetzt wie das Fenster. Neben dem Öffnen und Schließen ist es vor allem die laufend wechselnde Reflexion von Licht, Wolken und Umgebung auf den Glasteilen. Dazu kommen die verschiedenen Vorhänge, oft der Blumenschmuck, außen und innen, sowie die Gegenstände auf der Fensterbank oder angehängt an die Scheibe, nicht zuletzt ein Klappladen oder eine Markise.

Wie beim Auge spielt sich also beim Fenster laufend eine ganze Menge meist individuell bedingter kleiner Gestaltveränderungen ab. Wir sollten diese vielen Spielarten, die nirgendwo an der sonst starren Hausfassade stattfinden, als einen Anreiz zur Gestaltbereicherung auffassen. Es ist deshalb nicht zuviel gesagt, daß „im Fenster der genius loci konzentriert und erläutert" wird (Ch. Norberg-Schulz[3]).

So hoch die Prägekraft der Fenster, von außen gesehen, für einen Gebäudecharakter zu werten ist, noch höher ist sie von innen gesehen für die Raumwirkung. Zwischen dem Kleinfenster des Nebenraums und der verglasten Veranda liegt das weite Spektrum der Gestaltmöglichkeiten.

Im Normalfall kommt es durch den unbewußt empfundenen Wunsch nach räumlichem Schutz zu einer Dosierung der Wandöffnungen. Die dadurch bedingte Eingrenzung des Lichteinfalls, damit auch der Blickverbindung nach draußen, ist noch vor Jahren oft genug in ihr Gegenteil verkehrt worden. Kostspielige „Lichtverdrängungsanlagen" waren die Folge.

Ein Umdenken hat jedoch eingesetzt. Die Wahrnehmung spielt hier mit eine Rolle. Nach meiner bisherigen Erkenntnis werden, vermutlich gestuft, die geschlossenen Wandteile als Baumasse mehr unbewußt, die Öffnungen in ihren Proportionen weitgehend vorbewußt, und deren Aufgliederung bewußt verarbeitet.

GRÖSSE UND VERTEILUNG

Die Sehfeldbegrenzungen, welche durch die Größenfestlegung im Innenraum entstehen,

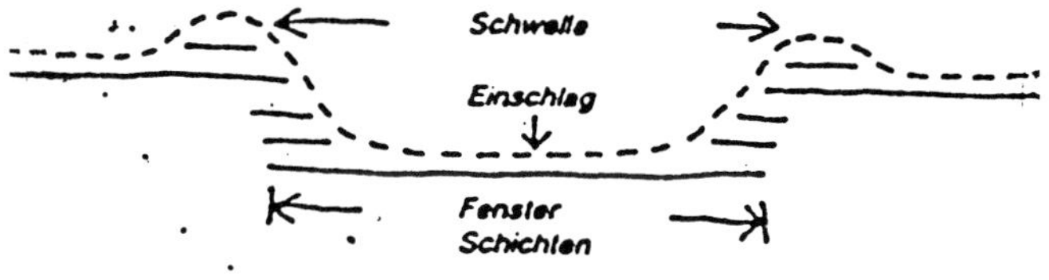

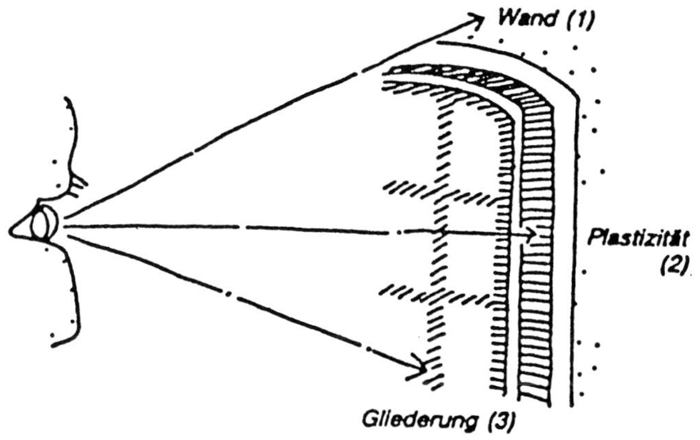

Fenster: „Augen des Hauses" lassen in ihrem Grundaufbau Vergleiche mit dem menschlichen Auge zu.

Raumart, Abstand, Augenhöhe und Bewegungsablauf sind für die Lage, Größe und Unterteilung eines Fensters maßgebend.

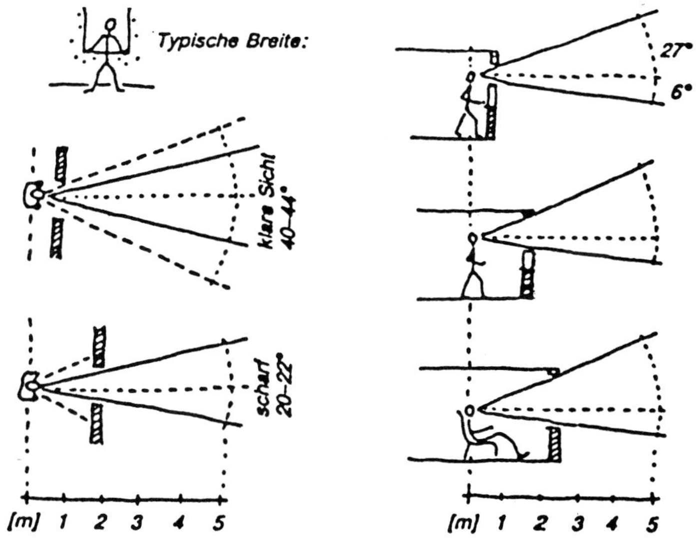

sind wahrscheinlich das sinnhaft Erregende an einer Fensteröffnung. Grenzen verursachen Spannung und Neugier. Durchblick und Raumtiefe stehen dabei in einem größenbestimmenden Verhältnis zueinander.

Bei der Dosierung der Fenstergrößen spielt der jeweilige Gesichtswinkel in Verbindung mit dem möglichen Raumabstand zum Fenster eine maßentscheidende Rolle. Es lassen sich, optisch gesehen, Raumtiefen bei kleineren Lichtöffnungen steigern und Raumtiefen bei größeren Öffnungen abflachen.

Da technisch heute alle Öffnungsgrößen machbar sind, hat dieses mit dazu geführt, daß trotz kaum veränderter menschlicher Grundmaße das Gefühl für Maßverhältnisse überstrapaziert wurde. Dabei sind noch im Sprachgebrauch, damit im Unterbewußtsein, Größenverhältnisse für Fenster geläufig. Das Gefühl für schmal und breit, hoch und niedrig, klein und groß, ist durchaus noch vorhanden. Hier liegt „ein in uns wirkendes Ordnungsprinzip" vor, welches als Grundmodell für Proportionsverhältnisse dienen kann.

Neben der Abwägung der Größe einer Öffnung als maßstabgebendes Gliederungselement der Wandfläche ist vor allem die Lage eines Fensters im Raum entscheidend. Sind doch schon bei gleicher Größe, aber veränderter Lichtverteilung die Raumwirkungen durch unterschiedliche Schatten- und Reflexionszonen voneinander verschieden. Zu einer anderen Raumsituation führen bereits die Kopplung von zwei gleichen Fensterbreiten bzw. deren getrennter Einsatz auf einer Wand. Eine noch größere Raumveränderung wird durch zweiseitige Lichtverhältnisse erreicht. Die plastische Wahrnehmung der Inneneinrichtung erhält damit eine verbesserte Qualität.

PLASTIZITÄT

Am anschaulichsten sollte sich ein Fenster an seiner Naht, am Übergang von Öffnung und Wand, ausprägen. Entlang dieser Naht, die wegen Temperatureinflüssen meist unter hoher Energiebelastung steht, läßt sich der Gestaltprozeß, dem ein Fenster unterliegt, am sinnfälligsten ablesen. Durch die Darstellung der Materialkonzentration an dieser Stelle, zudem in Schichten gestuft, wird die Plastizität dieses Baugliedes deutlich. Auch hier bietet das menschliche Auge den Vergleich mit einem Fenster.

Bei beiden ist im Mikrobereich ihrer Profilierung, das plastische Volumen – die Schichtungstiefe in Form von „Einschlag und Schwelle" ablesbar; wobei (wie in Makrostrukturen) „der Einschlag visuell bindet, verknüpft und sammelt, die Schwelle dagegen löst, trennt und spaltet" (H. Wetzel[4]).

Diese beiden gegensätzlichen Formbewegungen werden bei Fensterprofil und Laibung als Kupplungsglied zwischen Wand und Öffnung wahrnehmbar.

Die Ablesbarkeit dieses Kupplungsgliedes kommt heute bei der Fenstergestaltung vielfach zu kurz. Die Reduzierung auf Minimalmaße führt zu einer sinnhaft leeren, abstrakten Fensterform. Die anonyme Rasterfassade, dazu noch möglichst glatt gehalten und ohne den Übergang zum Öffnungsfenster zu zeigen, ist dann der nächste Schritt.

Mittels Farbgebung, als lichtgebundene Substanz, läßt sich der Stufenweg von der Wand über die verschiedenen Materialschichten bis zur Glasscheibe am sinnfälligsten nachvollziehen. Neben der Farbe, in enger Verbindung mit der Materialwahl, bildet insbesondere der Schattenfall in der Rahmenzone des Fensters mit seinen entsprechenden Farbnuancierungen den entscheidenden Anteil an einer sinnhaft befriedigenden Wirkung eines Fensters. Die früher wohldosierten Abschrägungen an der inneren Laibung und den Fensterrahmen vergrößern dabei die Lichtausbeute.

Die Plastizität einer Fensterzone läßt sich durch Faschen, Gewände und sichtbar angebrachte Sonnenmarkisen steigern. Der Klappladen, als praktikables Zusatzelement, hat sich nicht zuletzt in diesem Sinne, zugleich auch als markanter Farbträger bis heute bewährt.

GLIEDERUNG

Die Auffassungen über das Gliedern von Fensterflächen sind immer wieder in Gefahr, in eine „Sprossenideologie" auszuarten. Diese ist vermeidbar, wenn einige Grundfakten bedacht werden.

Vorrangig ist, die Wahl zwischen Panorama- und Butzenscheibe von innen zu bestimmen. Zur Konkretisierung des „Innen" brauchen wir einen optischen Halt.

Bei kleinteiligem Sprossenwerk ist die Blickfixierung zunächst (mit) auf die Fenstergliederung gerichtet, während bei sprossenlosen Fenstern der Durchblick vorherrscht.

Je stärker die Rahmenwirkung eines Fensters durch Farb- oder Lichtkontraste hervortritt und je weniger Unterteilungen vorliegen, um so mehr Gewicht erhält die Proportion einer Öffnung. Bei mehr Sprossenunterteilungen ist die Tiefenwirkung innerhalb des Blickausschnittes größer.

Durch das Hin- und Hergehen im Innenraum verschieben sich optisch nicht nur die Blickausschnitte, sondern in vermehrter Weise bei Unterteilungen durch Sprossen und Fensterkreuze die Gegenstände draußen oder die Fensterteile.

Je näher die Bewegung eines nach draußen Blickenden in Fensternähe erfolgt, um so stärker ist der Eindruck der Verschiebung des

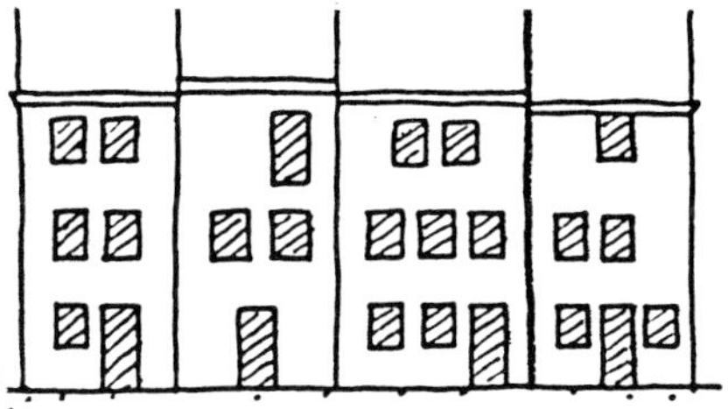

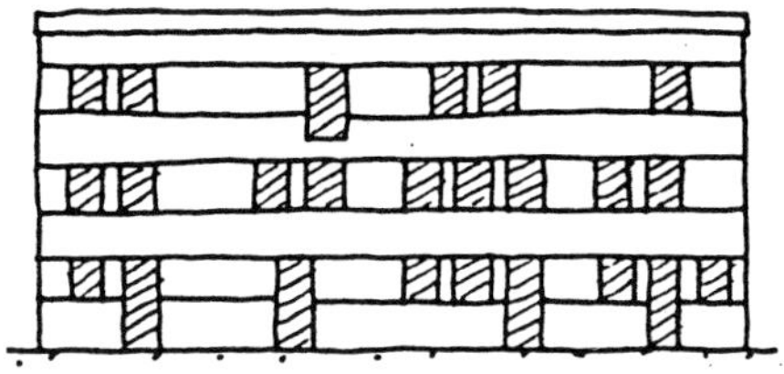

Gebäudestruktur und Fensteranordnung stehen in einem engen Abhängigkeitsverhältnis.

Fensteraufteilungen prägen ein Hausgesicht wie kein anderes Detail.

Sprossenunterteilungen sind von der Qualität der Ausblicksmöglichkeiten mit zu bestimmen.

Sehgrundes. Da sich Gegenstände im Vordergrund schneller bewegen als im Hintergrund, entsteht bei erhöhter Sprossenzahl beim Blick nach draußen meist auch eine vermehrte „Lebendigkeit". Diese kann jedoch bei erhöhten Bewegungen draußen und drinnen auch zu visueller Unruhe führen.

Die Art der Versprossung hängt wesentlich von der Raumtiefe sowie Lage und Art der Gangflächen und den Bewegungsabläufen im Raum ab. Je weiter jemand von einem Fenster räumlich entfernt ist, um so mehr wird ein Sprossenwerk auf Kosten des Durchblicks gestalthaft fixiert. Der Grad der Raumabgrenzung wird auf diese Weise spürbar.

Ein weiteres Abwägungsmerkmal bei einer Fensterteilung ist die Qualität des Ausblicks. Ein Ausblick mit tiefgestaffeltem Hintergrund ist in der Regel durch seine vielfachen optischen Verschiebungen empfindlicher gegenüber einer Fensterversprossung als ein weniger tiefer oder nichtssagender Blickfang.

Aber auch bei einem ungeteilten Panoramafenster mit optimal tiefem und schönem Ausblick kann es Probleme geben. Der immer gleich erlebte Blickausschnitt, ohne die belebenden Blickverschiebungen durch einzelne Unterteilungen, läßt oft eine anfängliche Faszination schnell abflauen.

Für eine von außen gesehene Fensteraufgliederung, gelten z.T. ähnliche Erfahrungen. Auch hier zieht, wie beim Innenraum, ein kleinteiliges Sprossenwerk Wandflächen zusammen. Dagegen wirken ungeteilte Öffnungen mehr bildhaft abgegrenzt und sind daher in höherem Maße proportionsabhängig.

Die alte Regel: wenn Fensterunterteilungen, dann diese im gleichen diagonalen Scheibenverhältnis auszulegen, kann bei verschiedenen Öffnungsgrößen hilfreich sein. Dies sollte jedoch nicht stur geschehen, besonders dann nicht, wenn funktional begründete Fakten dagegen stehen.

Weil Form auch Bewegungsabläufen folgt, stellt, von außen betrachtet, die Bewegung eines Gebäudebetrachters einen noch viel zu wenig beachteten Faktor dar. Die visuellen Auswirkungen der verschiedenen Geschwindigkeiten auf die Fensterform sind dabei besonders folgenreich. So haben die eigenen Untersuchungen mit Straßenabwicklungen (siehe 1.2) ergeben, daß sich Fensterunterteilungen je nach der Geschwindigkeit eines vorbeifahrenden Betrachters optisch real verändern.

Daraus läßt sich für eine Fassade folgern: Die Gestalt des Fensters, früher nur von langsamen Bewegungsabläufen mitgeprägt, hat heute, visuell gesehen, wesentlich höhere Geschwindigkeiten zu „verkraften". Diese führen allgemein zu weniger Unterteilungen, vor allem zu weniger Vertikalunterteilungen. Es zeigt sich daraus, daß wir eine sorgfältig abgewogene Fenstergliederung auch nach dem Verkehrsfluß in Hausnähe vornehmen müssen. Dieses gilt ganz besonders für die Bereiche, in denen der Fußgänger heute wieder Vorrang hat. Eine senkrechte Sprosse und ein stehendes Einzelfenster kann hier noch visuell voll erfaßt werden. Gleiche Fensterformen besitzen somit in einer Fußgängerstraße einen anderen Stellenwert als an einer Schnellstraße.

Fenster sind kein beliebiges Spielmaterial der Fassadengestaltung – sie sind für die Wahrnehmung sensible durchlässige Übergangszonen, die das Hausgesicht prägen.

FOLGERUNGEN

Fensterformen schweben nicht im luftleeren Raum. Es ist deshalb ratsam, ortsprägende Bauten besonders auf ihre Fenster hin zu analysieren. Diese Analyse stellt kein Zurückdrehen einer hochentwickelten Fenstertechnik dar. Sie kann aber Aufschluß geben über die Ausdruckskraft „erfahrener Augen". Die Raumfunktionen „hinter" dem Fenster, aber auch die Bewegungsabläufe „vor" dem Fenster sind in diese Analyse einzubeziehen.

2 2 Haus–Gesicht

1
P. Klee

❜ Das Auge begeht die ihm im Werk eingerichteten Wege.

2
F. Schumacher

❜ Es kommt alles an auf ein Abfangen des Blickes an einer bestimmten, gewollten Stelle.
Er darf nicht schweifen von Reiz zu Reiz, sondern eine Dominante der Reize muß seinen Eindruck bestimmen und festigen.

3
A. Portmann

❜ Die erblich sehr offenen Gestaltanlagen verdanken ihren Ursprung von Anfang an einem festen, geordneten Gestaltcharakter – Das Erkennen des menschlichen Gesichts scheint auf einem solchen Archetypus zu beruhen.

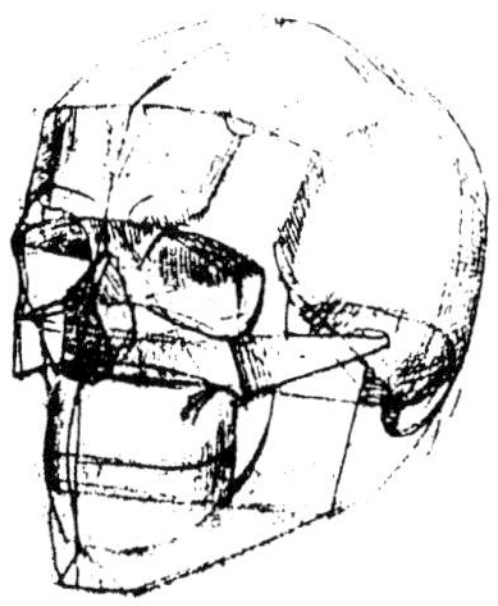

4
G. Bammes

Die konstruktive Form und Plastik des Schädels.

5

❜ Die große Form des Schädels muß man beim Anschauen als Durchdringung eines vertikal-horizontal Gefüges erkennen.

6

❜ Die in den mimischen Zonen des Gesichtes manifest gewordenen Bildungen der Oberfläche . . . auf der Grundlage der Schädelbildungen formen die psychonomisch individuellen Züge des Gesichts.

▪ Das Stichwort „Fenster-Augen des Hauses" war 1983 ein Auslöser für verschiedenartige Untersuchungen zur Gesichtsbildung von Architektur. Um vor allem strukturelle „Gesichts-Punkte" zu erkennen, baute ich mir ein Drahtgesicht, in dem durch kleine Drahtverbiegungen große Veränderungen des Ausdrucks zu erreichen waren.

Die wichtigsten Fragestellungen waren: Wann reißt visuell der Gestaltzusammenhang eines Haus-Gesichts ab? Umgekehrt, wie wirken die unterschiedlichen Elemente eines Haus-Gesichtes zusammen und welche Rolle spielt dabei die Vorder- und Rückansicht eines Hauses?

Ein Aufsatz von Manfred Sundermann [7] „. . . Die Architektur der Fassade ist privater Dienst an der Öffentlichkeit . . ." war mir wertvoll, außerdem Hinweise auf die Gesichtsbildungen des Menschen von Gottfried Bammes [8]. Nicht zuletzt die Untersuchungen von Jean Piaget [9] über das Erkennen von Gesichtern bei Kindern. ▪

In der Gesichtsbildung liegt eine besonders hohe Informationsdichte vor. Innere und äußere Gestaltwirkungen sind hier durch genetisch vorgeprägte Muster konzentriert. Analog der These von L. Bernstein, daß „der Dur-Dreiklang Zellkern fast der gesamten Musik" sei [10], stellt, so vermute ich, die Gesichtsbildung einer Architektur eine Art Zellkern für den Wahrnehmungsvorgang dar. Gesichtslose Architekturen sind Gestelle im Raum, die meist nur dem nackten Nutzen dienen.

Wie beim Kopf des Menschen, sind auch beim dreidimensionalen Hauskörper, den Funktionen entsprechend, in der Regel unterschiedliche Ansichten vorgegeben. Alle wirken zusammen, aber nur eine von ihnen ist durch ein engerliegendes Zusammenspiel unter-

Die menschliche Gesichtsbildung basiert auf einem Gestaltkern. Diesen sucht unsere Wahrnehmung meist schon vorbewußt zu erfassen.

Auch die Psychonomie einer Architektur wird über ihre strukturellen Gestaltkerne erschlossen. Der Variationsreichtum ist dabei unbegrenzt.

Wahrnehmen dringt hinter die Verkleidung, auch wenn diese gut „gestylt" ist.

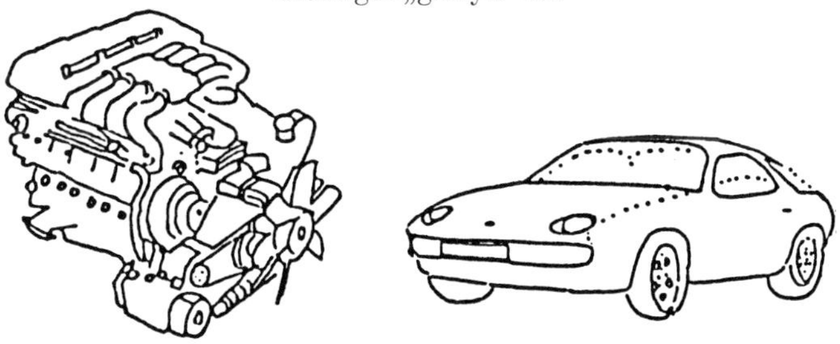

Funktionsbedingte Asymmetrien beleben die Wahrnehmung einer Architektur, vermutlich, weil sie den visuellen Abtastvorgang intensivieren.

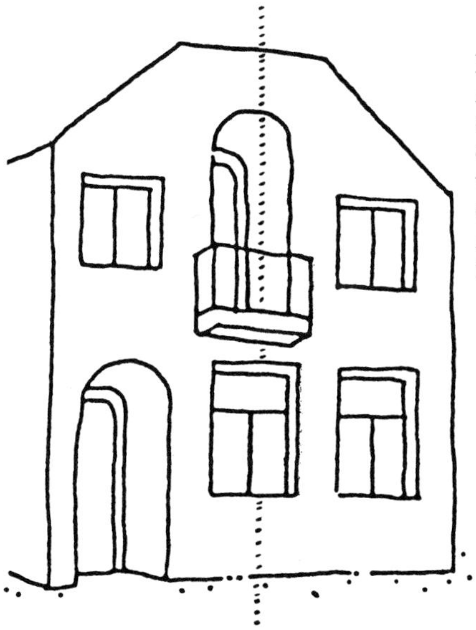

schiedlich gestalteter Einzelelemente meist bevorzugter Teil der Wahrnehmung.

Wie intensiv die Gestaltprägung eines Gesichtes auf den wahrnehmenden Menschen wirkt, hat Piaget nachgewiesen und dabei die wichtige Feststellung einer „hierarchischen Stufung des Erkennens" gemacht. Nach seinen Attrappenversuchen ergab sich: „zunächst genügen einfache Punkte oder Winkel (I), dann wird die Augenpartie allein bedeutsam (II), etwas später kommt der Gesichtsumriß hinzu (III), schließlich der Mund (IV), dessen Bewegungen zunehmend wichtiger werden (V). Erst mit ungefähr 6 Monaten ist das Baby in der Lage, verschiedene Gesichtsausdrücke und individuelle Gesichter zu unterscheiden (VI)". Aus diesen Fakten lassen sich meines Erachtens Vergleiche zum Hausgesicht ziehen:

Das Gesicht des Menschen besteht aus dem Zusammenspiel von (nur) 4 bis 6 „Informationsklumpen". Nach meinen Tast-Experimenten ist diese Zahl noch auf einen Blick zu erfassen. Ich folgere daraus für die Zusammenschau von unterschiedlichen Architekturelementen: Ihre Zahl ist ebenso begrenzt.

So wie die Nase die Achslinie eines Menschengesichtes bildet – diese jedoch nicht mit einem Gummizug vergleichbar ist – so bedarf auch ein Hausgesicht einer gestaltzentrierenden Resultante. Ich gehe davon aus, daß diese

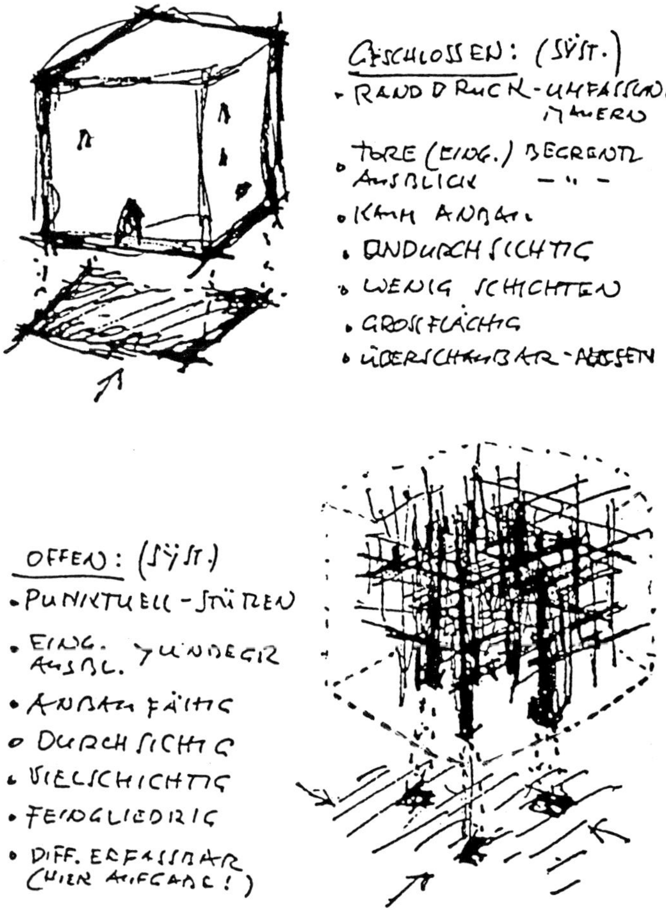

Die Verwendung durchsichtiger Materialien führt zu immer mehr „offenen" Architekturen, die ihre eigene Physionomie zum Ausdruck bringen. Eine Frage ist, wieviel Einzelelemente können wir visuell verkraften?

vertikal ausgerichtet sein muß, um damit das uns Gegenüber-Stehende zum Ausdruck kommen zu lassen. Ohne starre Symmetrie hält diese „Gestaltachse" die Balance zu einer überschaubaren Zahl von Einzelelementen. Von ihr ausgehend erhalten die jeweiligen Abstände der Architektur-Elemente untereinander ihr Maß. Funktionsbedingte Asymmetrien beleben die Wahrnehmung einer Architektur, vermutlich, weil sie den visuellen Abtastvorgang intensivieren. Dieser hängt wiederum mit den Wahrnehmungsunterschieden zwischen linken und rechten Seiten und den daraus eingespurten Kompositionsrichtungen zusammen.

Kein Element kommt im Gesicht einem anderen in die Quere. Verbindungslinien in Form von Gesimsen und Ornamenten, vergleichbar den Falten, können hilfreiche Zutaten zur Charakteristik sein, sind aber wie eine glatte Haut nicht unerläßlich. Wir sollten sparsam damit umgehen. Adolf Loos hat heute noch seinen Aussagewert. Wichtig ist, daß die Einzelelemente so viel Eigenraum besitzen, um in ihrer Funktion wahrnehmbar zu sein.

Zur Wahrnehmung der Details als charakteristische Gestaltausprägung gehört ein länger geübtes Einfühlungs- und Erinnerungsvermögen. Außerdem benötigt ihre Verarbeitung zusätzliche Zeit zum bewußtwerden.

Ich gehe davon aus, daß wir schon unbewußt beim Anblick eines Hauses nach seinem Gesicht suchen. Dieses Gesicht vergleichen wir im Vorbewußtsein mit unseren inneren Bildern. Neben allen subjektivenVorstellungen gibt es – zumindest innerhalb eines Kulturraumes – interpersonelle Konstanten des Wahrnehmungsbildes, die für die Architekturgestalt von Bedeutung sind.

Wenn z. B. das Hausgesicht visuell abgetastet wird, kann bei einer bestimmten Gestaltkonstellation unser „inneres Proportionsgefühl" plötzlich zuschnappen. Wolfgang Metzger verweist auf „Prägnanz oder gute Gestalt" [11]. Vermutlich liegen hierin auch Spuren zum Harmoniebedürfnis (Beispiel: „goldener Schnitt").

Typologisch bedeutet das: inhaltlich aufeinander bezogene Architekturen sind lesbar und werden von unserer selektierenden Wahrnehmung bevorzugt verarbeitet.

Hausgesichter sind mehr als Fassaden. Sie spiegeln als Nahtstelle zwischen innen und außen Informationen, die weder verkürzt, noch übersteigert werden dürfen.

Die sich ausweitende Verwendung von Glas – für die Wahrnehmung ein fast immaterieller Baustoff – ist gesamt als positive Tendenz unserer Zeit zu werten, Lebensvorgänge transparenter wahrnehmen zu können. Zugleich sehe ich darin auch die Gefährdung, das nötige „Umfriedet-Sein" des Menschen zu schmälern.

Die Architektur ist und bleibt „Handlungsbildnerin" eines Zeitgeistes. Dies machen Hausgesichter meist über Generationen hin offensichtlich. Durchschauen wir ihre Trugbilder!

Der Umgang mit „Hausgesichtern" im Kontext zum bebauten Umraum, bedarf einer hohen Sensibilität und Verantwortung.

2 3 Gestalt-Wandel

1
H. Legewie,
W. Ehlers

› Das Prinzip: Allgemeines Schema und spezielle Modifikation ist auch für die Gedächtnisspeicherung außersprachlichen Materials nachgewiesen.

2
U. Conrads

› Der bloße Planersachverstand, der alles für machbar hält, konnte das Spiel nicht als primäre – und d.h.: auf nichts anderes zurückführende – Lebenskategorie anerkennen. Oder auch nur erkennen.

3
L. Bernstein

› Transformation: Die Oberflächenstruktur auf eine kollektive Tiefenstruktur zurückführen.

4
Th. Fischer

› Überlieferung ist nicht Ruhe, ist Bewegung. Unveränderlich ist der Kern, das Wesentliche, das Geistige, niemals die Form. Wer aber die Form unverändert überliefern will, der pflegt schlechte Überlieferung.

5
V. M. Lampugnani

› Typen sind architekturimmanente Konstanten; unveränderliche Grundelemente, die sich im Laufe der Geschichte herausdestilliert haben, wie der Alkohol aus dem gegorenen Fruchtsaft.

■ Welchen Gestalt-Spielraum benötigen einander ähnliche Architekturformen? Diese Frage hat mich schon in meiner Studienzeit beschäftigt. So suchte ich mir als erste Aufgabe nach dem Kriege: festzustellen, wie sich Menschen unter baulich ähnlichen Verhältnissen in Notunterkünften einrichten. Diese Untersuchungen führten in freier Zusammenarbeit mit dem Baupflegeamt Westfalen zu umfangreichen Arbeiten an Wohnungsgrundrissen.

Um „die Niederschrift der Lebensvorgänge" (Gustav Wolf[6]), die ein Grundriß darstellt besser und übersichtlicher zu erfassen, wurde 1949 ein „Grundrißbaukasten"[7] entwickelt. Nach der Auswertung eines der ersten größeren Wohnungsbau-Wettbewerbe der Nachkriegszeit entstand 1954/5 der „Grundriß-Atlas" (Mitarbeiter Werner Hauff)[8]. Sein Aufbau ist in diesem Kapitel dargestellt, weil ich im Wahrnehmen des Gestaltwandels einer Grundform und der Entwicklung zum Typus eine zentrale Aufgabe zum Architekturverständnis sehe.

Wertvolle Beiträge zum Typenbegriff fand ich später in Aufsätzen von J. Pieper[9] und von V. M. Lampugnani[10], sowie zum Normenbegriff in einem Aufsatz von O. Schmidt[11].

Die Bedeutung von Typologien für den Städte- und Wohnungsbau habe ich in dem folgenden (leichtgekürzten) Aufsatz[12] versucht aufzuzeigen. ■

GRUNDMUSTER DER ARCHITEKTUR

Woran liegt es, daß wir alte Ortsbebauungen immer wieder begeistert wahrnehmen, aber uns neue nur selten erfreuen?

Mängel und Unklarheiten in der fachlichen Verständigung sind Gründe, daß Unstimmigkeiten in der Gestaltgebung zugenommen haben. Unverarbeitete und kurzlebige Architekturmoden sind oft die Folgen.

Vor diesem Hintergrund ist die Frage nach dem Nutzen von Typologien ein immer wieder aktuelles Thema, aber auch ein immer noch strittiges. Wie strittig, zeigen Äußerungen die Julius Posener von einer Werkbundtagung 1914 zur „Rolle des Typischen" zitierte[13].

So vertrat Hermann Muthesius in seiner „richtungweisenden Rede" folgende Einstellung:

„Es ist das Eigenartige an der Architektur, daß sie zum Typus drängt."

Die Architektur „als die rhythmische Fassung unserer täglichen Lebensbedürfnisse (bildet) den ruhigen Hintergrund, auf dem sich dann das Außerordentliche erst aufbauen mag. Es ist daher eine bekannte Beobachtung, daß sich Exzentrizitäten in der Architektur mehr rächen als in irgendeiner anderen Kunst."

„Für das Publikum ist eine gewisse Übereinstimmung des Vorhandenen, eine sichtbare Gleichmäßigkeit, die Vorbedingung dafür, sich ein Bild zu formen und sich an eine Ausdrucksform zu gewöhnen."

Henry van de Velde nahm die Gegenposition ein und erwiderte, daß die Suche nach dem Typus „Kastration" bedeute:

„Der Künstler ist seiner innersten Essenz nach glühender Individualist, freier und spontaner Schöpfer; aus freien Stücken wird er niemals einer Disziplin sich unterwerfen, die ihm einen Typ, einen Kanon aufzwingt."

Diese Polarität ist in der Einstellung zur Typisierung noch bis heute vorhanden. Sie wird durch die Medien mit beeinflußt, die sich fast ausschließlich an aufsehenerregenden Einzelgebäuden orientieren und damit bewirken, daß Architektur zunehmend aus einem einseitigen elitären Blickwinkel des „Stararchitekten" gesehen und entsprechend nachgeahmt wird.

Leider machen qualitativ herausragende Solitärbauten aber nur einen allzu kleinen Teil

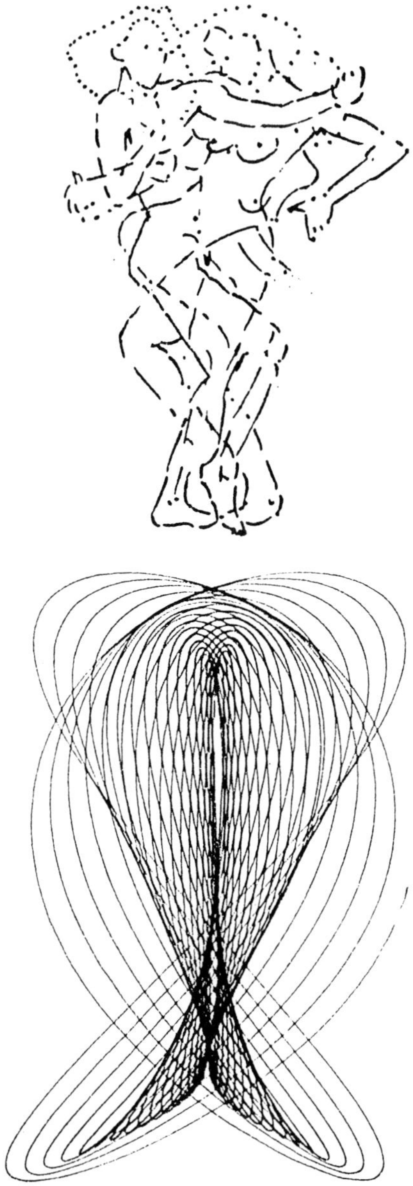

Spielraum und Konstante einer Gestalt sind wieder zu entdecken. Typologien bieten dazu vielfache Möglichkeiten.

unseres täglich zu verkraftenden Umraumes aus. An ihm leiden wir immer mehr.

Wie reagiert unsere Wahrnehmung als hochempfindsames Sensorium darauf? Von diesem Fragenkomplex ausgehend möchte ich versuchen, den heute noch allgemein umnebelten Typenbegriff ein Stück aufzuhellen und durch neuere Erkenntnisse in der Wahrnehmungspsychologie für die städtebauliche Praxis zu erweitern.

I Ich vermute nach der Auswertung von Wahrnehmungsreflexen, daß der Verarbeitungsspielraum zwischen Gewohntem und Ungewohntem enger ist, als heute angenommen wird.

Für die Architektur heißt das: Gestaltstrukturen sind nicht unbegrenzt machbar, wenn sie unsere Wahrnehmung verarbeiten soll. Sie sind jedoch unbegrenzt variabel zu gestalten, wenn innerhalb ablesbarer Grundformen, die „architekturimmanente Konstante" durchscheint. Die Typisierung geht davon aus, diese Formkonstanz in ihrem Gestaltspielraum sicherer auszuloten.

Voraussetzung für Verständnis und Anwendung von Typologien ist deren begriffliche Klarstellung. Die unscharfe Abgrenzung zur Normung sehe ich als ein Haupthindernis an.

Typ und Norm gehören zu zwei unterschiedlichen Arbeits- und Denkkategorien. Sie sind deshalb auch nicht wertmäßig vergleichbar, d.h., man kann nicht sagen, die Typisierung sei das Wichtigste oder umgekehrt. Die Bipolarität zwischen beiden muß erkannt und nutzbar gemacht werden. Je weiter z.B. die Normung der zusammensetzbaren Einzelelemente geht, um so wichtiger ist es, die verbleibenden freien Abwandlungsmöglichkeiten in Form von Typen ·aufzuzeigen. Im Umkehrschluß heißt das, die Typisierung muß zuerst der Normung den für sie unerläßlich wichtigen Erfahrungsquerschnitt liefern. Die Grenze der Normung liegt nicht in der Vervielfältigung gleicher Teile an sich, sondern dort, wo die Vereinheitlichung soweit geht, daß damit das Leben erdrückt wird. Dieser „Zug in die Gleichmacherei" beweist, wie nötig heute ein Regulativ ist, welches das Leben schützen hilft.

Das Arbeitsgebiet der Normung zielt auf Maßgleichheit, auf Paßzwang im Rahmen der technisch bedingten Toleranz hin. Hier wird die individuelle Wandelbarkeit einer Form bewußt aufgehoben und für die Dauer der Normung sozusagen „vereist". Alle Maßnahmen der Normung sind darauf abgestellt, die unwirtschaftliche Verschiedenheit der einzelnen Formen zu verringern. Damit ist die Blickrichtung der Normung auf das vielseitig kombinierbare Einzelteil, auf die Fertigform – also die Endstufe der Planung – gerichtet. Hier liegt der aus dem Wesen hergeleitete Unterschied zur Typisierung.

Typisierung und Normung sollten baldmöglichst aus dem bisherigen Zustand gegenseitiger Neutralisierung herausgebracht und in klarer Arbeitsteilung im Wohnungs- und Städtebau in einer Art kreativer Partnerschaft wirksam werden. „Die Typisierung bildet hierbei den geistigen Rahmen als Spielraum für die stoffliche Füllung" (G. Wolf[14]). Die Füllung erfolgt heute weitestgehend aus genormten, seriell gefertigten Einzelteilen.

Ein Typus stellt keine feste Form dar, sondern nur eine Formidee. Die Endform kann demnach nur „typisch" sein. Ein Gebäudetyp ist als Formidee noch wandlungs- und anpassungsfähig, um theoretisch unendlich viele Endformen auf sich beziehen zu können.

Damit ist die Typisierung ein Mittel zur Aufzeigung des Gestaltungsspielraumes und somit Schnittpunkt zwischen Planungsgedanken und der gebauten Form. Diese „Nahtstelle" an Hand von Gestaltbeispielen so objektiv wie möglich

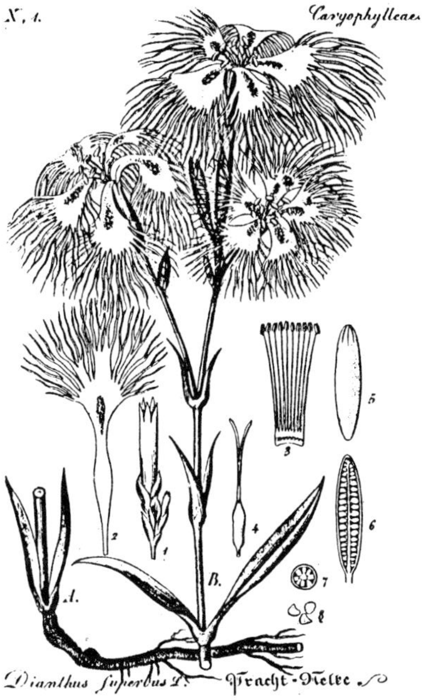

Typologien in der Biologie sind seit Alters her unentbehrliche Orientierungsmittel.

Maßspannen und Maßsprünge der Raumabmessungen weisen in ihren Schwerpunkten auf die typischen Funktionen einer Wohnung hin

(erste Untersuchungen über Wohnungstypen 1948)

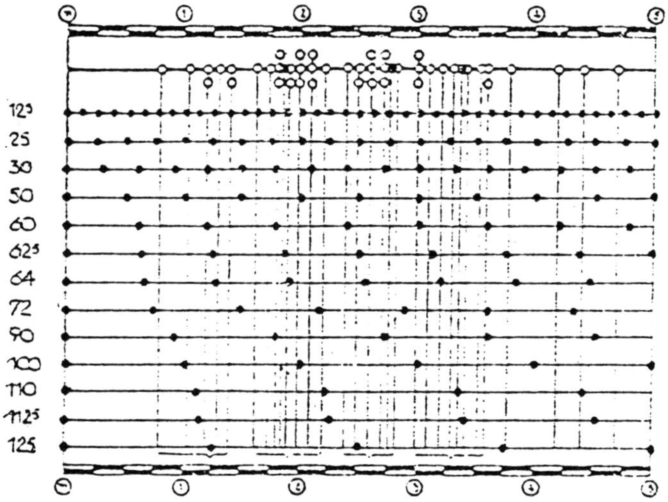

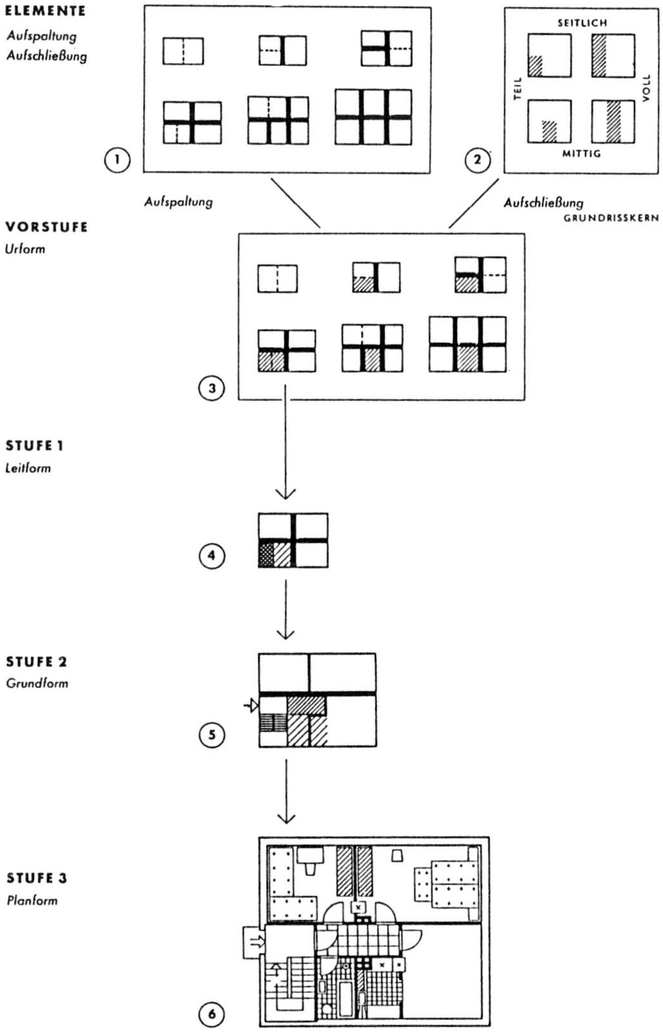

STUFEN DER TYPENABLEITUNG

Über den morphologischen Stufenaufbau lassen sich alle gebräuchlichen Grundrißtypen bestimmen.

(„Grundrißatlas" Seite 19, mit einem Grundrißbeispiel von 1955) offenzulegen, stellt den strukturellen Wert der Typisierung für die konkrete Planung dar.

Voraussetzung für jede Typisierung ist der Nachweis einer Vielzahl einander ähnlicher Gebäudeformen bzw. Elemente. Als Legitimation für einen „aktiven Typ" ist ein möglichst breiter interpersoneller Bezug erforderlich.

Eine nach der Häufigkeit abgeleitete Typenbestätigung hat mit Qualität noch nichts zu tun. Diese Feststellung ist wichtig, damit nicht der Eindruck entsteht, alle typischen Gestaltformen wären deshalb schon optimal; ein Gebäudetyp ist zunächst neutral im Hinblick auf seine Qualität. Erst wenn im Verlaufe der Planung die Einzelheiten immer mehr ihr Recht beanspruchen, und diese mit den jeweiligen örtlichen Gegebenheiten integriert werden, lassen sich Qualitätsmaßstäbe anlegen.

II Wieweit sich Typologien heute zu Koordinations- und Stabilisationsinstrumenten für die Architektur entwickeln lassen, hängt neben der begrifflichen Klarstellung davon ab:

- daß der Zusammenhang zwischen Wahrnehmung und Typologie erkannt und berücksichtigt wird,
- daß Architektur-Typologien methodisch und didaktisch, vor allem für die Praxis aufbereitet werden.

Eine Architektur-Typologie als praxisnahes Gestaltsystem macht deutlich, daß wir nicht willkürlich mit Architekturformen umspringen können, wenn Sinnzusammenhänge erhalten bzw. erst aufzubauen sind.

Wenn qualitative Architektur gelingen soll, hängt das zum einen von der Stärke der intuitiven Sensibilität, gleichsam als Transformator der „inneren Wahrnehmung" des Gestalters ab, ebenso aber auch von der Sorgfalt der analytisch vorgenommenen Diagnose des Kontextes, für den das neue Bauwerk bestimmt ist. Da die optimalen Voraussetzungen dafür oft schon aus Zeitgründen nur die Ausnahme darstellen, sind für den Alltagsgebrauch Architekturtypologien zu entwickeln, die am Beispiel einer Grundrißsammlung näher erläutert werden sollen:

Anregung für die Bearbeitung war ein Pflanzenatlas, der, wie vielfache Übersichten in der Biologie, die typische Strukturform einer Pflanzenart mit ihren Einzelelementen darstellt.

Davon inspiriert wurde der „Grundrißatlas, eine Typenkunde für den Wohnungsbau" entwickelt, der in seiner allgemein gehaltenen Form (noch) keine örtlichen Bezüge aufnimmt.

Aus ca. 15000 Grundrissen der Nachkriegszeit sind 18 verschiedene Grundrißtypen herausdestilliert, wobei die Fixierung auf bestimmte Typen zeitbedingt bleibt. Der inhaltliche Schwerpunkt liegt in dem Nachweis für die beiden Hauptkriterien eines Typus, dem der Stabilität und dem der Variabilität. Erstaunlich war, daß nur eine Minderheit von etwa 15–20% aller Grundrisse außerhalb der „Typenstämme" lagen.

Die Stabilität ist an Hand einer morphologischen Tiefenstaffelung der Architektur-Struktur nachgewiesen. Die verschiedenen Gestaltstufen sind dabei bis zur Endform durchscheinend. Die Variabilität innerhalb eines Typs ist an Hand eines Modulationsspielraumes durch eine Auswahl von Formbeispielen aufgezeigt.

Die Lage und Funktionsdichte des Grundrißkerns stellt hier einen wichtigen Aspekt der Typenbestimmung dar.

Bei einem der üblichen Laubengangtypen wird deutlich, welche Abwandlungsmöglichkeiten schon innerhalb der Struktur- und Funktionselemente eines sehr einfachen Grundtyps liegen.

Die Aufgabe einer derartigen Architektur-Typologie sehe ich vor allem in der strukturell gegliederten Fixierung von Wohnerfahrungen, die sich über Generationen bewährt haben.

Der Grundrißkern ist der Gestaltschwerpunkt eines Hauses, weil sich hier die Funktionen verdichten. Von Gestaltstufe zu Gestaltstufe wird die Abwandlungsmöglichkeit größer. („Grundrißatlas" Seite 21, – – – spätere Eintragungen)

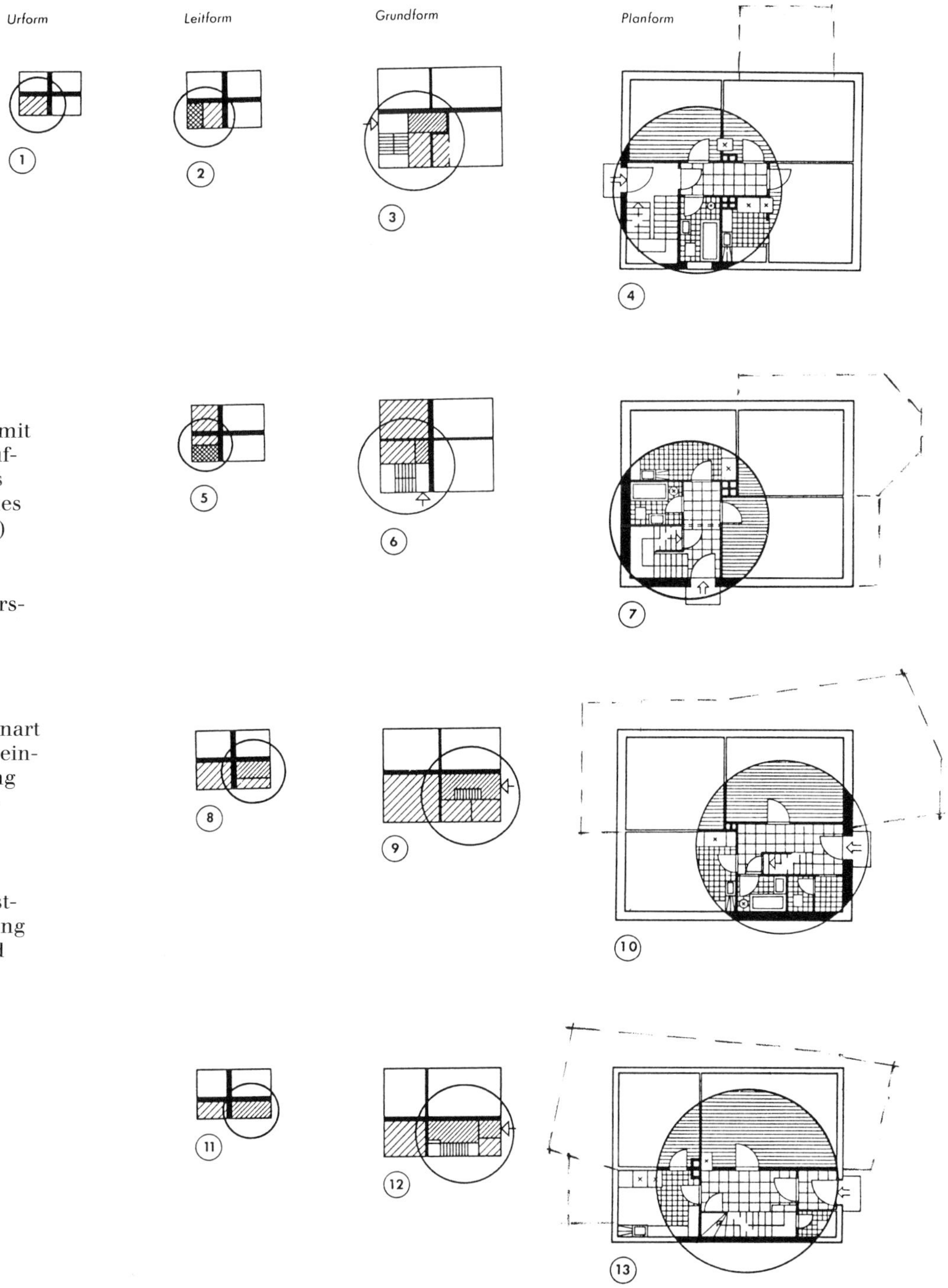

Urform

Ausgangspunkt jeder Planung – Aufspaltung nach Raumzahl (damit Bestimmung der Hausgröße), Aufschließung durch Festlegung des Verkehrs und Installationsbezirkes (damit Bestimmung der Hausart)

Leitform

Weitere Unterteilung des Verkehrsbezirkes in Treppen und Flurflächen.

Grundform

Weitere Aufgliederung in Treppenart und Eingangslage, Einteilung in einzelne Bezirke der Flächennutzung (Wohnen, Schlafen, Kochen, Verkehr, Versorgung, Freisitze).

Planform

Entspricht dem Vorentwurf – Festlegung der Raummaße, Eintragung der Öffnungen, Schornsteine und Objekte.

Beispiele für die Abwandlungsmöglichkeiten eines Grundrißtyps – Laubenganghäuser („Grundrißatlas" Seite 175)

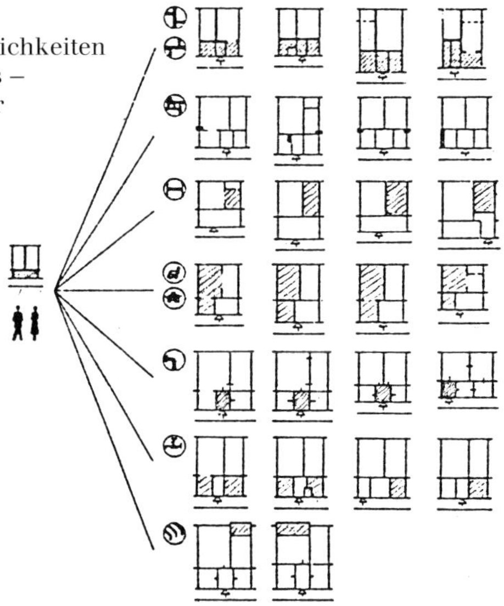

III Architektur-Typologien lassen sich auf verschiedenen Ebenen als „Leit-Faden" einsetzen. Sie sind weder Baufibeln noch Gestaltungssatzungen, auch keine Bauentwurfslehre. Die Atlasform scheint die geeignetste, weil sie je nach Bedarf von Zeit zu Zeit fortgeschrieben werden kann.

Drei Stufen von Architektur-Typologien, die in Teilbereichen oftmals vorhanden sind, sollen zur Diskussion gestellt werden:

Allgemeine Architektur-Typologien

Dazu zählen: überörtliche Typologien wie z.B. Wohnungsgrundrisse, möglichst ergänzt um Parzellenbreiten und Baublocktiefen, sowie Gebäudehöhen. Auch eine Zusammenstellung von Maßansätzen unserer „inneren Uhren" mit deren Folgerungen stehen zur Bearbeitung an.

Diese Typologien als allgemeine Basisarbeiten sind überwiegend im Hochschulbereich, meist interdisziplinär zu entwickeln. Wertvolle Fakten liegen als Rohstoff in Nachbardisziplinen bereit. Dieses Material ist fachbezogen aufzubereiten und, wo erforderlich, zu ergänzen.

Regional-Typologien

Da die Region als Kulturraum, oft grenzüberschreitend, immer mehr ins allgemeine Blickfeld rückt, kommt der Charakteristik ihrer Bauten in ursächlicher Verbindung zur Landschafts- und Geländeformation eine immer größere Bedeutung zu. Es geht bei diesen Typologien weniger um die Darstellung des historischen Baubestandes, der vielerorts vorbildlich veröffentlicht ist, sondern um Übersichten, die aufzeigen, warum u.a. bestimmte Baumaterialien, Hausstrukturen und Dachformen, aber auch einprägsame Detailformen verwendet sind.

Regional-Typologien sind ortsübergreifend von den betreffenden Ländern unter vielseitiger fachlicher Kompetenz zu erstellen. Sie sollten für die Mehrzahl der kleineren Gemeinden, die sich keine eigene Ortstypologie leisten können, überzeugende Hinweise bieten, aus denen sich Erkenntnisse für die örtliche Situation ableiten lassen.

Orts-Typologien

Eine dezentral vor Ort erstellte Architektur-Übersicht, in der die ortsprägnanten Merkmale zusammengestellt sind, ist die z.Z. wichtigste und wohl auch wirksamste Typologie-Form. Die Integration eines Gebäudes mit seinem einmaligen Standort kann am überzeugendsten aus der konkreten Ortssituation abgeleitet werden. Eine Gegenüberstellung von Beispielen und Gegenbeispielen ist didaktisch besonders wirksam.

Die umfangreichen Vorarbeiten lassen sich weitgehend mit dem Bürger zusammen durchführen. Sein Interesse, und vor allem seine Ortskenntnisse, sind mit einzubeziehen. Gleichzeitig stellt die Bearbeitung für alle Beteiligten, auch für die daran mitwirkenden Fachleute, einen wichtigen Lernprozeß dar. Hierzu sollten die vielerorts gemachten unterschiedlichen Erfahrungen koordiniert und ausgewertet werden, nicht zuletzt im Hinblick auf die anstehenden Aufgaben in den neuen Bundesländern.

Bei allen drei genannten Typologiestufen ist die Zielsetzung: nicht museal den Status quo zu konservieren, sondern für Neuansätze oder Veränderungen objektiv strukturiertes Material zur Hand zu haben.

FAZIT

Da Bauwerke keine Wegwerfartikel sind, sondern in der Regel ein Jahrhundert überdauern, somit für einige Generationen den Umraum prägen, sind Orientierungs- und Steuerungsinstrumente für die allgemeine Gestaltung überfällig. Der Typenbegriff in seiner bewährten Tradition, jedoch erweitert um architekturpsychologische Phänomene, wird mit dazu beitragen, die Architektur in ihrer Bedeutung und Verantwortung besser einzuschätzen und ihre Fundamente zu stabilisieren.

Dieses ist um so nötiger, als die städtebaulichen Herausforderungen der Zukunft die ausufernden Agglomerationen sind. Hier können vor allem Typologien mithelfen, die allgemeine Bebauung (etwa 90%) menschlicher zu gestalten.

Voraussetzung für alle hier gezeigten Möglichkeiten ist die Einsicht, daß Typologien als Grundmuster der Architektur keine Gestaltungsbremsen darstellen, sondern im Gegenteil erst die notwendige Plattform bilden, um zeitgerechten Gestaltideen eine weitgehend abgesicherte Ausgangsposition zu bieten. Jan Pieper bringt es auf den Punkt: „Typen bilden die Grundelemente, aus denen sich jede architektonische Komposition entwickelt.” [15]

Die Bedürfnisse der Menschen richten sich nach den Lebensgewohnheiten. Solange diese einander ähnlich sind, gibt es auch Typen. Sie bestehen solange, wie bestimmte Lebensformen ihre Berechtigung haben.

Überfrachten sowie unterschätzen wir Typologien in ihrer präventiven Funktion nicht! Bei breiterem Konsens und konsequentem Ausbau können sie zu einem der Leitfäden werden, „eine Kultur des Städtebaues” pragmatisch anzusteuern. Benötigt werden sie mehr denn je, weil wir nicht weiter ungeschützt gegen unsere „inneren Uhren und Bilder” anbauen können, ohne die gebaute Umwelt als Lebensraum immer mehr zu schädigen.

2 4 Größen-Verhältnis

1 A. Sitza

› Ich baue nicht gern ein Haus als beherrschendes Gebäude in die Landschaft. Denn das entspräche nicht seiner wahren Bedeutung, ich meine seine öffentliche, soziale Bedeutung. Es soll nicht dominierend sein, es ist Teil des Ganzen.

2 H. Jahn

› Das kommerzielle Gebäude nimmt den Platz des religiösen oder öffentlichen Gebäudes in der traditionellen Stadt ein und zeugt für das wirtschaftliche Standing der Stadt.

3 W. Benjamin

› Also, die großen Konstruktionen aus den kleinsten scharf und schneidend konfektionierten Baugliedern zu errichten. Ja, in der Analyse des kleinsten Einzelmoments den Kristall des Totalgeschehens zu entdecken.

4 O. Wagner

› (Zum Entstehen der Architekturform) Peinlich genaues Erfassen und vollkommenes Erfüllen des Zweckes – bis zum kleinsten Detail.

5 A. Mitscherlich

› Lieblosigkeit ist die innere Unfähigkeit, sich ins Detail zu versenken ... Lieblosigkeit ist Achtlosigkeit vor Einzelheiten.

■ In den letzten Jahren ist bei vielen Bauten ihr Volumen durch flächenextensive Nutzungen und funktionale Erweiterungen angewachsen. Auffallend war mir, daß oft die baulichen Details mitgewachsen sind. Dies veranlaßte mich 1977 zu Vergleichen mit Größenordnungen.

In die unübersehbare Zahl vorhandener Proportionsregeln habe ich mich nicht vergraben. Analogien zur Musik (L. Bernstein [6]) und zum Hörraum (J. E. Berendt [7]) waren mir jedoch aufschlußreich. Ebenso Forschungen von K. Lorenz [8], die in enger Beziehung zur Maxime der Gestaltpsychologie stehen: „das Ganze ist mehr als die Addition seiner Teile".

Thematisch gehören dazu die Untersuchungen von M. Trieb zur „Sequenz-Planung" [9] sowie die Darstellungen von Größenverhältnissen in den Gebäude- und Stadtteilvergleichen von K. Gruber [10], O. Völkers [11] und den Städtebildern von H. Simon [12]. ■

Wie im 1. Abschnitt erläutert, wirken Baumassen als Volumina schon im Stadium des Vorbewußten auf uns ein, während bauliche Details erst später bewußt verarbeitet werden. Ich vermute jedoch, daß die Erfahrung mit einer Architektur z.B. durch jahrelange Gewohnheit diese beiden Wahrnehmungswerte weitgehend miteinander integriert und dann beide im Bereich des Vorbewußtseins liegen.

In jedem Falle bedarf der „visuelle Aufprall" unserer Wahrnehmung auf eine bauliche Größe einer optischen Auseinandersetzung, d.h. es findet vorbewußt eine Verarbeitung der Einzelglieder in ihren Größenverhältnissen und Abständen zueinander, sowie zum Gesamtvolumen der Architektur statt. Wir wägen dabei bauliche Größen und ihre Proportions-Verhältnisse zu unseren äußeren

Das rapide Anwachsen heutiger Bauvolumina stellt an ihr Wahrnehmenkönnen zusätzliche Anforderungen.

Größenvergleich zwischen dem „ICC-Berlin" (Internationales Kongreßzentrum) und dem Ratzeburger Dom.

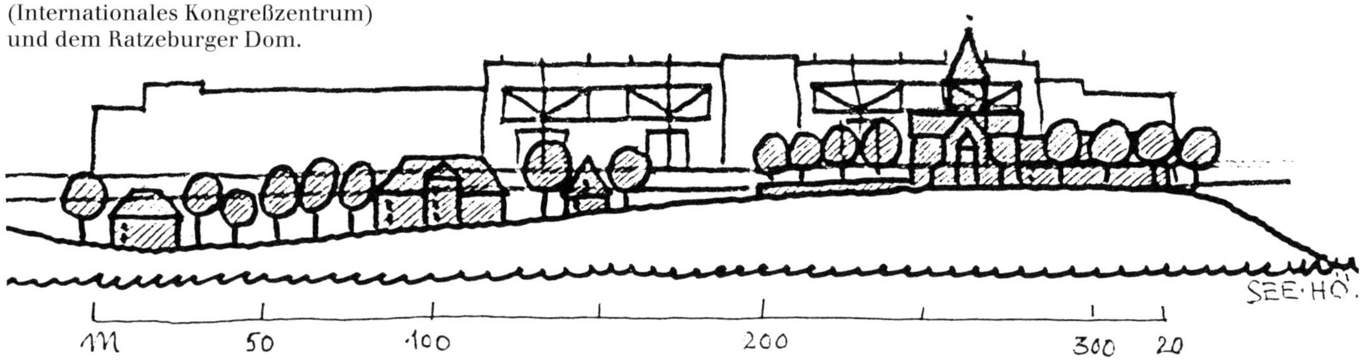

Größenvergleich zwischen dem zentralen Universitätsgebäude in Bielefeld und der Stadt Mölln in Holstein.

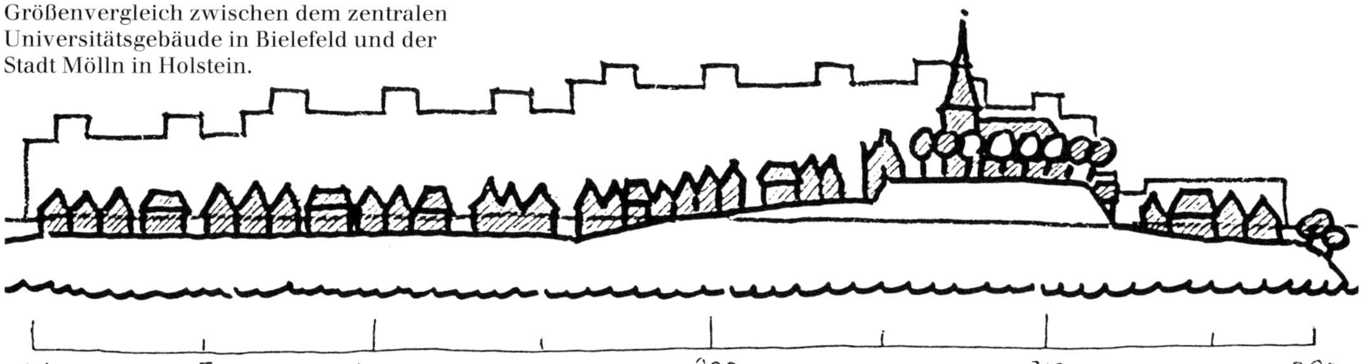

Eine Voraussetzung für die Qualität großer Bauwerke ist, der Wahrnehmung vom Fern- bis zum Nahbereich durchgängig interessant Gestaltetes zu bieten.

menschlichen Maßen und zu unseren inneren Uhren und Bildern ab.

Werden die „Grundordnungen" für Größenverhältnisse in ihren Maßstäben untereinander verwischt – somit gestört, ist eine Architektur nicht mehr verständlich.

Der jeweilige Ausschnitt unseres Blickfeldes zeigt die dort befindlichen Dominanten auf, die sich bei Blickverschiebungen sofort neu konstituieren. Zwar verändert die Perspektive – als eine der wunderbarsten Leistungen unserer Wahrnehmung – die Objekte je nach Abstand in ihrer visuellen Größe, sie behält aber je nach Erfahrung die „Dingkonstanz" im Hinterkopf; d. h. die Größenverhältnisse sind vorher im Unterbewußtsein abrufbereit einprogrammiert.

So wie ein Türdrücker seine Größenmaße aus dem Umfassen einer Hand erhält, wäre es sinnlos, einen 10 mal größeren Türdrücker anzufertigen oder ihn auf die doppelte Höhe zu setzen. Sinngemäß gilt das für viele Bauteile.

Dieser Fundus innerer Grundmaße justiert bei jeder räumlichen Distanz unser Wahrnehmungsbild neu ein. Erst von ihm ausgehend, können wir einen Raum als außergewöhnlich lang oder ein Gebäude als riesengroß einschätzen.

Architektur in ihren unterschiedlichen Größen wird über ein Netzwerk räumlich gestaffelter Fixpunkte wahrgenommen. Die Abstände zwischen diesen Fixpunkten, die wir nur in begrenzter Zahl visuell auf einen Blick verkraften, werden blitzschnell abgeschätzt und mit den einzelnen baulichen Größen verrechnet. Ich vermute, daß dieser „Rechenvorgang" im Vorbewußtsein abläuft. So konnte ich bei den Experimenten mit Kurzreflexen je nach Größenordnung und Abstand eindeutig Lage und Proportion einzelner Bauglieder, z.B. von Öffnungen, oft überraschend exakt, erkennen.

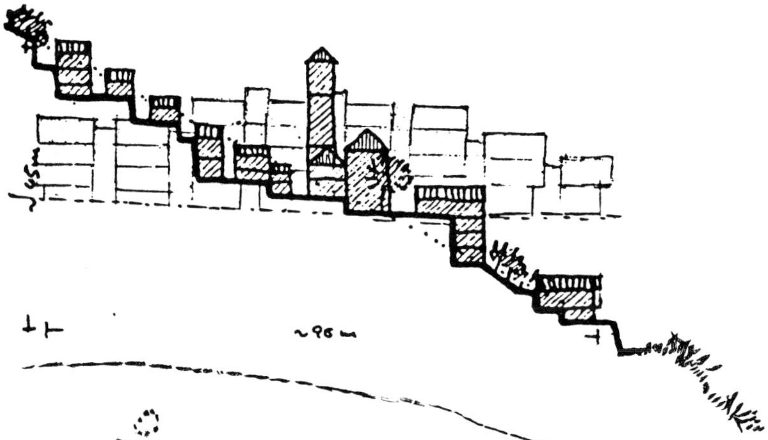

Der Größenvergleich zwischen
dem kleinteiligen Tessiner
Ort Corippo und dem
Centraal-Beheer in Apeldoorn
(Arch. H. Herzberger)
zeigt, daß die Gliederung eines
Groß-Baues, bei Einhaltung
menschlicher Grundmaße,
der Wahrnehmung keine
Probleme bereitet.

Dosierung und Lokalisierung von Architekturdominanten bleibt für die Wahrnehmung noch vor dem Raumeindruck nachhaltig wirksam.

Abstrakt entwickelte Größenordnungen haben mancherorts über Jahrhunderte gewachsene Ortsstrukturen brutal verändert.

Bemerkenswert ist, daß durch die Sequenzbildung größerer Bauglieder, z.B. durch oftmalige Wiederholung gleicher Pfeiler, eine visuelle Taktfolge einsetzt, welche je nach Zeitlänge die Bewußtseinsbildung „maß-gebend" beeinflußt. Ich nehme an, daß die Zahl baulich sich wiederholender gleicher Einheiten, die über 6 bis 7 hinausgehen, als lang-weilig eingestuft werden, falls keine Gruppierung und damit Rhythmisierung stattfindet.

Beim Umhertasten des Auges und dem Suchen nach interessanten Mustern steht nicht die absolute Größe einer Architektur im Vordergrund, sondern je nach Einstellung des Wahrnehmenden die gesuchte Informationsdichte und deren Ausdehnung.

Es wäre aufschlußreich, wenn dazu über weitere Versuche die visuellen Wegespuren ausfindig gemacht werden könnten und dabei über eine Art Matrix das Wahrnehmen baulicher Flächen besser erklärbar würde.

Sicher bin ich, daß wir zur Erkundung baulicher Größen ein visuelles Gerüst aus übersichtlichen Stabilisatoren benötigen. Hier spielt das Prinzip der ökonomischen Bündelung, Verdichtung und Zentrierung um eine optische Mitte, eine bedeutende Rolle. Die Lage der Tiefpunkte innerhalb eines Blickfeldes fungieren dabei als Maß- und Kontrollstellen für die eingeschätzten Größen.

Je mehr bauliche Längen durch Bewegungsabläufe erscheinen, um so eher wird der Zeitfaktor als inneres Meßgerät mit beteiligt (s. 1.2).

Bauliche Größen müssen visuelle, für jeden Abstand interessante Muster bieten, d. h. die Gestaltdurchbildung einer Architektur hat von der Ferne bis zur Detail-Nähe ihren unverwechselbaren Aussagewert mitzuteilen.
K. Schattner weist in diesem Zusammenhang auf die „kleinmeisterliche Detailtreue" hin aus der Erkenntnis: „Das Detail übernimmt in der direkten Begegnung die Aufgabe, Architektur zu ‚begreifen'[13]".

Bauliche Größenordnungen sind etwas Relatives, dagegen nicht die auf den Menschen bezogenen inneren und äußeren Maßverhältnisse. Diese sollten deshalb nicht manipuliert werden. Baulicher Einfaltsreichtum ist dort einzusetzen, wo er der sensiblen Abstimmung der Größenverhältnisse am wirksamsten dient.

Additives Denken in Geschoßzahlen und deren starre Geometrisierung führen zum Auswuchern von Architekturen.

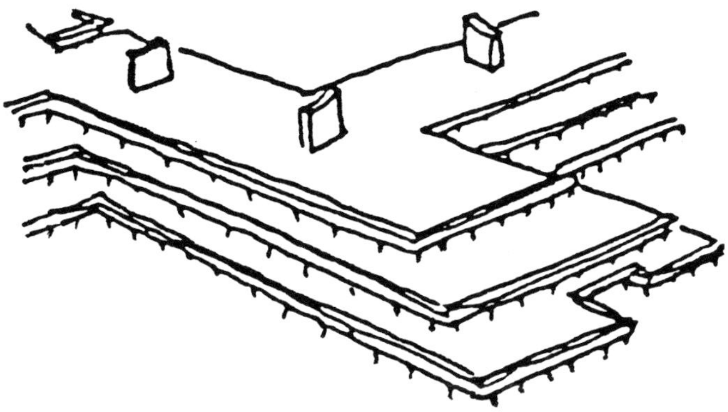

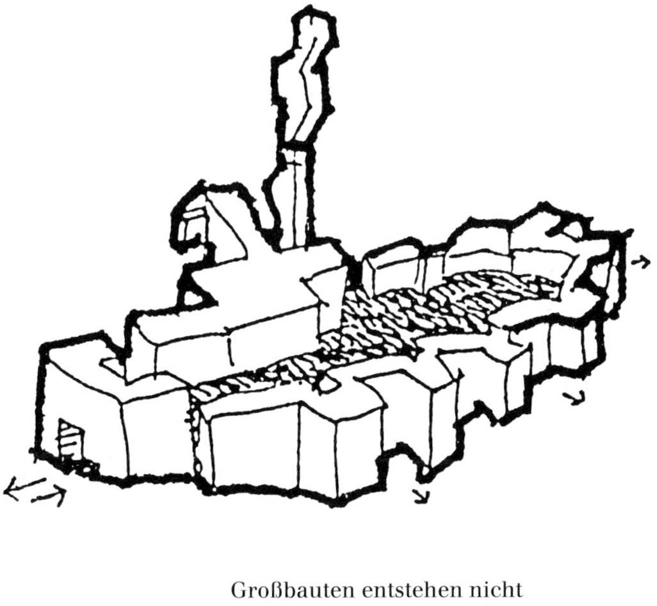

Großbauten entstehen nicht aus aufgeblasenen Kleinformen, sondern aus aufeinander bezogenen, sich ergänzenden und entsprechend gegliederten Baukörpern.

2 5 Höhen-Eindruck

1
E. Schulz

› Sehnsucht nach Höhe hat das menschliche Geschlecht so lange ausgezeichnet, als es existiert, und der babylonische Traum gehört zu den wenigen durchgehenden Empfindungen unserer Rasse.

2

› Diese Architektur der Hohheit . . . die Magnetkraft, die alles an sich zieht, auf sich hinlenkt und über unseren Städten gebieterisch wirkt.

3
N. N. Baranow

› Auch heute ist die Silhouette von gleicher stadtbildprägender Bedeutung, wie in früheren Zeiten. – Neue Höhendominanten können für sich nicht unabhängig sein, sondern müssen sich organisch mit den wichtigsten Höhenensembles des historischen Stadtzentrums zu einer einheitlichen Komposition verbinden.

4
B. Freund

› Nach Erfahrungen von Baupsychologen ist es unzweifelbar, daß alle Gigantismen – z.B. Steilwände von Wohnhochhäusern – kinderfeindlich sind und Entfremdungen und negative Gruppeneffekte bewirken.

■ Die Auseinandersetzung um den Bau von Hochhäusern im Kerngebiet von Stuttgart veranlaßte mich 1989/90 das Wahrnehmen von Höhen näher zu untersuchen. Unter dem Stichwort: „Der stärkste Stadtbaustein" (Klaus Humpert [5]) hatte ich Höhenermittlungen durchgeführt, die hier gekürzt wiedergegeben werden. [6]

In der Literatur fand ich wertvolle Hinweise in den städtebaulichen Untersuchungen des russischen Kollegen Nikolai N. Baranow über „Die Silhouette der Stadt" [7]. ■

Zu allen Zeiten sind an Bauten, die sich über die allgemeine Bebauung deutlich erheben, hohe Ansprüche und Erwartungen gestellt worden. Visuelle Reize, durch Höhenmeter erzeugt, sollen bei dem daran aufblickenden Menschen Hoch-Achtung auslösen. Emotionale Empfindungen, über unsere Wahrnehmung gesteuert, sind deshalb bei Höhendominaten eng mit städtebaulicher Gestaltung und visuellen Gesetzmäßigkeiten verbunden.

Turmartige Bauten sind visuelle Magnete, die eine Blickkonzentration herbeiführen und die Wahrnehmung geradezu herausfordern.

Da die dichter werdende Bebauung heute zu immer höheren Bauten führt, ist zu fragen: wie reagiert unsere Wahrnehmung auf Höhensprünge, die über dem gewohnten Höhenmaßstab eines Stadtbildes liegen? Wieweit sind dabei Grundbefindlichkeiten der menschlichen Wahrnehmung städtebaulich zu berücksichtigen?

VERTIKALE DOMINANTEN

Höhen-Akzente sind für eine Stadtstruktur nicht nur Orientierungsmarken oder Symbolvermittler, sondern zentrieren optisch – gleichsam wie „Pfähle im Fleisch" – ihren Umraum auf sich. Sie üben damit städtebaulich wirksame Gliederungsfunktionen aus.

Bei einer rein zufälligen
Verteilung der Höhendominanten
im Stadtorganismus bleiben
wichtige städtebauliche
Gestaltungsmöglichkeiten
ungenutzt.

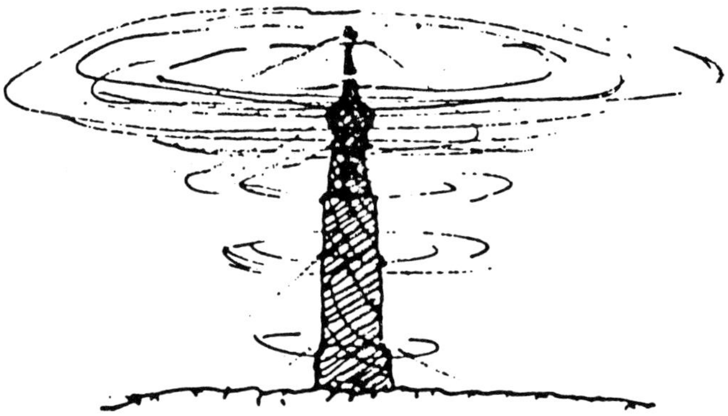

Bauliche Höhen sind nur begrenzt
auf Nahsicht angelegt.
Ihre visuelle Ausstrahlung
erreichen sie durch die
auf Fernwirkung
bedachte Ausgestaltung,
der über die allgemeine Bebauung
hinausführenden Bauteile.

Als herausragende Stadtbauelemente nehmen sie im Stadtbild Fixpunkt-Funktionen wahr. Je höher sie aus der allgemeinen niederen Baumasse herausragen, um so mächtiger ist ihr visueller Anspruch zu bewerten.

Noch stellen in unseren Städten in der Mehrzahl Türme elitäre Sonderbauformen dar. Ihre Wirkung beruht meist auf ihrer Solitärstellung, sowie auf einer bevorzugten Nutzung der natürlichen und räumlichen Gegebenheiten ihres Standortes.

STADTSILHOUETTE

Form und Zusammenspiel der vertikalen Akzente bestimmen in Einklang mit der Topographie die Einmaligkeit einer Stadtsilhouette. Das Berücksichtigen der Melodik einer Landschaftsformation stellt eine der Hauptforderungen für die Standortfindung neuer Höhendominanten dar. Die vorhandenen Sachzwänge der

Alle Höhendominanten
korrespondieren visuell,
je nach Abstand und Größe,
miteinander.

Der gleiche Platz zeigt:
In den letzten Jahrzehnten
sind, wie vielerorts,
Höhendimensionen nivelliert,
und visuell
brutalisiert worden.

Topographie sind nicht durch Einebnen zu verwischen, sondern anzunehmen und durch die Architektur zu akzentuieren.

Auch bei immer größer werdenden Städten bleiben die Signaturen der Stadtsilhouette einer Partitur vergleichbar mit ihren Ober- und Untertonreihen, ihren Kontrapunkten, Tonfolgen und Sequenzen. So bildet der gebaute Höhenrhythmus einer Stadt ein visuell aufeinander bezogenes System. Optische Brückenlinien spannen sich von einer Höhendominante zur anderen.

Dieses unabhängig von der Nahsicht bestehende visuelle Vernetzungssystem der „Obertöne” macht die Kompositionsaufgabe bei der Einfügung neuer stadtbildprägender Akzente deutlich.

BAUHÖHEN IM BLICKWINKEL

In ständiger Rückkoppelung zu unseren im Unterbewußtsein gespeicherten Erinnerungen vergleichen wir vor „laufender Blickkamera” die anvisierten Höhen und bilden meist blitzschnell dazu unsere zustimmende oder ablehnende Einstellung.

Werden wir gezwungen, den Kopf zu heben, um ein Höhenmaß über das Blickwinkelspektrum hinaus aufzunehmen, verstärkt die zusätzliche physische Körperleistung die visuelle Wirkung und wird vom Unterbewußtsein als außergewöhnlich registriert.

Wir suchen in der Regel, vom einsehbaren Tiefpunkt ausgehend, nach oben gleitend die Höhendominante visuell zu erfassen. Die Wahrnehmungsleistung steigert sich dabei je nach Höhenmetern, in enger Verbindung mit der Gestaltgebung. Darauf beruht im wesentlichen die visuelle Magnetwirkung von Höhendominanten im Stadtbild und deren Prägekraft als weithin sichtbare Merkzeichen. Dagegen sind Breitenmaße allgemein weniger merkbar und leichter einschätzbar; ich vermute deshalb, weil hier meist keine zusätzliche physische Wahrnehmungsleistung erforderlich ist.

AUSDRUCKSKRAFT

Die Wirkung von Höhenakzenten hängt von ihrer visuellen Potenz ab. Neben der absoluten Höhe ist die Gliederung und rhythmische Schichtung sowie Kontur und Plastizität der Baumasse mit deren Farb- und Materialgebung für die visuelle Sogwirkung von Bedeutung.

Mit ständig hin und her wandernden Augenbewegungen vergleichen und vermessen wir eine sich vor uns auftürmende Architektur, zugleich die einsehbare umgebende Bebauung und den Hintergrund mit.

Ein maßlich sich nach obenhin verjüngender Turmumriß wirkt durch die zunehmende Schlankheit höher, als eine in der Breite gleichbleibende Bauhöhe. Die Turmbekrönung erhält, durch das optisch wirksame Höhengewicht und den meist größeren Gestaltungsaufwand, stärkere visuelle „Sendefrequenzen”, die zwischen 750–1500 m Entfernung allgemein noch optisch wirksam sind.

„Kommerzielle Kathedrale"
(1990 für das
„Stuttgarter Wochenblatt"
gezeichnet)

BAUHÖHEN IM ZUSAMMENSPIEL

Kein gebauter Höhenakzent wirkt aus sich allein heraus. Jeder steht in einem vielseitigen visuellen Bezugsnetz nicht nur zu seiner Umgebung, sondern auch im Verbund zueinander. Drei städtebauliche Höhendimensionen lassen sich dabei eingrenzen: Zunächst die überwiegende Mehrheit der niederen Höhenakzente, die z.B. als Kuppeln, als Eck- oder Dachtürmchen, oder einfach als überhöhte Bauten, die allgemeine Bebauung überragen. Zum anderen die eigentlichen Turmbauten als signifikante Merkzeichen, meist eines begrenzten Stadtteils. Schließlich die Höhendominanten, die ihre Umgebung so überragen, daß weite Stadtlandschaften von ihnen mit geprägt werden.

Unser „innerer Meßapparat" ist so eintrainiert, daß wir schon im Unterbewußtsein die Entfernungen zu der anvisierten Höhendominante vorberechnen. Nur daraus ist die Wahrnehmungskonstanz zu erklären, mit der wir eine Stadtlandschaft in ihren so unterschiedlichen Bauhöhen, zudem bei laufenden Verschiebungen des Vorder-, Mittel- und Hintergrundes in uns aufnehmen.

GESCHOSSHÖHEN ALS MASSSTAB

Die Höhenmaße eines Bauwerks sind mit den körperlichen und emotionalen Aspekten tiefer verbunden als die Breitenmaße. Vertikalachsen haben nicht nur mit der Richtung der Schwerkraft zu tun, sondern mit der aufrechten Haltung und Bewegung des Menschen im Raum. „Rechts und links, vorn und hinten ändern sich, wenn der Mensch sich dreht, oben und unten bleiben sich gleich" (O. F. Bollnow [8]).

Aus vielschichtigen Erfahrungsmaßen haben sich über Jahrhunderte hinweg die Geschoßhöhen, je nach baulicher Nutzung, auf einen relativ begrenzten Maßspielraum eingependelt.

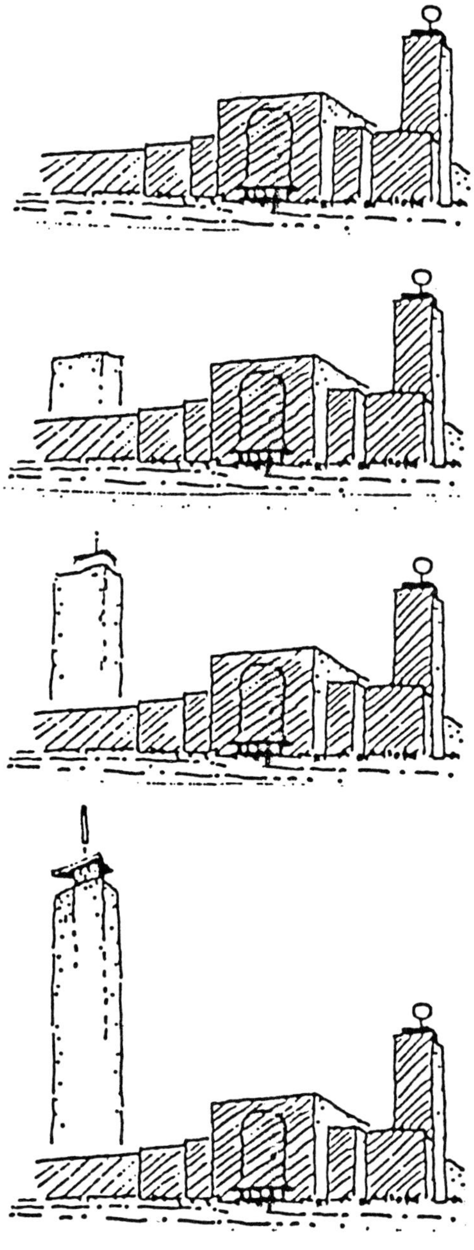

Ein in seinen Höhen ausgewogenes Ensemble wird durch neue Höhendominanten visuell in seiner baulichen Substanz verändert (kein konkreter Fall).

Jede Veränderung der Geschoßzahl der allgemeinen Bebauung spielt für das visuelle Erfassen von Höhendominanten eine maßgebende Rolle. Höhenveränderungen der allgemeinen Bebauung verschieben deshalb den Höhenmaßstab vertikal betonter Dominanten in einem überproportionalen Verhältnis.

SICHTVERHÄLTNIS UND VORFELD

Höhendominanten sind nur dann wahrnehmungswirksam, wenn mit der ausreichenden Wahrnehmungszeit auch genügend Gestaltsignifikanz vorgegeben ist. Sie ist nicht von einer Totalansicht abhängig, sondern von der Tiefe bzw. Länge des einsehbaren Vorfeldes.

Das erforderliche Vorfeld ist für die Wahrnehmung, je nach Größe und Höhe des Objektes städtebaulich ein relevantes Problemfeld, weil es sich dabei vornehmlich um öffentliche Straßen, einen Platz oder Freiraum handelt.

Die Länge des einsehbaren Vorfeldes ist, neben Bauhöhe und Blickwinkel, von der jeweils zur Verfügung stehenden Wahrnehmungszeit abhängig. Je nach dem Bewegungsablauf des Betrachters lassen sich daraus die erforderlichen Vorfeldmaße abschätzen. Die Unterschiede zwischen der Geh- und den verschiedenen Fahrbewegungen sind dabei entsprechend zu berücksichtigen.

HÖHEN-SPRÜNGE

Weil mit zunehmenden Höhenmetern die optische Wirkung eines Bauwerkes potenziert zunimmt, bedeuten Höhensprünge für die Wahrnehmung mehr als eine Addition von Geschoßzahlen. Diese Regel gilt besonders für die Einfügung in einen baulichen Kontext.

Neue abrupte Höhensprünge in der Nähe von Bebauungen mit einem eigenen ausgewogenen Höhensystem, zerstören dieses Identifikationsmuster. Höhenakzente, welche die alten und gewohnten Höhensysteme überragen, sind städtebaulich vertretbar, wenn für sie als hinzukommende signifikante Stadtmerkmale entsprechende Standortmöglichkeiten vorliegen. Diese sind so zu wählen, daß das gewachsene Höhensystem in seiner visuellen Potenz nicht geschädigt wird.

NEUE HÖHENSYSTEME

Immer mehr und immer schnellere Bewegungsabläufe haben das Erscheinungsbild unserer Städte verändert. Diese Entwicklung wirkt sich auf das Wahrnehmen von Höhendominanten unmittelbar aus.

Angeregt von dem beim Autofahren gewohnten sturen Fixpunktprinzip „von Ampel zu Ampel", sollten in entsprechend großen Abständen, zur sinnerfüllenden Orientierung, städtebaulich prägende Architekturen als visuell wirksame neue Höhensysteme entwikkelt werden. Dabei sind deren Standortsequenzen so einzurichten, daß jeweils mindestens eine „Verarbeitungszeit" von 15–20 Sekunden für die Wahrnehmung möglich ist.

Die wachsende Ausbreitung der Stadtlandschaften erfordert heute außerhalb der Hauptzentren neue städtebaulich signifikante Orientierungszeichen. Die Markierung dieser Dominanten im Stadtkörper stellt für die Stadtplanung eine langfristige Aufgabe dar.

Zahl, Höhe und Baumasse künftiger Höhenakzente – mittels Modellsimulation endoskopisch vorgeplant – sind nach Abstand und Sichtweite auf die einsehbare Umgebung abzustimmen. Entscheidend ist bei der Höhenbemessung die vorgegebene und geplante Geländemodulation des Standortes. Es sollten deshalb in keinem Fall neue Höhenakzente, welche Stadtbereiche optisch weitreichend überschatten, von einem zufälligen Grundstücksangebot abhängig sein.

„Architektur Phantasie"
von Jakow Tschernichow
aus: „Bauwelt" 1990/H. 45

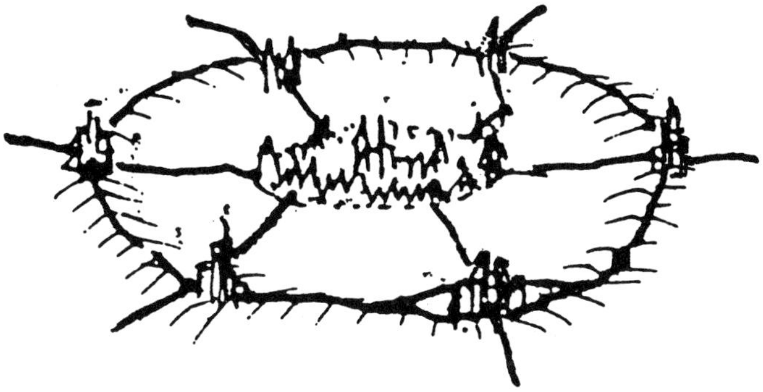

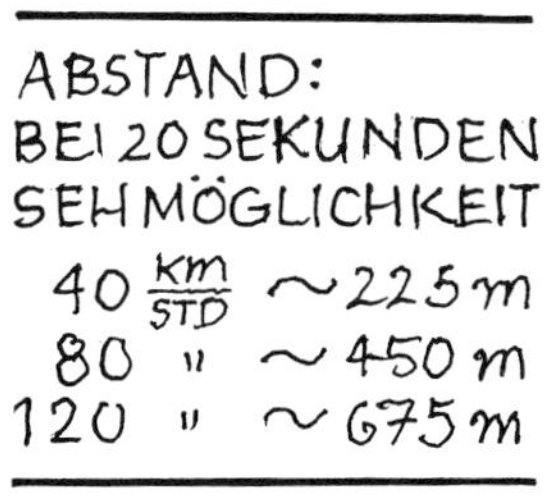

Die expandierenden Stadtflächen brauchen außerhalb der historischen Höhenensembles neue visuelle Merkzeichen zur Orientierung. Größenbestimmend sind die Stadtflächen.

Die Architektur dieser Gelenkpunkte einer Stadtstruktur, z.B. als „Torsituation", ist eine der großen Gestaltungsaufgaben mit dem Ziel, die Identität unserer ausufernden Stadtlandschaften zu stärken.

FAZIT

Bauwerke, welche die allgemeine Bebauung deutlich überragen, beherrschen optisch weite Umräume. Ihre visuelle Potenz prägt für viele Generationen, meist unterschwellig wirksam, deren Stadteindruck wesentlich mit.

Höhenakzente sind die empfindlichsten Gestaltungsobjekte einer Stadt. Sie dürfen deshalb nur sehr gezielt in die Stadtlandschaft eingeplant werden.

Mit den laufenden Funktionsverschiebungen innerhalb einer Stadt ändert sich auch deren Silhouette. Trotzdem sollten die über Jahrhunderte meist im Stadtzentrum entstandenen Turmbauten durch ausreichende Abstände zu Neuplanungen ihre visuellen Schutzbereiche erhalten.

Planungen von neuen, weit sichtbaren Stadtdominanten sind unerläßlich, weil unsere Städte sich trotz Verdichtung immer weiter ausbreiten. Ihre Planung kann nur großräumig als ein System visueller Fixpunkte angelegt werden. Deren Komposition ist aus den spezifischen Qualitäten jeder Stadt zu entwickeln.

Es bieten sich dazu Standorte an Gelenkpunkten der Stadtstruktur als Übergänge zu funktional unterschiedlichen Bereichen an. Ausreichende Fern- und Nahsichten sind bei der Standortwahl mittels Modellsimulationen eingehend zu überprüfen.

Vor Einfügung einer neuen vertikalen Dominante in den Stadtkörper ist in besonderer Weise abzuwägen, wem das Privileg zugestanden wird, eine Stadtsilhouette, als hohes ideelles Gut aller Bürger, langfristig zu verändern.

2 6 Baum–Bauwerk

Senne-Haus
(E. Häussermann)

■ Bäume sind älter als Bauten. Ihr Verhältnis zum Menschen – im Unterbewußtsein vielfach verwurzelt – wirkt sich bis heute auf seine Bauwerke aus.

Meine Fragestellung war: Wieweit hängt mit Bäumen die Wahrnehmung baulicher Maßstäbe und Architekturstrukturen zusammen?

Angeregt wurde ich zu diesen Untersuchungen durch die Mitarbeit an einer Ausstellung in der Kunsthalle Bielefeld 1982 „Deine Stadt – das Grün". Daraus entstand nachfolgender Beitrag[5], der hier gekürzt ist. In Texten von Hermann Hesse fand ich wichtige Bezüge zu dieser Thematik. ■

1
H. Hesse

› Bäume haben lange Gedanken,
langatmige und ruhige,
wie sie ein längeres Leben haben,
als wir. Sie sind weiser als wir,
solange wir nicht auf sie hören.

2

› Ein Baum spricht:
In mir ist ein Kern, ein Funke,
ein Gedanke verborgen, ...
einmalig ist meine Gestalt
und das Geäder meiner Haut,
das kleinste Blätterspiel meines
Wipfels und die kleinste Narbe
meiner Rinde. Mein Amt ist,
im ausgeprägten Einmaligen das
Ewige zu gestalten und zu zeigen.

3

› (Bäume) erstreben mit aller Kraft
ihres Lebens nur das Eine:
Ihr eigenes, in ihnen wohnendes
Gesetz zu erfüllen,
ihre eigene Gestalt auszubauen,
sich selbst darzustellen.

4
A. Dürer

› ... Natur gibt zu erkennen die
Wahrheit dieser Dinge.
Darum sieh sie fleißig an,
richte dich danach und gehe nicht
von der Natur in dein Gutdünken.

Bäume und Bauten besitzen seit Urzeiten neben ihren Eigenheiten auch Verwandtes. In einer Zeit größter Baumgefährdungen und zugleich immer weiter sich ausbreitender Bebauungen ist es wichtig, die baulichen Gestaltbezüge und Bindungen zwischen Baum und Bauwerk zu bedenken.

BAUM UND BAUWERK ALS NACHBARN

Baum und Bauwerk liegen zwei eigenständige Bauprinzipien zugrunde: ein organisch weiches auf Biegsamkeit der Linie und ein anorganisch hartes, kristallines, überwiegend gradlinig, eckig angelegtes. Trotz dieser grundsätzlichen Unterschiede gibt es übergeordnete Beziehungen. Beide Bauprinzipien weisen auf archetypische Grundelemente hin: auf die symbolische Schutzfunktion von Schirm und Dach. Hinzu kommt die Ortsabhängigkeit und damit auch die Ort-Bildung als „ruhender Pol in der Erscheinungen Flucht". Diese gemeinsame Standortgebundenheit ist die Voraussetzung für eine optimale Funktionserfüllung. Ich frage mich: hängt damit zusammen, daß zur Erinnerung an bebaute Orte Bäume gehören? Oft regi-

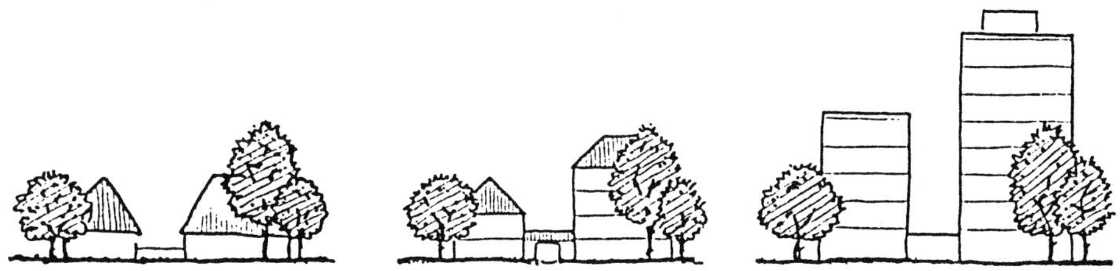

Baum- und Hausgrößen stehen seit alters her in einem emotionalen Verhältnis zueinander.
Gebäude, welche Bäume überragen, werden allgemein als „hoch" angesehen.

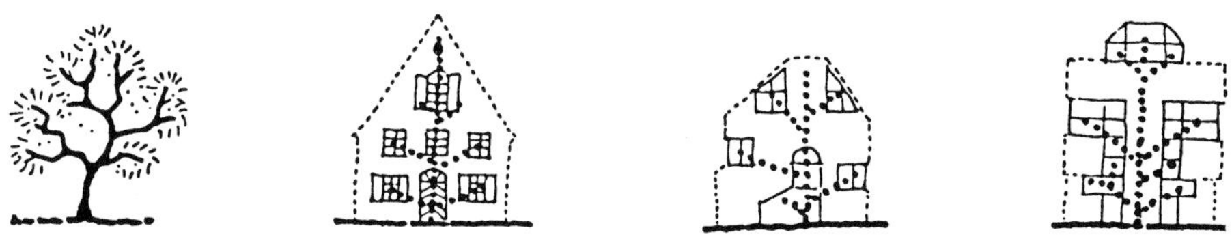

Das Verästelungssystem von Bäumen, ausgehend von einer Resultanten („Baumprinzip"), spielt für das Wahrnehmen von Architektur eine bedeutsame Rolle.

striert sie das Erinnerungsvermögen noch vor den Bauwerken. Ebenso wird ihr gänzliches Fehlen vermerkt.

Vielfach zeigen Baum und Bauwerk durch ihre Nähe zueinander, im Überwachsen von Bauten, sichtbar ihre besonderen Beziehungen.

OBERFLÄCHEN-WIRKUNG

Die verschieden pigmentierten, meist stumpf wirkenden Oberflächen von Blatt-, Stamm-, Zweig- und Astwerk kontrastieren untereinander wie die Tonfolgen innerhalb einer Grundmelodie. Das gilt bei sinnvoller Abstimmung von Material und Farbe ebenso für den Einsatz natürlicher sowie künstlicher Baustoffe an einem Bauwerk.

Gegenüber einer Oberfläche aus Naturstoffen wirken dagegen künstlich und seriell hergestellte Baustoffe meist feinkörnig, glatt, oft glänzend und reflektierend. Sie bilden ganz neuartige Kontrast-Melodien, mit den „fugalen" Möglichkeiten melodisch abgestimmter Gestalt-Überlagerungen.

Konträr zu dem reichhaltig nuancierten Farbspektrum belaubter Bäume sind ihre Zweige, Äste und Stämme meist dunkelfarbiger abgesetzt und damit scharf konturiert. Ich folgere daraus für das Wahrnehmen von Architektur, daß neben dem Farbspektrum für gebaute Flächenteile, tragende Einzelelemente je nach Bedeutungsrang durch eindeutige Farbkontraste zu akzentuieren sind.

HÖHENVERHÄLTNIS

Auch beim Höhenmaßstab wirken Bäume als die Älteren gegenüber Bauwerken bis heute als Bezugsgrößen. So wird die Einschätzung der Höhe eines Hauses wesentlich von der Größe der umstehenden Bäume mitbestimmt. Dort wo Gebäude über die umgebenden Bäume herausragen, wird ein Schwellenwert des im Unterbewußtsein gespeicherten menschlichen Maßstabes überschritten. Daher hängen die verschiedenen „Erlebnisebenen" eines Hauses eng mit dem Höhenverhältnis zum Baum ab:

- Das Erdgeschoß mit seinem direkten Zugang zum Außenraum, als ideale Erlebnisebene, unterhalb der Bäume.
- Die Wohnungen bis zum 4. Geschoß, oft mit Balkon oder Loggia, aber noch im Bereich der Baum-Vegetation, mit Sicht- und Rufkontakt zum Außenraum.
- Die darüber liegenden Wohngeschosse meist über den Bäumen, mit einer vom Nahbereich abgehobenen Fernsicht.

Bei Baumhöhen von z.B. um 15 m ist bei doppeltem Abstand die Baumstruktur – je nach Jahreszeit – noch als Ganzes wahrnehmbar.

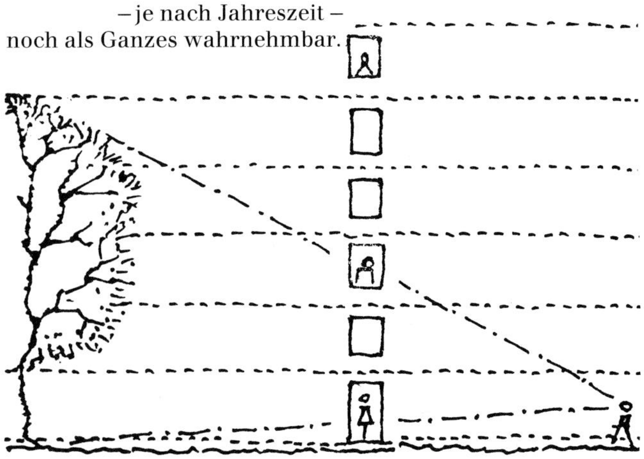

Weil künftig mit dichterer Bebauung zu rechnen ist, erhalten die Maßverhältnisse der umgebenden Bäume mehr Gewicht.

Das Baumwachstum, in ständiger Wahrnehmungskorrespondenz, ist dabei mit zu berücksichtigen. Da Bäume meist längere Lebenszyklen haben als Häuser, ist ihre artspezifische Entwicklung mit einzuplanen.

GLIEDERUNG

Geprägt wird die Gliederung von Baum und Bauwerk von ihrer funktionsbedingten Entfaltungsart und deren Richtungen, die von den Tiefpunkten der Erdverbindung als Halt- und Orientierungsmarken ausgehen. Beim Baum und Haus gehen sie gleichermaßen von innen nach außen. Eine kräftemäßig ausgewogene asymmetrische Gestalt, wie sie Bäumen eigen ist, entspricht in den meisten Fällen auch der Funktion von Gebäuden.

Prägend für Bäume ist das durchgängige Gestaltprinzip der „Puppe in der Puppe", die meist vierfache Gliederungsstruktur von Stamm – Ast – Zweig bis zum Blatt. Jede Gliederungsstufe besitzt ihre eigene funktional bedingte Maßstäblichkeit und ihren Gestalt-Spielraum. Keine ist streng geometrisch geordnet oder einander gleich. In jeder Funktionsebene sind die verschiedenen Gestaltstufen in ihren Elementen wahrnehmbar und stellen sich zudem in einer tiefgreifenden Plastizität dar.

In diesem Baumphänomen sehe ich für Bauwerke eine der wichtigsten Analogien. Eine Voraussetzung zur Wahrnehmung der Architektur ist die sinnhaft nachvollziehbare Ausgewogenheit strukturell gestufter Bauglieder. Dazu sollten von der Gesamtform eines Bauwerkes bis zu deren organisch integrierten Details, je nach Abstand, die einzelnen Gestaltstufen ablesbar sein (s. 2.4).

Die Vielfalt einer Baumstruktur
wird in ihren Einzelelementen,
wie Aufriß, Grundriß, Traggerüst
und Details, von einer eingespurten
visuellen Erfahrung als
Gestalteinheit wahrgenommen.

Vermutlich ist der Eindruck von Bäumen
auf den Menschen so tief, weil seine
Gestaltgebung – bei ständiger Variation –
übersichtlich und bis zur Blattspitze
eine mitvollziehbare, innere Logik zeigt.

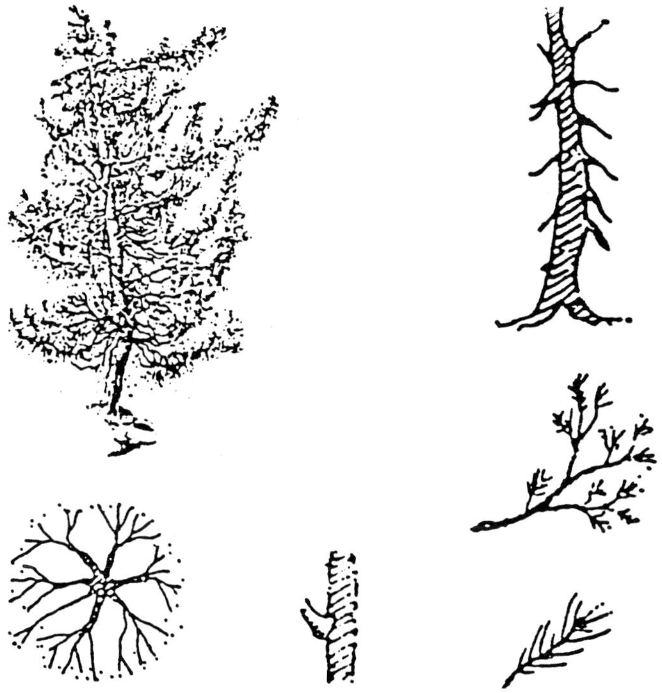

Vermutlich läuft beim Wahrnehmen von
Gebäuden schon im Vorbewußtsein
ein ähnlich kombinatorischer Vorgang ab,
wie beim Wahrnehmen von Bäumen.
Die im Unterbewußtsein gespeicherten
Gestaltelemente von Häusern
werden dabei mit dem konkreten Gegenüber
„verglichen" und in das Gestaltbild integriert.

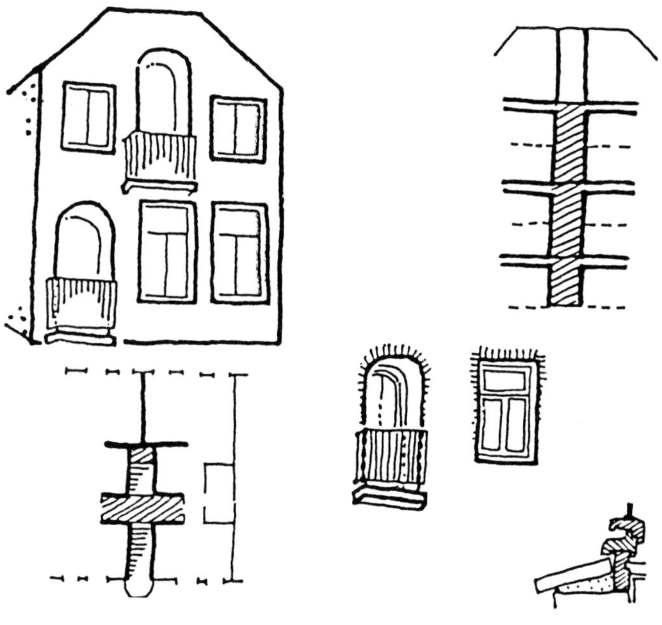

2 6

VON BÄUMEN LERNEN

Der als formale Einheit gewachsene Baum bewahrt, trotz ausgeprägter Individualität, zugleich etwas überindividuell gattungshaftes. Er stellt damit für seine Umgebung eine typologisch wirksame Erscheinung dar. Welche Folgerungen sind daraus abzuleiten?

– Nicht nur in der Stadtbildanalyse, sondern vordringlich bei allen Gebäudeplanungen, sollten vorhandene, aber auch geplante Bäume verbindlich und sorgfältig erfaßt werden.

– In Stadtbereichen, in denen Bäume umraumprägend sind, ist ihre Wahrnehmung nicht durch großflächige Grünfarbwerte an Bauwerken zu beeinträchtigen.

– Statt gebauter Monokulturen ist, wie bei natürlich gewachsenen Baumbeständen, ein vielfältig nach Gebäudefunktionen gegliedertes, kontrastreiches Miteinander verschiedener Größen und Altersschichten für Stadtteilbereiche förderlich.

– Das Herausragen von Gebäuden über die Baumhöhen hinaus steigert deren Wirkung als Dominante im Landschafts- oder Stadtraum. Diese Wirkung sollte gezielt entstehen. Das gilt besonders für Wohnbauten.

– Dort, wo allzu hart wirkende großflächige Konturen bauliche Umräume stören, ist eine nachträgliche Begrünung von Bauformen wünschenswert.

– Zur räumlichen Gliederung baulich zusammenhangloser Zwischenbereiche trägt eine auf das Bauwerk bezogene Baumpflanzung wesentlich bei.

– Städtebauliche Zäsuren, vor allem Raum- und Platzbildungen werden vielfach erst durch Bäume ausgeprägt. Durchblicke zwischen und unter Bäumen erzeugen Tiefenstaffelungen.

– Baum und Bauwerk gehören in der Planung dichter zusammen. Es gibt noch zu wenige, auf die Architektur bezogene praktikable Planungshilfen, z.B. über Baumabstände zum Haus, Art des Schattenfalls sowie ökologische Zusammenhänge von Baumgröße, Bodenart und Lebensdauer.

FAZIT

Vergleiche von Baum und Bauwerk sind im Sinne einer weit gefächerten Analogie zu verstehen. Sehen wir Bäume als archetypisch einprägsame Gestalten an, bilden sie einen Schlüssel zur menschlichen Maßstabfindung von Bauwerken. So gesehen stellen Bäume in ihren Bauprinzipien ein Stück aufgefalteter Natur und in ihrer nachbarlichen Zuordnung zum Menschenwerk etwas Unersetzbares dar. Sie erschließen sich dem bauenden Menschen, wenn er ein freundschaftliches Nebeneinander anstrebt.

Eine wachsende Grundstruktur zeigt
die Verzahnungsmöglichkeiten mit
Grünräumen und deren Baumbewuchs.

3 Archefakten – Ort

1
M. Heidegger

’ Demnach empfangen die Räume ihr Wesen aus Orten und nicht aus „dem” Raum.

2
H. D. Schaal

’ Die Geschichte des Ortes wächst in Architekturfragmenten ins Bewußtsein.

3
W. Pehnt

’ Gleichwohl hat auch der moderne Mensch noch ein rudimentäres altes Wissen ... abgelagert hat es sich in der Geschichte des Wohnens und Bauens, differenziert nach geographischen Breiten, nach Landschaften, nach sozialen Gruppen, nach Individuen.

4
A. Mitscherlich

’ Es geht um das Zustandekommen des „stimmenden” Einflusses der Stadt auf das Individuum, dem sich mehr unbewußt als bewußt keines dieser Individuen entziehen kann.

5

’ Fehlende Produkte unserer Fantasietätigkeit können nicht durch rationalisierende Monomanie, durch permanente Ausweitung der Produktion ersetzt werden.

6
M. Sack

’ Es ist also ein ständiges Suchen, ein Entdecken von Elementen, die sich überhöhen und damit bewußt machen lassen.

Immer mehr Orte geben heute durch nichtssagende oder aggressiv wirkende Bauten und verstellte Landschaften Anlaß zum häufigen Standortwechsel mit der Folge: überall und nirgends zu sein.

Aus diesem Blickwinkel sind die Untersuchungen im vorliegenden Abschnitt entstanden. Fragen dazu lauten:

Welche Bedeutung besitzt „Lokalisation” heute noch, bietet das Wahrnehmen baulicher Umräume dazu Erklärungen?

Nimmt das Interesse, Architektur bewußt wahrzunehmen ab, wenn zunehmend Ortssituationen nur noch über Fahrbewegungen registriert werden?

Gibt es vom Prozeß der Wahrnehmung ausgehend Möglichkeiten, Orte wieder ansehenswert zu machen?

Was bedeuten fehlende Erinnerungen an Ortsbilder und kann eine freischwebende Phantasie diesen Mangel aufheben?

An derartigen offenen Fragestellungen wird deutlich, wie nötig es ist, die „Psychologie eines Ortes” mit der des Menschen – soweit dies möglich ist – in Einklang zu bringen.

Ein unumgängliches und weitgeschnürtes Aufgabenbündel sehe ich darin, die Kontinuität und Unverwechselbarkeit eines Ortes tiefer auszuloten als bisher. Dazu gehören vorrangig, neben der topographischen Charakteristik, die Material- und Farbkonstanten eines Ortes, strukturell die Knoten- und Gelenkpunkte der öffentlichen Räume, außerdem der Parzellenzuschnitt als Grundmaßstab eines jeden Ortsgefüges und nicht zuletzt die typischen gestaltprägenden Elemente der jeweiligen Ortsbauweise.

Bei der Erfassung dieser komplexen Bestandswerte ist Voraussetzung, die verschiedenen Zeit- und Kulturschichten zu analysieren. Geschichte ist Schichtenkunde. Die „Mutterstrukturen" (J. Piaget) sind nicht museal zu rekonstruieren, sollten jedoch wie beim Haus – auch beim Ort als Archefakten durchscheinen. Schichten in diesem Sinne zu verstehen heißt: zeitnahe Schichten als Überlagerung vorhandener anzusehen.

Mit diesem „Denken in Schichten" (K. Schattner) läßt sich ein Ort strukturieren, ohne daß die Bindungen als Einengung, sondern als Motivation, als Herausforderung zum Dialog mit dem Neuen empfunden werden.

Wenn wir unsere – so reichhaltig vorhandenen – bautechnischen Mittel dazu einsetzen, entsteht im Wahrnehmungsvorgang kein Bruch, kein Schock, sondern das wichtige Quentchen Aufregung, aber auch Anregung, über Gewohntes hinauszublicken und zugleich baulich neue Erfahrungen zu sammeln.

Da jeder Umraum für den Wahrnehmenden immer auch visuell Zwingendes an sich hat, ist eine Ortsstruktur so etwas wie ein verknotetes Netzwerk, welches Gestaltelemente, neue und gewohnte im Wechsel bietet. Alles, durchzogen von unterschiedlichen Bewegungsabläufen. Ich sehe dieses Szenario als Herausforderung an, damit wir unserer spontanen Wahrnehmung mehr zutrauen und diese trainieren; denn reagiert sie noch darauf:

Ob ein Haus mit seinen Nachbarn spricht, oder sich von ihnen abwendet,

ob eine Straße langweilig oder chaotisch ist,

ob ein Platz nur ein Verkehrsknoten ist oder ob er zum Verweilen einlädt,

ob sich ein Ortsbereich als Niemandsland oder als „kleine Heimat" darstellt?

Wir sollten derartige Fragen nicht leichtfertig als naiv abtun, sondern dankbar sein, daß sie zunehmend gestellt werden. Ich sehe darin die Ausgangsbasis für ein geschärftes Wahrnehmen unseres Umraumes.

3 1 Stand-Orte

1
Th. Fontane

› Die Platzfrage geht über die Stilfrage.

2
H. D. Schaal

› (Stand-Ort) stehenbleiben ... eindringen ... auf das Verweilen ausgerichtet ... sich einlassen mit der Realität.

3
O. F. Bollnow

› Der Mensch braucht eine solche Mitte, in der er im Raum verwurzelt ist und auf die alle seine Verhältnisse im Raum bezogen sind.

4
Ch. Norberg-Schulz

› Ein Ort ist in erster Linie konkret bezogen auf „hier", Raum hingegen ist ein abstrakter Begriff. Während Raum mit Bezeichnungen der Topologie und Geometrie beschrieben wird, verlangt die Beschreibung des Ortes konkrete oder sogar phänomenologische Begriffe. Diese Begriffe gehören zur Alltagssprache.

5
W. Metzger

› Alle Perspektive ist nur für einen einzigen Standort richtig.

6
Frei Otto

› Die heutige Bautechnik gestattet es, daß kein gutes Bauwerk mit einem anderen identisch sein muß, denn identische Bauwerke haben keine eigene Identität.

■ Die städtebauliche Tätigkeit machte mir den Einfluß, den jeder Standort sehr individuell ausübt, immer nachdrücklicher bewußt. Außerdem war der ständig zunehmende Einsatz technischer Mittel, der es erlaubt „Berge zu versetzen", mitbestimmend für diese Untersuchungen.

Topographische Wahrnehmungsermittlungen im vielfältig gegliederten Allgäu verstärkten 1989 bei mir die Standortbedeutung nachhaltig.

In der Fachliteratur waren für mich die, auf die Psychologie des Menschen eingehenden Arbeiten von Ch. Norberg-Schulz „Genius loci" [7] und „Logik der Baukunst" [8] von besonderem Wert. Ebenso die Toposforschungen von J. Pieper [9], sowie das analytische Pilotprojekt „Stadtbild und Stadtlandschaft von Kempten im Allgäu" von F. Spengelin und W. Rossow [10].

Eine Untersuchung „Über die Konsequenzen der Monotonie" von A. E. Parr [11] zeigt, daß sich mehr Psychologen über Wohn- und Stadtformen äußern sollten. Erfreulich ist, daß in der allgemeinen Einschätzung die Bedeutung von Regionen zugenommen hat. Daraus ergibt sich, daß auch deren einzelne Standorte in ihrer Identität mehr ins Blickfeld kommen.■

Durch das Mobil-Sein haben wir das Stationäre, das Einmalige und Unauswechselbare eines jeden Standortes weitgehend aus dem Blick verloren. Hängt damit die häufig festzustellende Unverbindlichkeit einem Standort gegenüber zusammen? Bindungen gelten als Last, oft als Zumutung, nicht nur beim Bauen.

War deshalb das Bauen auf der grünen Wiese lange Zeit der Trend, dagegen Umbauten sowie Einbauten im vorhandenen Bestand selten? Haben wir heute nur äußerlich eine Kehrtwendung gemacht, weil Ökonomie und Ökologie uns diese aufzwingen? Oder ist unsere Wahrnehmung durch die vielen Defizite inzwischen

An Wasserwellen lassen sich topografische Strukturen in einem noch dynamischen Stadium beobachten.

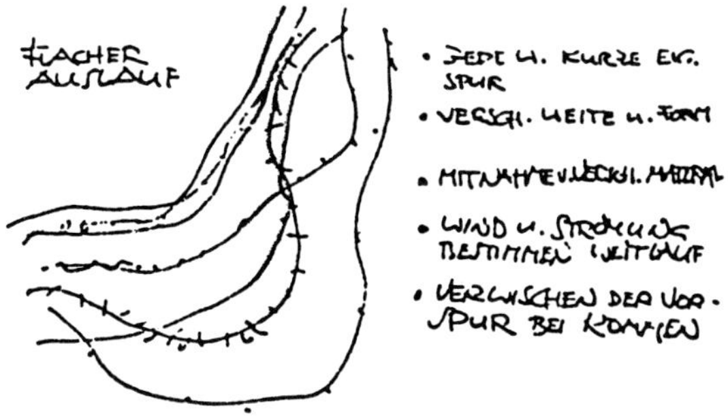

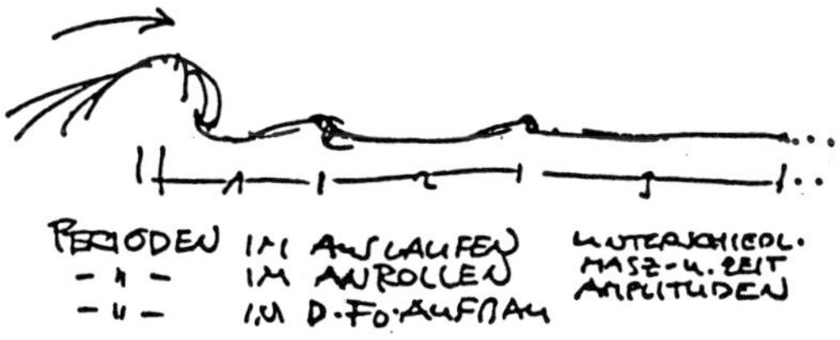

Das Einfügen einer geometrischen Architektur in eine von der Natur vorgegebenen Topografie führt zu einer optisch zentrierenden Kontrastbildung.

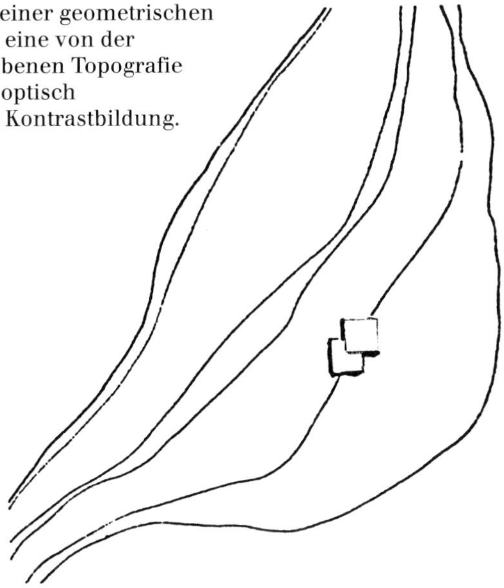

Topografie und Architektur werden zusammen wahrgenommen.

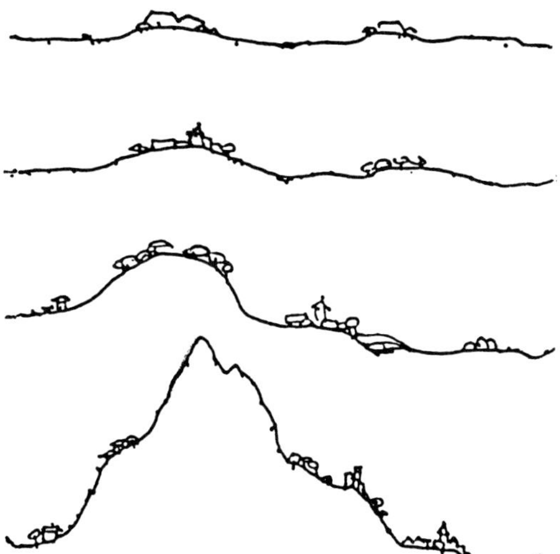

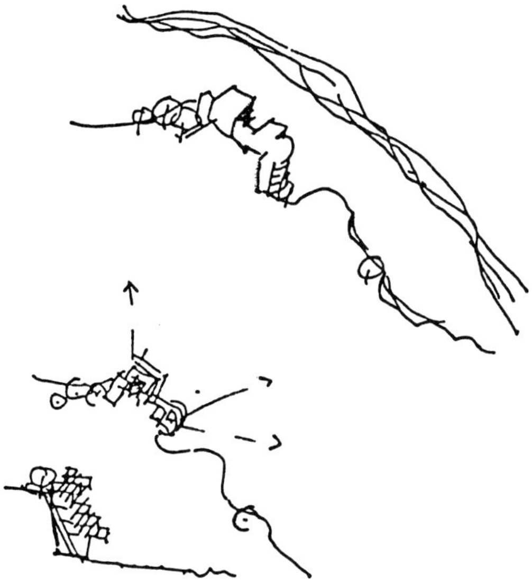

Die Einmaligkeit eines jeden baulichen Standorts erhält bei exponierten Lagen ein zusätzliches Gewicht.

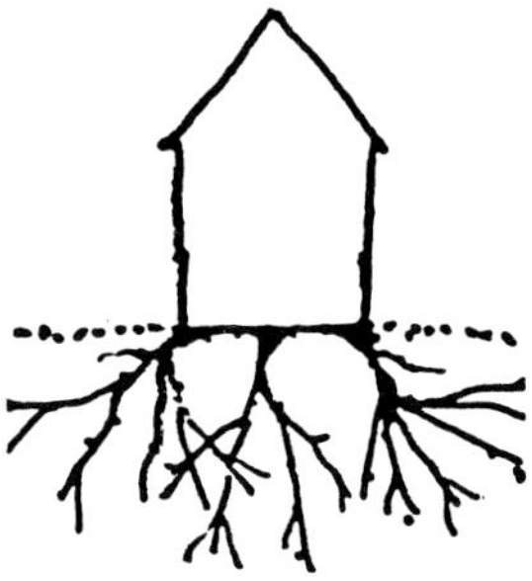

Folgenschwere Behauptung

Situation:
Mit jedem gestapelten Wohncontainer wird die natürliche Polarität zwischen „stationären" und „mobilen" Systemen zu Lasten der gebauten Umwelt verschoben.
Fakten:
Ein Haus, mit seinem im Boden ruhenden Fundament, ist an die einzigartigen Ansprüche seines Standortes unausweichlich gebunden.
Das Eingehen auf diese bildet die Voraussetzung für seine volle Funktionsfähigkeit.
Bei einem Fahrzeug, mit seinen über den Boden rollenden Rädern, liegt dagegen das wesentliche Qualitätsmerkmal in einer optimalen Erfüllung der Ansprüche, die möglichst viele und unterschiedliche Standorte stellen.

Folgerung:
Da jeder Standort seine eigenen, andersartigen Bedingungen besitzt, gibt es keine zwei gleichwertigen Standorte. Somit muß sich jedes stationäre System von einem anderen unterscheiden.
Daraus folgert, daß von zwei gleichen Häusern nur eines sein Optimum erfüllen kann, d. h. konsequent: schon das zweite Haus ist schlechter.
Dagegen können mobile Systeme, die auf Standortunabhängigkeit hin konzipiert sind, je nach Art und Anspruch einander gleich sein.
Fazit:
Der „Unauswechselbarkeit" eines Standortes muß die „Unverwechselbarkeit" des Gebauten entsprechen.
Damit wird auch dem ökonomischen Gebot, welches jeder Eigengesetzlichkeit innewohnt, gefolgt.
Aus diesen Gründen sollte das einzelne Haus, seinen Standort „durchscheinen" lassen.
Und um so mehr die ganze Stadt.

Textauszug: siehe 3.4.(7)

geschärft für bauliche Zusammenhänge, für das Einfügen eines Gebäudes in seinen Umraum?

Einfügen setzt einfühlen in eine dem Einzelobjekt übergeordnete Umgebung voraus und bedeutet mehr als das kulissenhafte Hantieren mit neuen - alten Versatzstücken. Geben uns deshalb ältere, räumlich lebendig gegliederte Ortsteile, auch ohne herausragende architektonische Besonderheiten mehr Sinnerfüllung? Gibt es dazu aus dem Wahrnehmungsprozeß Hinweise?

In aller Regel wirkt beim Wahrnehmen, meist unbewußt, zuerst das Umraummilieu als Ganzes, als das Um-Greifende auf uns ein. Erst dann sind es die Menschen, die darin agieren. In keinem Fall können wir den Menschen von seiner Umgebung trennen. Darin liegt einer der fundamentalen Unterschiede zur Musik oder zur bildenden Kunst, weil diese auf einer Wahlfreiheit der Wahrnehmung beruhen.

Jeder Umraum hat seine spezifische Beziehungstotalität, permanent lenkt und kanalisiert er unsere Handlungsabläufe. Durch diese Einspurungen entsteht nach und nach der gewohnte Umraum. Erst durch lokalisierte Bezugspunkte im Raum können wir die eigene Identität festigen. Unerläßlich sind dazu Zonen der Vertrautheit um das Haus herum. Je nach Dichte dieses Beziehungsgeflechtes bildet sich anhand des Vorstellungsbildes ein bestimmter Ortscharakter – der genius loci.

Die Einzigartigkeit eines Standortes ist nicht von einem bestimmten Formenkanon abhängig. Die formalen Kontraste innerhalb der Bauwerke, vor allem diejenigen zur Natur sind und bleiben die große kreative Herausforderung. Wir sollten deshalb mehr Mut zur Kontrastbildung haben, dabei jedoch auf den „Topos" antworten, ihm seine Eigengesetzlichkeit ablauschen und anhand dieses vorgegebenen Stoffes eigenständige Architektur gestalten.

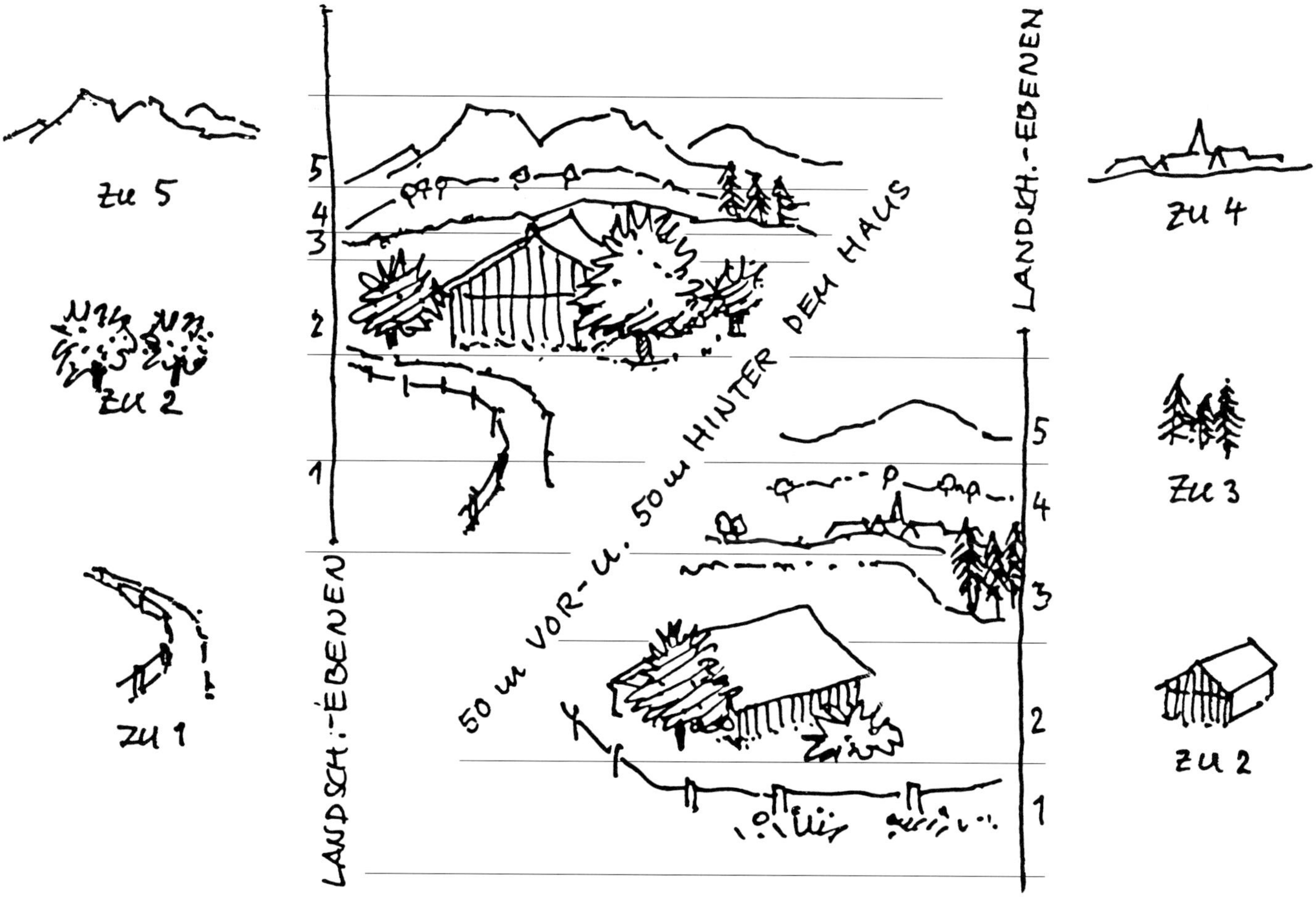

MELODIK EINES LANDSCHAFTSRAUMES (bei Oberstaufen/Allgäu, 1989)

Zum Wahrnehmen einer Landschaft
Gehört das Aufnehmen iher Grundmelodie.
Dazu sind u.a. erforderlich:

– die räumliche Tiefenstaffelung;
hier besteht sie optimal aus fünf
wahrnehmbaren Landschaftsebenen (Akkorden)

– eine Vielzahl funktional unterschiedlicher
Landschaftselemente in ihren
eigenständigen, fixierbaren
Standorten (Tonalität).

– Bewegungsmöglichkeiten im Landschaftsraum,
um das visuelle Verschieben aller
Elemente gegen- und miteinander,
sowie das Verändern ihrer Licht- und
Größenverhältnisse zu erleben (Rhythmik)

3 1

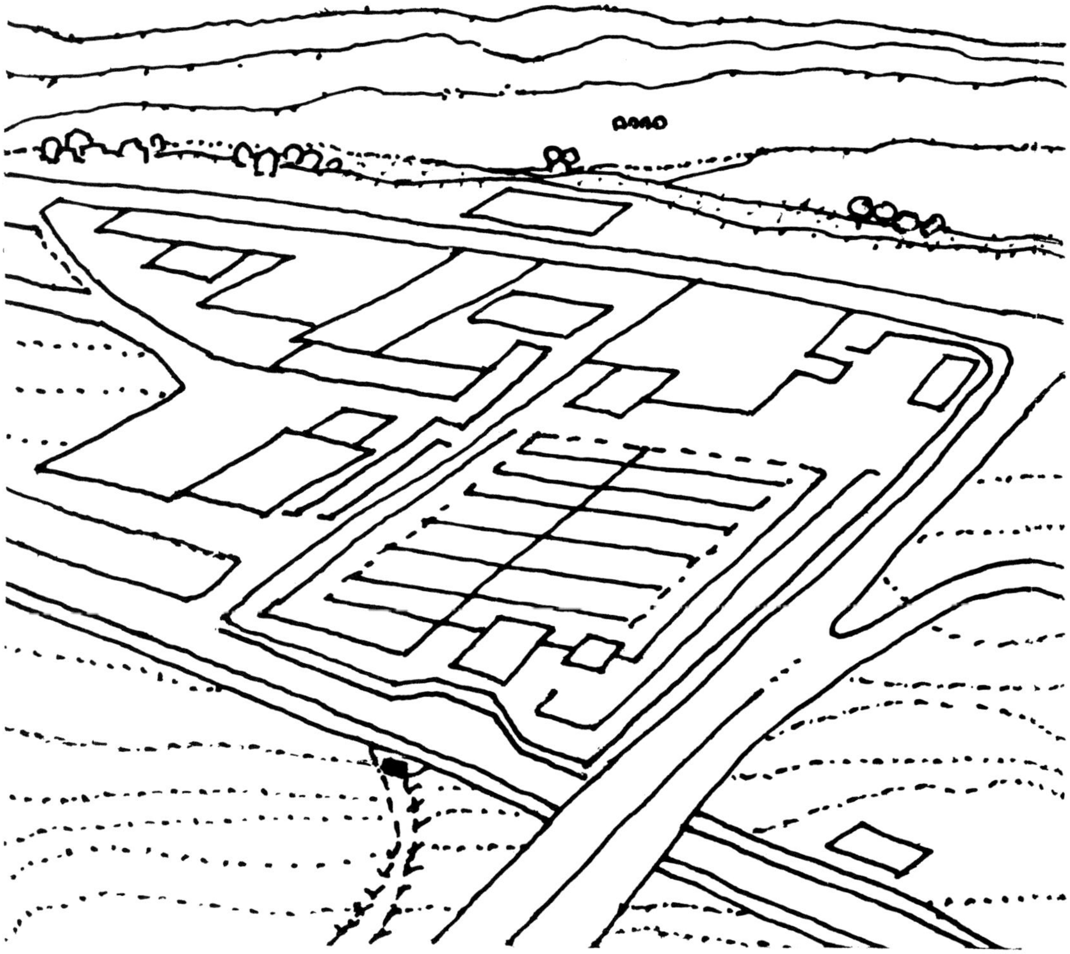

Reines Denken in
Nutzflächen führt
zu geometrisierten
Landschaften
mit nivellierter Topografie.
Kultursteppen und
Niemandsländer
sind die Folge.

„Die Tonart, die eine Landschaft vorschreibt" (Th. Fischer) muß in ihrer Melodik nachvollziehbar sein. Die Anzahl der schwingenden Grundlinien, in ihren Höhen- und Tiefenstaffelungen, machen die Klangfülle und Farbigkeit aus. Diese Ordnungslinien sind für die einzelnen Kompositionselemente bestimmend. An ihnen sind für die Bebauung die Gelenkpunkte in ihren Sequenzfolgen festzumachen. Stimmigkeit bedeutet nicht äußerliche Harmonik und vordergründige Ästhetik, sondern Einstimmung auf die Komplexität eines Standortes und den „inneren Klang der Formen" (W. Kandinsky).

Die Einmaligkeit eines jeden Standortes und das Wahrnehmungsverhalten der darin Lebenden kommen bei der heutigen Bauplanung zu kurz. Es fehlen praxisnahe Analyse- und Diagnoseverfahren für das Einfügen von Bauwerken in ihren Umraum.

Als probates Hilfsmittel zur Analyse bietet sich zunächst das Aufzeigen negativer Entwicklungen im Planungsfeld an. Zwischenzeitlich entstandene Störungsfaktoren lassen sich am einfachsten feststellen.

Sehr behutsam sollten wir mit den allerorts noch vorhandenen Baulücken umgehen. Von der Art ihrer Bebauung hängt oftmals die Bereicherung oder Zerstörung eines Ensembles ab.

Eine gelungene Einfügung hat nichts mit nachplappernder Anpassung zu tun, sondern ist als gegenwartsbezogener Kontext aufzufassen. Es geht darum, den Standort einer Architektur als einzigartiges, nicht auswechselbares Teilstück einer „unauflösbaren Gesamtheit" (Aldo Rossi) wahrzunehmen.

3 2 Umraum–Aufbau

1 H. Kükelhaus
› Raum muß urphänomenal komponiert sein.

2 J. E. Berendt
› Unser visuelles Vermögen beläßt die Gegenstände, die wir sehen dort, wo sie sind.
Es findet sich mit dem Raum ab.

3 O. F. Bollnow
› Der erste Schritt zum Aufbau einer räumlichen Orientierung ist die Erfahrung des Oben und des Unten, die Feststellung einer Vertikalachse also, und erst von hier aus baut sich dann die weitere Raumorientierung auf.

4 D. Zimmer
› Jedes Umfeld ist zu einem Netz von Assoziationen verbunden ... immer wird ein ganzes Feld mit verwandtem Sinn mitaktiviert.

5 G. Simmel
› Wir erleben die Welt vermutlich als geschlossenes Kontinuum, ohne Löcher ...

6
› Einerseits bestehen Beziehungen, die aus allen Einzelheiten einen Kosmos machen.
Andererseits bleiben die Gegenstände in das unbarmherzige Auseinander des Raumes gebannt, keinem Material kann sein Raum mit einem anderen gemeinsam sein.

7 H. D. Schaal
› In einer Stadt wird Leben in geometrische Formen gepreßt und übereinandergestapelt.

■ Während der mehrjährigen Sprechstunden mit Bürgern und den anschließenden Besuchen vor Ort stellte ich immer wieder neben vorhandenem Interesse an der baulichen Gestaltgebung des Umraumes auch ein Fehlen an Grundkenntnissen darüber fest.

Damit qualitätsvolle Architektur wieder von mehr Bürgern mitgetragen werden kann, habe ich 1976/77 versucht, einige konstante menschliche Verhaltensweisen als einfache und verständliche Regeln zusammenzustellen.

Besonders anregend war für mich bei der stofflichen Aufbereitung die Untersuchung von Otto Friedrich Bollnow zur Umgebung des Menschen als „Lebensraum" [8].

Nachfolgende Versuche zur Wahrnehmung des Umraumes entstanden für verschiedene-Beiträge [9]. ■

Je mehr Tiefenstaffelung ein Umraum besitzt, um so differenzierter sind seine Blickmöglichkeiten zu den Fixpunkten. Sie bilden zusammen die visuelle Kapazität einer Ortsstruktur.

In der räumlichen Distanz zu einer Architektur sollte ein möglichst tief gestaffelter „Wahrnehmungstrichter" – dosiert nach Vertrautem und Unentdecktem – gleichsam als visueller Magnet wirksam werden. In ihm ist die entfernungsmäßige Staffelung des Umraumes in Vorder-, Mittel- und Hintergrund integriert. Ausgehend vom „Leibraum" und „Greifraum" als Zentrum reicht diese Staffelung im Nahbereich, über den (hier untersuchten) Umraum als baulicher Mittelgrund, bis zum mehr oder weniger offenen Hintergrund. Außen- und Innenräume, wie etwa bei Höfen, können im Mittelgrund noch ineinander übergehen.

Der gebaute Umraum wird als Struktur in der Wahrnehmung entweder von außen körperhaft oder von innen räumlich erfahren,

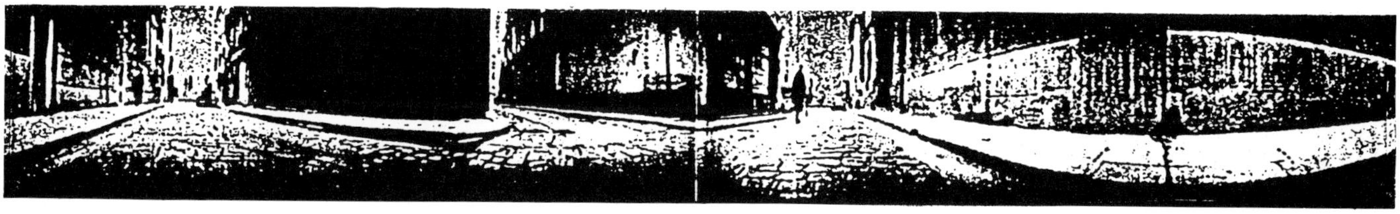

Beim Wahrnehmen des Umraumes sucht
unser Auge nach visuellen Schwerpunkten,
nach Mustern und Bedeutungen.

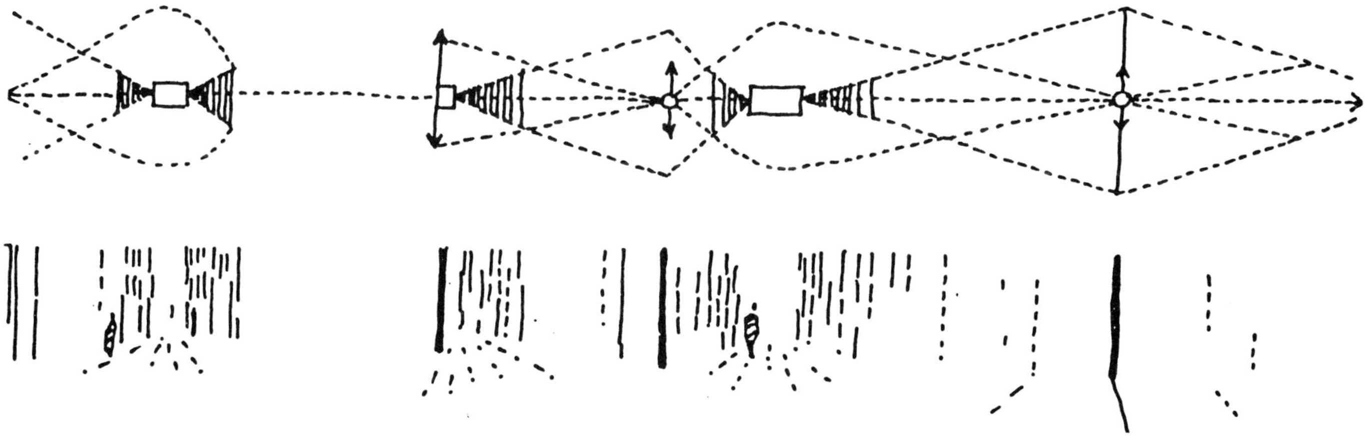

Das visuelle Vortasten verläuft (unbewußt) vom Vordergrund (Pflasterung) zur Bildtiefe. D.h. es werden räumliche „Trichter" den visuellen „Bugzonen" vorgezogen.

– Die Trichterwirkung, bis hin zum visuellen Fixpunkt, entsteht vornehmlich aus der gestaffelten Verdichtung der Senkrechten.

– Die Diagonalen stellen (hier) visuelle Leitspuren der Perspektive dar.

– Die Horizontalen haben visuell mehr quantitative Aufgaben (Terrassieren, Entlangführen), während die Vertikalen dem Umraumaufbau qualitativ, strukturell dienen.

jedoch niemals von außen und innen gleichzeitig.

Die Bedeutung der Silhouette und damit die Kontur zum deckenden Himmelausschnitt bildet die milieuprägende Signatur jedes Umraumes.

Höhen- und Tiefpunkte, Visierbrüche und Knicke, Ecken und Kanten, oft mit Raumausweitungen verbunden, ergeben die Rhythmisierung und bilden die Gelenkpunkte eines Umraumes. Seine Offenheit oder Geschlossenheit hängt damit auf das engste zusammen. Erst Begrenzungen bilden einen Ort, der nur existiert in von Horizonten umschriebenen Bereichen – für die Wahrnehmung (immer noch) als „ptolemäische Käseglocke"!

Aus dem Zusammenspiel all dieser raumbildenden Elemente entsteht, in Verbindung mit signifikanten Einzelbauten, die Totalität und Einmaligkeit eines Ortes. Voraussetzung bildet das gestaltgebundene Verdichten dieser Elemente zu einer sinn-vollen Einheit.

Der oftmals gebrauchte Begriff vom Umraum als einer „dritten Haut" ist irreführend, weil es beim Umraum nicht um eine hautähnlich abgeschlossene Umhüllung, sondern um Lebensräume mit individuellen Entfaltungsmöglichkeiten geht, und alles Gebaute ein eigenständiges Gegenüber darstellt.

Wesentlich wird unser Verhalten dem Umraum gegenüber von der möglichen Erreichbarkeit, vor allem der uns öffentlich und halböffentlich zugänglichen Bereiche mitbestimmt. Der Grad ihrer Durchlässigkeit spielt eine wichtige Rolle. Denn die umraumprägenden Wände stellen, außer den eigenen vier Wänden, in der überwiegenden Zahl unübertretbare Grenzlinien dar. Raumentfernungen sind damit für den einzelnen höchst relative Größen.

Für die Wahrnehmung eines Umraumes ist unergründbar das individuell unterschiedliche Aufnahmevermögen und die Aufnahmebereitschaft des Menschen entsprechend seinen Interessenlagen, sei es als Benützer oder nur als Betrachter. Trotz dieser Individualismen gibt es aber ebenso ungezählte interpersonelle und überörtliche Erfahrungsabläufe des Verhaltens, die einen Umraum prägen.

Sensibel reagieren wir auf die Polarität von Monotonie und Chaotik eines Umraumes. Wir erwarten vom Umraum Anregung. Diese beruht auf Neugierigmachen. Wechselnde Abstände zum Umraum bilden eine der Voraussetzungen für Neugier. Je kürzer der Abstand zu einem Objekt ist, um so spezifischer ist das individuelle Wahrnehmungsinteresse. Bei größeren Distanzen überwiegt das Allgemeininteresse. Die Bedeutung baulicher Dominanten

Ein Wahrnehmungsvergleich
zwischen einer „gewachsenen"
(Ladenburg) und einer
(frei) „montierten"
Ortsstruktur mit
ähnlich räumlichem
Aufbau:

links:
kleinteilige Mischung
der Vertikalen und
horizontalen Erstreckungen,
Diagonalen, Rundungen
und plastizierten Details.
rechts:
kubisch, flächenhaft –
Details darin integriert

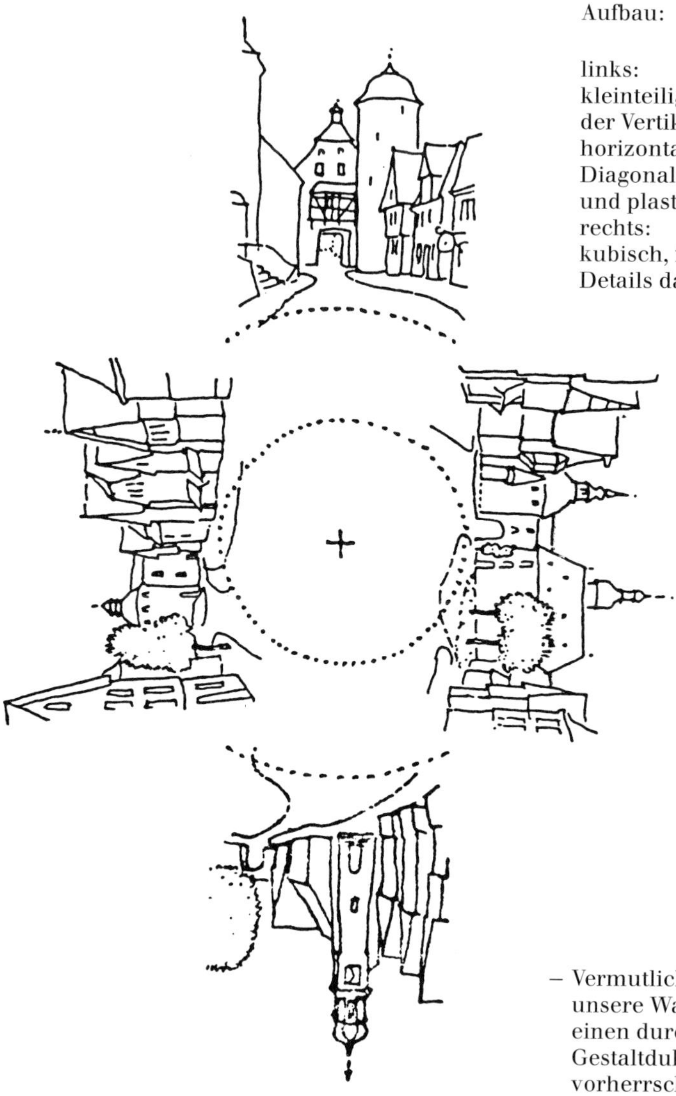

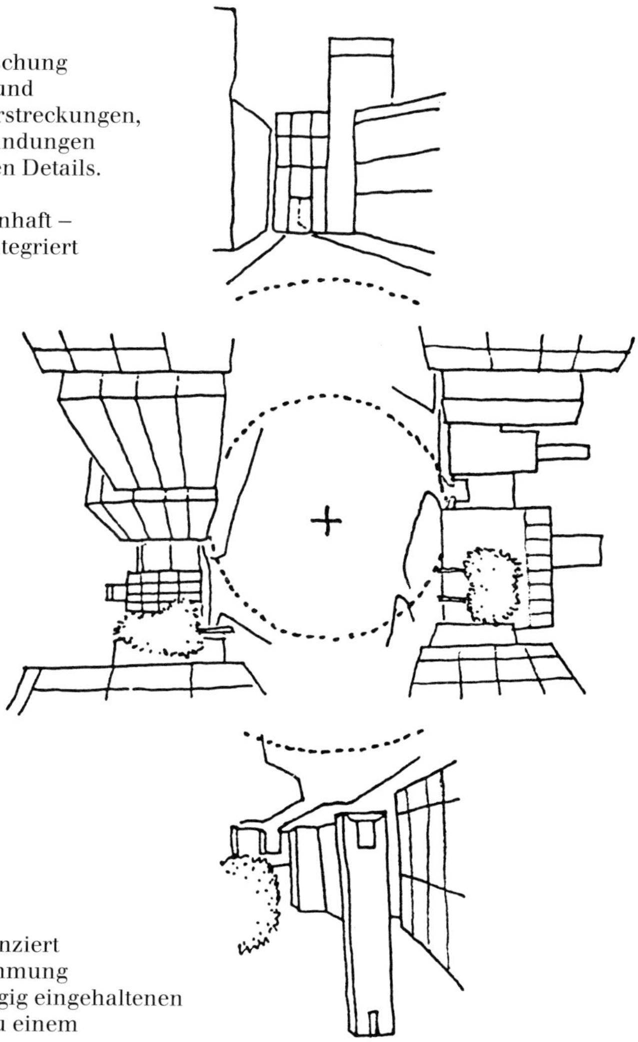

– Vermutlich potenziert
unsere Wahrnehmung
einen durchgängig eingehaltenen
Gestaltduktus zu einem
vorherrschenden
Gestaltkontinuum.

– Der Gestaltduktus wird
(lt. eigenen Versuchen)
zeitlich vor dem
Raumeindruck wahrgenommen.

– Eine Komposition von
vielgestaltigen, melodisch
aufeinander bezogenen
Umraumelementen
bietet der Wahrnehmung
optimale Verhältnisse.

als allgemein sichtbare stadtbildprägende Merkmale ist mit darauf zurückzuführen.

Ist „Figur und Grund" nicht genügend kontrastiert und liegt keine ausreichende Formprägnanz vor, sucht unser Auge vergeblich nach Neuigkeiten und Gedächtnisspuren. Nötig sind nicht nur auf den Umraum abgestimmte Farben und Materialien, sondern ebenso auch auf das jeweilige Bauwerk bezogene Details.

Je mehr Raumschichten optisch verarbeitet werden, um so mehr Zeit ist zum Einschätzen und Einprägen eines Umraumes erforderlich. Ich gehe davon aus, daß diese Zeit möglichst weit (mindestens 20 Sek.) in die Bewußtseinsbildung hineinreichen muß, um den Umraum zum Erlebnisraum werden zu lassen.

Bedenken wir, wie wenig Menschen heute Gelegenheit haben (oder sich nehmen) ihren Umraum noch als positiven Erlebnisraum wahrzunehmen, wird deutlich, welche Einbußen an Lebensqualität entstanden sind.

Es ist deshalb hoch an der Zeit, die Grundfakten von positiv stimmenden Umräumen näher zu erkunden. Diese Fakten sind nicht vordergründig, über ästhetische Architekturbetrachtungen, greifbar. Sie lassen sich meines Erachtens jedoch über Wahrnehmungsvorgänge sachgerechter ausloten.

Aus diesen Gründen sind als Diskussionsansatz die elementaren „Umraumregeln" entstanden. Ich stelle mir vor, daß derartige (wie auch immer abgefaßte) Regelabläufe als Grunderfahrungen Kenntnisse zur persönlichen Umraumeinschätzung vermitteln. Geht es doch darum, künftig neues-altes Wissen um die bauliche Umraumabhängigkeit, als existentiell wichtiges Erfahrungsgut weiterzuvermitteln. Dieses sollte auf allen Einflußebenen möglichst praxisnah und fächerübergreifend geschehen. Dazu sind didaktisch gestufte Programme, möglichst interdisziplinär, jedoch federführend von Architekten zu entwickeln.

Dabei geht es nicht um eine feierliche Inszenierung einer neuen „Charta", sondern um eine pragmatische Erhellung von Fakten, die aus dem Nebel der Gefühle in klare, praxisnahe und dingfeste Vorstellungen zu verdichten sind.

UM - KREISE

Die „Umraumregeln" sind ergänzungsfähige, elementare Ansätze, interpersonell nachweisbarer Vorgänge unserer Wahrnehmung.

Die Stichworte weisen auf thematische Zusammenhänge in der Literatur hin. (dazu Angaben in: „Public design" Jahrbuch 1990, S. 14–17)

Zehn Umraumregeln mit Stichworten

1. DIE SINNESLEISTUNGEN ERSCHLIESSEN MIR DEN RAUM – SIE SIND MEIN KOMPASS
Unterschiede und Rangfolgen der Sinnesleistungen – Koordination der Sinnesorgane – Selektionsverhalten – Instinktverhalten – Einspurungen –

2. ICH BESETZE NUR EINEN STANDPUNKT – ER IST NICHT ÜBERTRAGBAR
Erlebniszentrum Umraum – personelle Standortfixierung –6 Richtungsbezüge – subjektiver Blickwinkel als »Grenze« der Objektivität – Erscheinung und Anschauung.

3. DER EIGENE UMRAUMHORIZONT BEGLEITET MICH
Gesichtskreis als Begrenzungslinie – orthogonales Achsenkreuz als Halt – »Voraus«-Sehen – Tiefenwahrnehmung Perspektive ordnet Dingwelt – Verkürzungen und visuelle Täuschungen.

4. WAS MICH UMGIBT, IST NUR TEILWEISE ERREICHBAR
Umraum nicht geometrisch, sondern hodologisch entwickelt – Umwege: Bedeutung und Grenzen – durchlässige und undurchlässige Strukturen.

5. MEIN UMRAUM BAUT SICH STUFENWEISE VON INNEN NACH AUSSEN AUF
Zentrifugale Antriebs- und Entfaltungskräfte in Kongruenz zu zentripedalen – Aufbau des räumlichen Ordnungsgefüges als Handlungsraum – Bedeutungsfolgen im Raum – visuelle »Sogwirkung«.

6. NUR EINEN BEGRENZTEN TEIL MEINES UMRAUMES NEHME ICH WAHR
Standortaufbau als raum-zeitliches Wahrnehmungskoninuum – Merkmalsprägung in Sequenzen – unterschiedliche Zentrierungsstufen lokal nach Interessengrad wechselnd.

7. ANHAND VON MERKMALEN UND EINGRENZUNGEN ORIENTIERE ICH MICH
Stabilisierung des Umfeldes mittels Fixpunkten und Raumfolgen – Gleichgewichtsherstellung anhand von Richtungsbezügen – subjektive Herstellung signifikanter Raumzeichen und Bedeutungen.

8. DURCH BEWEGUNG VERÄNDERT SICH MEINE WAHRNEHMUNG
Bewegen als Erlebnis zeitlich gestufter Dimensionen – Hauptbewegungsarten – Zeitsequenzen und räumliche Wahrnehmung – Objekt-, Subjektbezug zum Bewegungsablauf.

9. OBERFLÄCHEN PRÄGEN MEINEN ERSTEN EINDRUCK
Farb- und Materialbedeutung – Überschaubarkeit – Baumassen und Größenordnungen – Erfaßbarkeit von Höhen – Gestaltdurchgängigkeit und Abstand.

10. MEIN UMRAUM IST AUCH ANDEREN ZUGEHÖRIG
Interpersonelles Wahrnehmungsfeld – Verzahnung der Perspektiven – aktive und passive Teilnahme in einer multiphänomenalen Situation – Kulminationseffekt anhand von visuellen Positiv- oder Negativerfahrungen.

3 3 Orts-Struktur

1
K. Schattner

› Jenseits aller Ästhetik ist Architektur primär Ordnung... von hier bestimmen Größe, Konstruktion und Material die Struktur.

2

› Voraussetzung für alle Planung ist das Aufspüren der Struktur einer Stadt, einer Straße...
Die räumlichen Qualitäten, der Inhalt und die Durchdringungen z.B. von Außen- zu Innenraum – sind zum Finden der Struktur entscheidend.

3
H. B. Reichow

› Die Geschehnisordnung bestimmt den Organismus und umgekehrt, nicht eine menschlich willkürliche Formidee.

4
O. F. Bollnow

› Die Wohnung hat eine Öffnung – die Tür...
Von hier aus entfalten sich die Bewegungsmöglichkeiten wie ein System von Kraftlinien...
So stellt der erlebte Raum ein sinnvoll gegliedertes Ganzes dieser bedeutungsgeladenen Plätze und Stellen dar.

5
Thesen des BDA

› Wohnquartiere mit einer klaren Struktur und Gestalt erleichtern über die Identität als Stadtteil, die Identifikation des Bürgers mit seinem Wohnort.

■ Im heutigen Städtebau zeigt sich immer deutlicher, daß qualitätvolle Einzelbauten in einer ungegliederten und unübersichtlichen Ortsstruktur untergehen. Dies führte in den Jahren 1979/80 dazu, näher zu erkunden, worauf eine Struktur basiert und was ein Ortsgefüge zusammenhält.

Auf der Suche nach modellartigen Darstellungsmöglichkeiten, vor allem für sich verändernde Ortsstrukturen, erinnerte ich mich an frühes Spielen mit Magneten und den dazugehörigen Eisenfeilspänen. Nach diesem Prinzip baute ich meine Experimente mit Magnetfeldern auf, bei denen unter einer Glasplatte verschieden starke, in Lage und Abstand zur Glasplatte veränderbare Magnete nach allen Seiten hin und her bewegt werden konnten. Je nach angenommener Zentralität wurde auf die Glasplatte Eisenpulver aufgebracht und sein Verhalten mit Lupen beobachtet.

Der Wert derartiger Untersuchungen liegt meines Erachtens in der Unmittelbarkeit sowie der relativen Anschaulichkeit von sonst sich über längere Zeiten hinziehenden Veränderungs- und Wahrnehmungsprozessen. Problematisch sind (bisher) die Quantitäten für Zentralitäts-Annahmen. Neben diesen äußeren Faktoren fand ich – darüber war ich anfangs erstaunt – verschiedene Eigengesetzlichkeiten innerhalb der magnetischen Felder, die aus meiner Sicht für städtebauliche Strukturen vergleichbare Hinweise ergeben.

Wichtige Aufschlüsse und eine „neuartige Betrachtungsweise" boten mir die raumzeitlichen Stadtanalysen in dem Werk „Stadtplanung" von E. N. Bacon[6], weil hier die Aspekte Raum, Bewegung und Funktion an Beispielen über Jahrhunderte dargestellt werden. Auf einer ähnlichen Ausgangsbasis bauen die aktuellen Strukturuntersuchungen für Frankfurt am Main von C. Mäckler[7] und B. Ressler[8] auf. ■

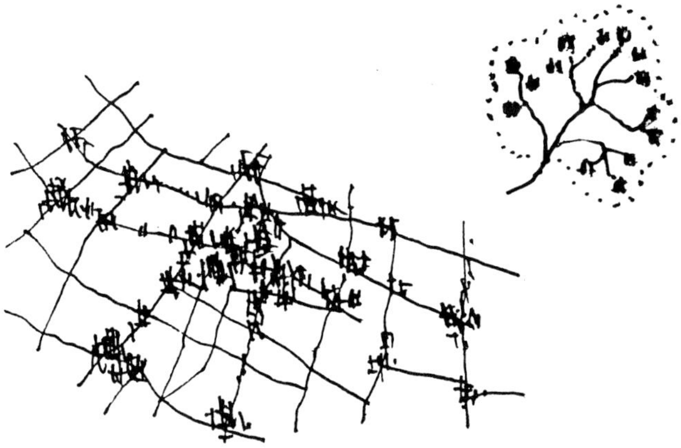

Vorsicht: Ein Blatt-System
als Leitstruktur ist nur für
lockere Bebauung brauchbar,
für dichtere Bebauung
gilt das „Gitter-Prinzip".

Wellental und Wellenberg,
„Zusammenhang" und „Trennung"
bilden die topografischen
Grundmuster.

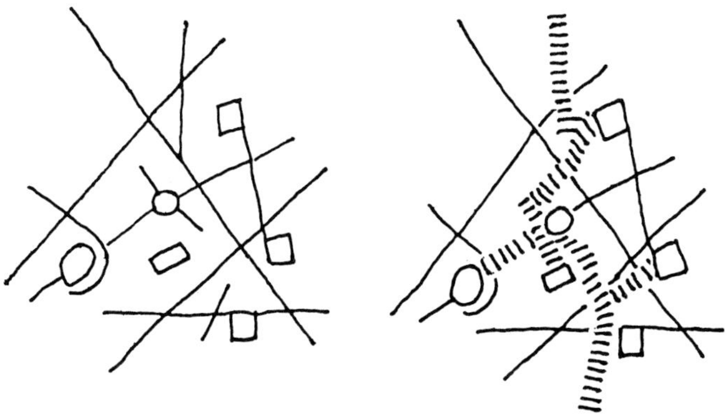

Vielerorts sind strukturbildende
Achssysteme als „Rückgrat"
weiter auszuprägen oder
neu einzuziehen, um
standort-isolierte bauliche
Dominanten in wahrnehmbare
Zusammenhänge zu bringen.

Beziehungsnetze städte-
baulicher Strukturelemente
wahrzunehmen, erfordert
ein Austarieren ihrer
Distanzen, um Verfilzungen
(unten) zu vermeiden.

Mittels eines unterschiedlich bestückten Magnetfeldes läßt sich abstrakt visualisieren, wie „Kraftlinien" eine Ortsstruktur durchziehen. Gleichzeitig wird daran deutlich, wie wichtig nach Bacon „eine strukturelle Energiebewegung einer Stadt ist". Das Netzwerk der Ortsstruktur in seiner Verästelung sowie seiner Maschenweite und Dichte ist davon abhängig. Für den Wahrnehmenden bildet es das Grundmuster eines Ortes.

- Ein interessantes Phänomen läßt sich feststellen: Je nach Stärke des Magnetfeldes bilden sich ringförmige Verdickungen um das Zentrum eines Magneten. Im Randbereich sind die Verdickungen loser, jedoch höher als um den Zentralbereich. Dazwischen liegen, je nach Magnetstärke, verschieden stark ausgeprägte Ringbildungen. Analog entnehme ich daraus Hinweise auf eine architektonische Akzentuierung der ausufernden Randzonen unserer Städte.
- Aufschlußreich fand ich die Ausrichtung der einzelnen Elementarteilchen auf das Zentrum je nach Stärke der Magnetinduktion. Wird dieses Zentrum verschoben, entstehen Turbulenzen im Gesamtsystem. Mir wurde daran deutlich, daß jedes Haus seine wahrnehmungswirksamen Richtungsbeziehungen zur umgebenden Ortsstruktur darstellen sollte. Wird ein Ortszentrum durch Überforderung bzw. Verödung verlagert, wirkt sich das innerhalb seines Einflußbereiches bis zur Mikrostruktur eines jeden Hauses aus. (z.B. bei der Lage des Eingangs)
- Schließlich machten die Experimente deutlich, welche Struktur-Verhältnisse zwischen zwei gleichstarken Zentrierungen auftreten, wenn sich diese zu nahe kommen oder umgekehrt bei zu weitem Abstand nicht mehr aufeinander reagieren. Außerdem läßt sich feststellen, was mit einem schwächeren Zentrum passiert, wenn das Hauptzentrum von immer neuen Funktionen „überschüttet" wird.

Mit diesen für die Architektur abstrakten aber simplen Magnetexperimenten läßt sich andeuten, daß Ortsstrukturen, zumindest in ihren Grundzügen, wahrnehmbar gemacht werden können.

Ich stelle mir hierzu vor, daß für zukünftige Ortsentwicklungen, vor allem im Regionalverbund, technisch verfeinerte Simulationsverfahren entwickelt werden, die es präventiv erlauben, Gestaltentwicklungen im Zeitraffer ansichtig zu machen. Dabei sollten vor allem alternative Entwicklungsmöglichkeiten durchgespielt werden.

Bei diesen Experimenten ging ich davon aus, den heute überstrapazierten Allerweltsbegriff „Struktur" auf seine Ausgangsbeziehungen zurückzuführen. Ein Ortsgefüge ist kein Bilderbuch aus der Summe einzelner Bauten, sondern konkret – „im Raum sich stoßend", deren topograpisch bedingter Zusammenhang, Schichtung und Gliederung, aufgenommen und registriert von unserer Wahrnehmung, in enger Koordination mit unseren „inneren Bildern und Uhren". Städtebauliche Strukturen weisen somit in besonderem Maße auf die „Universalität der architektonischen Vorstellungswelt" hin (J. Pieper[9]).

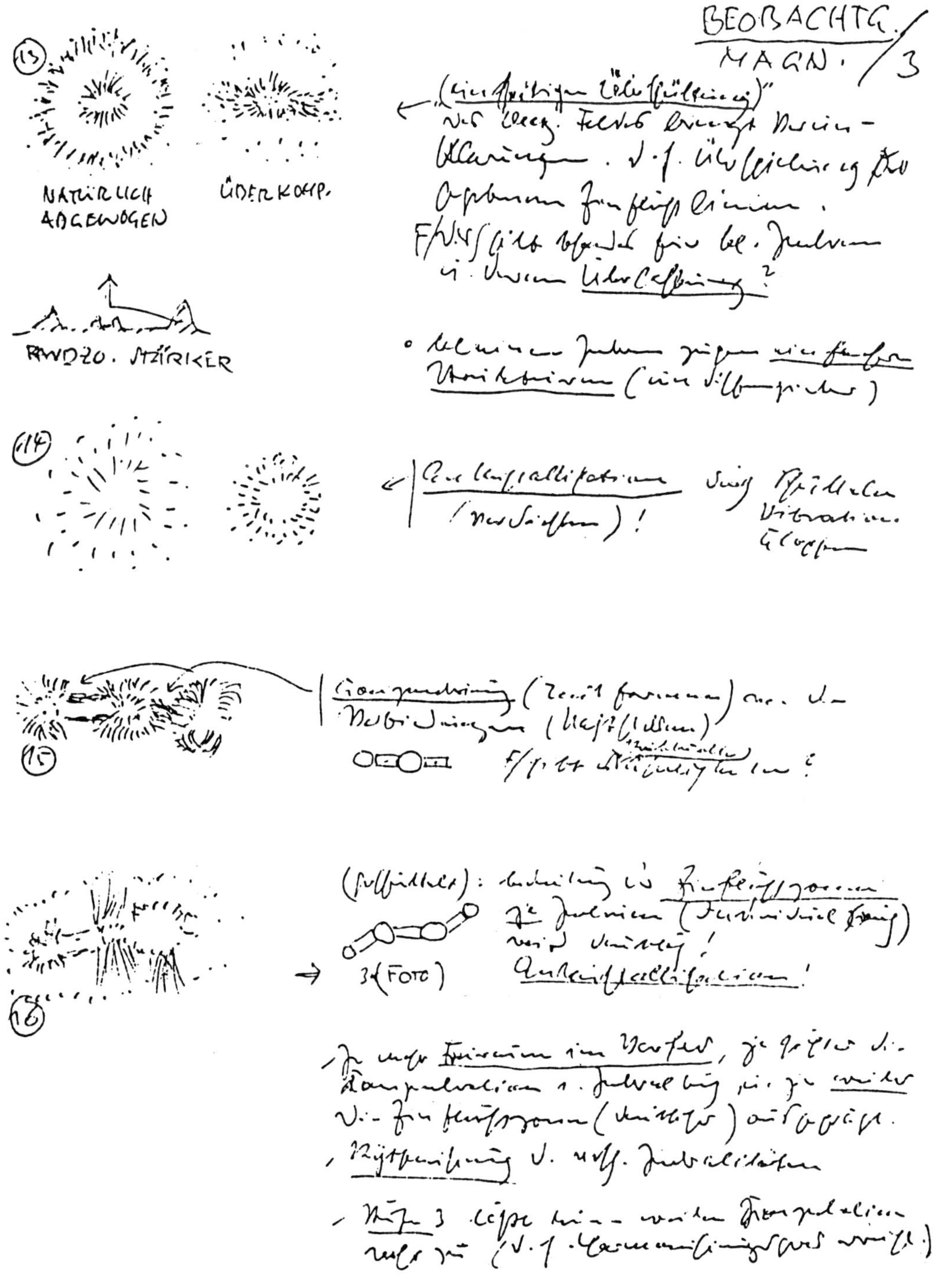

Untersuchungen
mit Magnetfeldern
als Simulationsmodell
geben Aufschlüsse
über mögliche Abläufe
städtebaulicher
Strukturveränderungen.

Strukturell gilt für Erschließungsfunktionen im Gegensatz zum „Baumprinzip", welches gegenüber stehenden Architekturgestalten gültig ist, das „Gitterprinzip" (C. Alexander [10]). Es ist offen, netzartig, damit ansatz- und verdichtungsfähig. Jedoch ist ein „zugrunde-liegendes" Gitter-Netz, nur selten als solches wahrnehmbar, sondern nur das „was aufrecht-steht", das in unterschiedlichen Höhen Gebaute.

Erschließungsnetze sind sequentierte Raumfolgen für unterschiedliche Bewegungsabläufe. Ihre einzelnen Abschnitte gliedern sich mittels Blickbezügen an einer durchgehenden Wahrnehmungskette. Die heutige gestalthafte Überbewertung des Einzelgebäudes wird damit relativiert zugunsten eines übergeordneten Raumkontinuums Straße oder Platz.

So wie die geschichtliche Stadt in ihre überall wahrnehmbare Raumstruktur eingebunden war, stehen auch heute die neuen, formal geänderten Bauwerke und Ortsteile unausweichlich mit ihrer speziellen Geschichte im Dialog. Luigi Snozzi sagt: „Die Geschichte ist ein wichtiges Entwurfsmaterial, man soll sich aber nicht der Geschichte unterwerfen. Man muß mit der Geschichte einen Dialog herstellen" und folgert daraus: „Ohne die heutige Architektur würde die geschichtliche Stadt total ihren Sinn verlieren"[11].

Der heutige Mangel an wahrnehmungswirksamer Transparenz bei immer mehr Ortsstrukturen ist nicht nur auf ihr ausuferndes Wachstum zurückzuführen. Ebenso wirksam ist meines Erachtens die fehlende architektonische Gestaltung ihrer städtebaulichen Gelenkpunkte an klar ausgeprägten und somit erlebbaren Strukturachsen. Hinzu kommt die Verwischung von Grenzbereichen, sowie das fehlende Sichtbarmachen der hierarchisch gegliederten Zentralitätsstufen von Ortsteilen, in Abstimmung mit ihrer Erschließung.

Eine besonders wichtige Rolle spielt zur Festigung einer Ortsstruktur, wie zu allen Zeiten, die bauliche Kontrastbildung. Früher war vornehmlich die Größenordnung das bestimmende Unterscheidungsmittel, dagegen weniger die Materialauswahl und die Detaillierung. Heute fällt zusätzlich zur Größenabmessung für den Wahrnehmenden eine andere Materialstruktur, mit deren Folgen für die Oberflächenwirkung, und eine meist weniger plastische Detailgebung ins Auge.

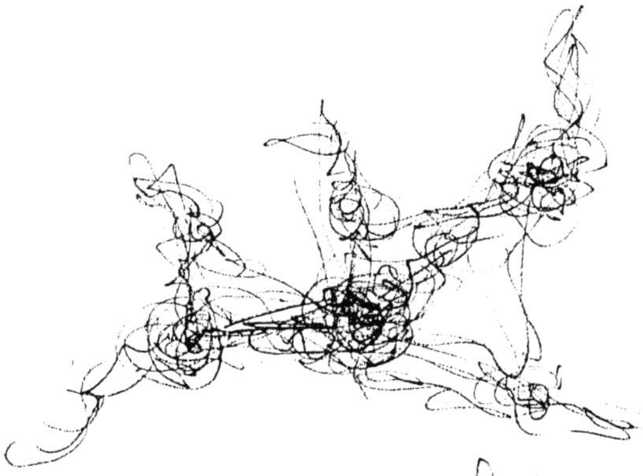

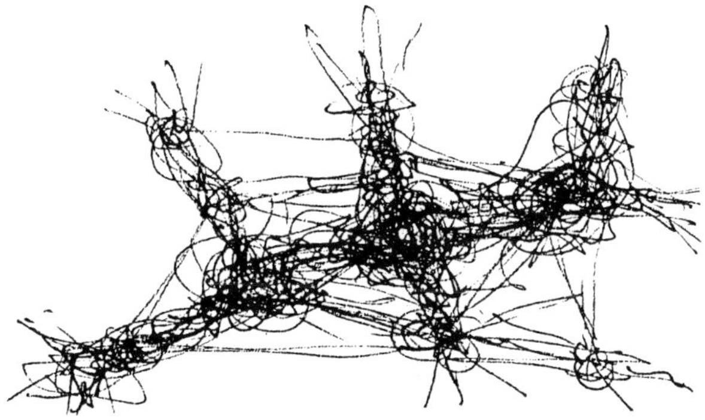

Die Dichtegrade einer Ortsstruktur
stehen in engem Wechselverhältnis
zu den differenzierten Bewegungsabläufen.
Die Anteile des Fremd- bzw. des
Binnenverkehrs bestimmen das Netzsystem.

Kapazitätsgrenzen städtebaulicher
Leitstrukturen sollten frühzeitig mittels
Simulationsverfahren anschaulich
gemacht werden.

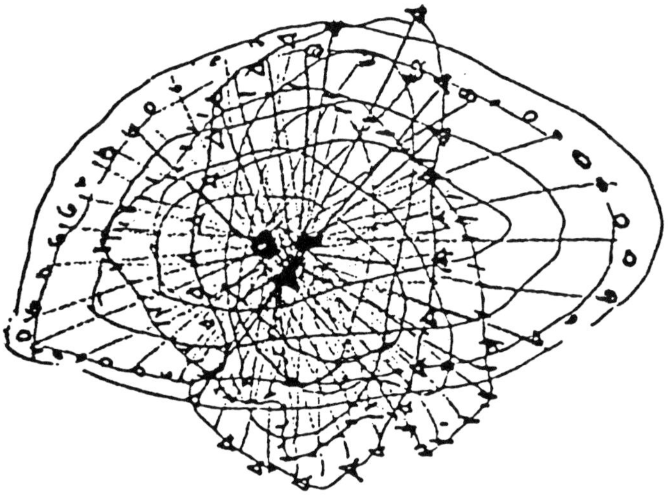

Erfassung und Eingrenzung
der Wirkungszonen wichtiger
Strukturelemente wird zu einer
logistischen Aufgabe des Städtebaus.

Schon locker bebaute Ortsstrukturen sind
auf wahrnehmbare Bezugsgrößen angewiesen,
um so mehr gilt dieses für
verdichtete Strukturen.

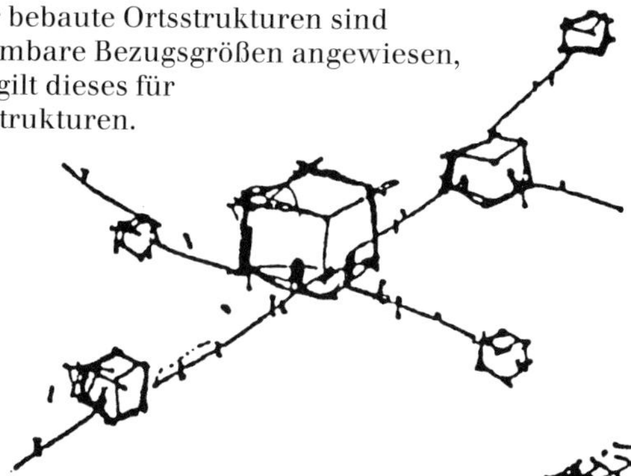

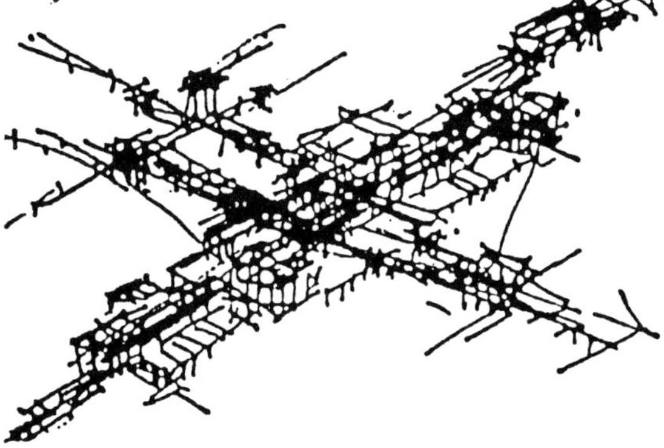

Maß–Stäbe

1
B. Pascal

› Das Übermäßige ist uns feindlich
und sinnlich unerkennbar,
wir empfinden es nicht mehr,
wir erleiden es.

2
W. Pehnt

› Angemessenheit entsteht nicht
aus dem direkten Ausdruck
eines Programms oder einer
Konstruktion wie im modernen
Funktionalismus, sondern aus
einem auf den Sinn des Bauwerks
bezogenen Repertoire von Formen.

3
Th. Mann

› (Raum erleben) daß eine Art Hybris,
etwas Frevelhaftes darin liegt,
ihm eine Dimension zu stehlen,
oder sie ihm zu verkümmern,
nämlich die ihm verbundene Zeit,
ist nur ein vertrautes Gefühl.

4
O. v. Nostiz über
Saint-Exupéry

› Unter Wirklichkeit, verstehe er nicht,
was auf einer Waage meßbar sei,
sondern was auf ihn wirke . . .
also vor allem das Unwägbare.

5
A. Pieper

› Krawalle aus Trostlosigkeit
im sächsischen Hoyerswerda 1991:
Plötzlich tauchen die Häuserwände auf.
Wände aus Platten,
11 Stockwerke hoch,
100 Meter breit,
im rechten Winkel dazu die
nächste Wand, grau, schmutzig grau.
Erdrückend, bedrückend.

▪ Wie weit lassen sich über unsere Wahrnehmung zum unausschöpflichen Thema „Menschlicher Maßstab" Fakten ermitteln, das war (ist) die Ausgangsfrage.

Schon nach dem Kriege sammelte ich Daten, die über die unerläßlichen Maßangaben von Neuferts „Bauordnungslehre" hinausgingen. Ich suchte nach Meßdaten, die nicht unmittelbar, von außen ablesbar sind, sondern von unserem Verhalten einer baulichen Situation gegenüber geprägt sind. Daß sich auf diese Weise nur Maßspannen aufspüren lassen, wurde mir bald bewußt. Während meiner städtebaulichen Tätigkeit konnte ich vielfach mit diesen Maßspannen arbeiten.

Willkommene Anregungen waren für mich die eingehenden Untersuchungen von Colin Buchanan zum „Verkehr in Städten" [6], mit seinem Ansatz zur Maßstäblichkeit: „die Kapazität einer Straße danach zu beurteilen, mit welcher Leichtigkeit die Straße überquert werden kann". Ich halte diese schon 1963 aus dem menschlichen Verhalten abgeleiteten Planungsmaßstäbe für hochaktuell. ▪

Nach den von Menschen ähnlich empfundenen Zeitmaßstäben – die hier mit dem Begriff „Innere Uhren" benannt sind, lassen sich meines Erachtens noch weitere Maßspannen ermitteln und für die städtebauliche Praxis auswerten. Diese kombinierten, schon im Unterbewußtsein zusammengeschalteten Maßwerte sind ebenso praxisrelevant, wie die unmittelbar ablesbaren Körpermaße des Menschen.

Diese über Generationen eingespurten archetypischen Maßstäbe werden immer wieder durch neue Erfahrungen mit dem Umraum ergänzt. Für das Wahrnehmen und Einschätzen von Architektur stellen sie einen beträchtlichen Fundus dar.

Versuch
baulich relevante
Maßstäbe unserer
„inneren Uhren"
zu erfassen.

1 ENTFERNUNGS-MASSE

GEHEN wie lange geht man gerne:

im Wohnbereich	max. ¾ Std.
in der Stadtmitte	max. 1 Std.
im Grünen zur Erholung	max. 2 Std.
(wie vor) mit Unterbrechung	3–4 Std.

SEHEN auf welche Entfernung meinen Sie,

grüssen zu müssen	5– 9 m
durch eine Geschäftsauslage angelockt zu werden	7–10 m
Ihr Kind innerhalb anderer erkennen zu können	25–30 m
einen Bekannten zu erkennen	40–50 m

HÖREN auf welche Entfernung meinen Sie,

ein Kind innerhalb einer lärmenden Kinderschar rufen zu können	10–15 m
ein Kind allgemein rufen zu können	40–50 m

2 BAUBLOCK-BREITEN

„Über Jahrhunderte herausgebildet", variiert die Baublockbreite, trotz unterschiedlicher Verkehrsstrukturen im Allgemeinen „zwischen . . . . 50–60 m"

3 UMWEG-FAKTOR

Umwegfaktoren von 50 % sollten für alle Bereiche einer Wohnsiedlung nicht überschritten werden.
Der pauschale Umwegfaktor beträgt . . . . . ca. 25 %.

4 STRASSEN-ÜBERQUERUNG

Aufenthalt für Fußgänger zur Überquerung allgemein	2 Sek.
Einschränkung der Freiheit zur Überquerung beginnt bei	4 Sek.
d.h. bei 7 m breiter Fahrbahn	= 250 Fahrzeuge/Std.

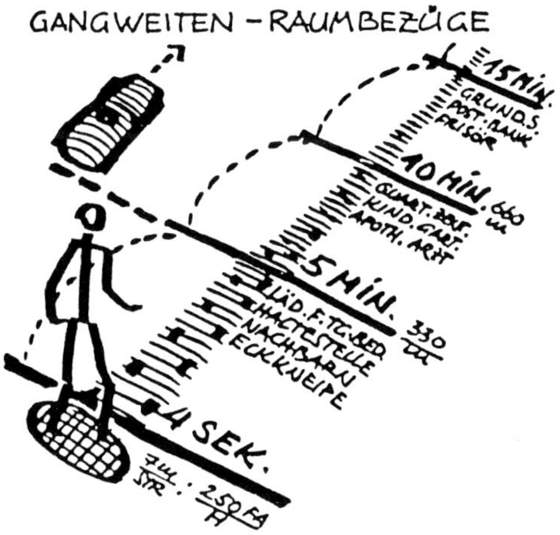

Umraumerschließung und Gehlängen stehen in einem zeitlich gestuften Maßstab zueinander.

Die Größe von Baublöcken als Stadtzelle beruht auf Maßstäben, die von Generationen ähnlich wahrgenommen wurden.

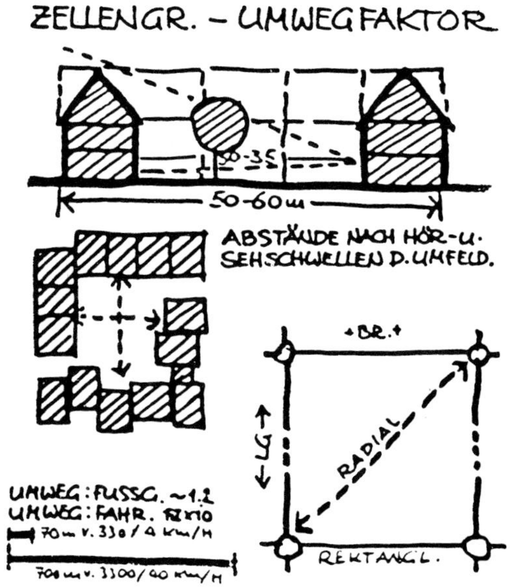

Zu 1: Nach Jürgen Lauster: Befragung von Studenten in Bielefeld, 1966
Zu 2: Nach Pietro Hammel „Unsere Zukunft die Stadt", Surkamp-Taschenbuch (St. 59), Frankfurt 1973
Zu 3: Nach Peter Müller, Darmstadt „FußgängerVerkehr in Wohnsiedlungen" DBZ 9/1973
Zu 4: Nach: Colin Buchanan „Verkehr in Städten" Vulkan-Verlag, Essen 1963

In alten Orten ist dieser Fundus als Einheit „Mensch-Ort-Bauwerk" noch ablesbar. Heute ist nicht der zeitliche Unterschied, mit seinen oft baulichen anderen Gegebenheiten, das gravierende Problem, sondern die verlorengegangene Einheit dieser aufeinander bezogenen Maßstäbe.

Wir lernen inzwischen, daß sich gebaute Maßstäblichkeit nicht theoretisch generalisieren läßt. Nur am wahrnehmbaren Beispiel, im Zusammenhang mit den dort lebenden Menschen läßt sie sich praktizieren. In diesem Sinne sind die nachfolgenden „Werksaufzeichnungen von der Altstadtplanung Wiedenbrück"[7] entstanden.

ZUR DIAGNOSE EINES STADTKERNS

1 Zwischen Planung und Wirklichkeit

❜ Die Natur der Form ist entscheidender als die des Stoffes (Aristoteles).
❜ Nur sehr Törichte glauben, sie könnten ihren Stoff was lehren (P. Hacks[8]).

Diese Aufzeichnungen stellen keinen Planungsablauf, sondern in Form von Fragen, Problemstellungen und Arbeitshypothesen einen Erfahrungsschnitt zum derzeitigen Planungsstand dar. Grundthemen sind die Unverwechselbarkeit eines Standortes und seine Entfaltung. Gedanklicher Hintergrund: die Frage nach der heutigen Bedeutung des Stationären in seiner natürlichen Polarität zum Mobilen, die durch die faszinierende Möglichkeit, Standorte beliebig und schnell zu wechseln, im Bewußtsein fast aufgehoben ist. Bei Planungen alter Stadtkerne wird dieses Spannungsfeld, im Unterschied zu Neuplanungen, in seiner ganzen Schärfe deutlich. Darum stellt die Auseinandersetzung mit zentralen Stadtbereichen einen wichtigen Teil unserer existentiellen Generationsaufgabe dar. Sie ist nicht im luftverdünnten Raum der Abstraktion, sondern an konkreten Situationen zu bewältigen.

Definitionen: „Altstadt" als Stadtkern

Vom Beginn der Planung an fragen wir uns, wo die substantiellen Unterschiede zwischen alten und neuen Städten liegen. Sind diese nachweisbar, müssen neue Wege für die Planung erkundet werden. Dazu einige begriffliche Eingrenzungen für „Altstädte", wobei zugleich weitere Fragen auftauchen:

– Altstadt – ein mit geringem Institutionsaufwand gebautes Verhaltensmuster einer jahrhundertelang räumlich eng eingegrenzten und fast ausschließlich auf einer Ebene miteinander verknüpften Gesellschaft. Fragen: Wo liegt der untere Schwellenbereich für einen auch in Zukunft gültigen Maßstab räumlich dichten Zusammenlebens? Wie weit läßt sich hier Institution abbauen zugunsten aktiver Gemeinsamkeit?

– Altstadt – ein in seinem Verhältnis zur Gesamtstadt immer kleiner gewordener Flächenanteil, jedoch ihr Identifikationsmerkmal mit spezifischen Aufgaben. Frage: Wie weit und wodurch läßt sich eine „Ausstrahlung" der Kernzone auf die anderen Stadtteile feststellen?

– Altstadt – auf die umgebende Landschaft bezogene Kommunikationseinheit, errichtet nach übersichtlichen historischen Ordnungsprinzipien. Ein maßstäblich bis zu baulichen Einzelheiten abgestimmtes Gefüge mit einer Zahl von Fixpunkten, die in zeitlich lange Wandlungszyklen eingespannt sind. Lebensverhältnisse: Gewohnt – Vertraut – Bekannt. Fragen: Wie weit stellen diese Fakten für die Erneuerung noch einen substantiellen Wert und Anreiz dar? Lassen sich auf einem so homogen „gewachsenen" Unterboden neue

PLANUNG DER ALTSTADT
WIEDENBRÜCK 1973–1977
(Grünplanung: Herbert Meyer)

Noch ist die Maßstäblichkeit
der Altstadt gewahrt,
der bauliche Zusammenhang ist
jedoch vielfach gestört.

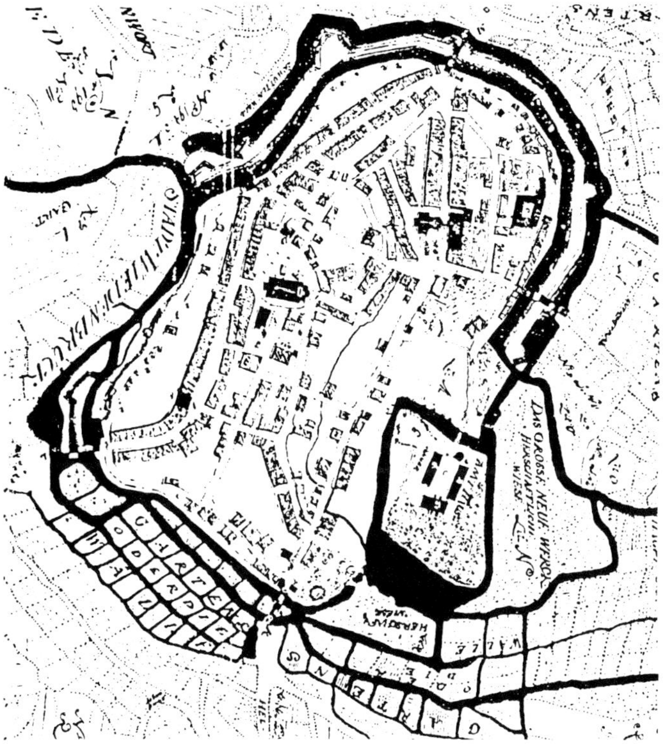

Stadtplan von 1733

Trotz Reduzierung
ist dieses Wassersystem
noch heute das prägende
Gestaltungselement für
den dreizelligen Stadtkern

Die differenzierten Blockbereiche
sind nach 3 Zonen gestuft.

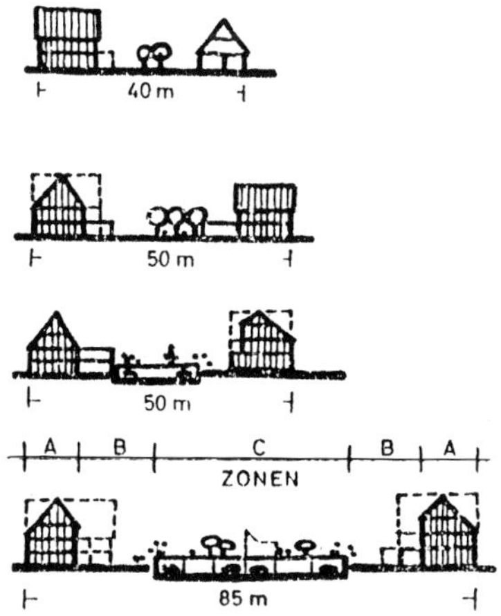

33 geschlossene bis
halboffene Baublöcke
haben ihre standortbedingten
unterschiedlichen Eigenschaften.
Lärmeinwirkung, Verschattungsgrad
und Abstandsmaße sind neben
Sozialstruktur und baulichem
Zustand bestimmend für Art
und Umfang der Erneuerung.

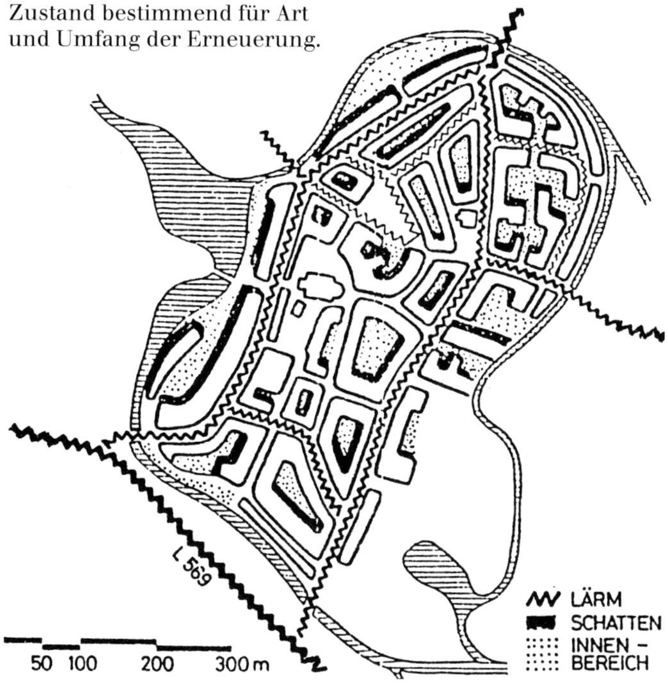

Vorschlag für den
größten Baublock:
Zone A: Baubereich mit mehr
planerischen Festsetzungen.
Zone B: Individualbereich mit
wenigen Festsetzungen.
Zone C: „Halb-öffentlicher" Bereich
für mögliche Gemeinschafts-
einrichtungen der Anwohner

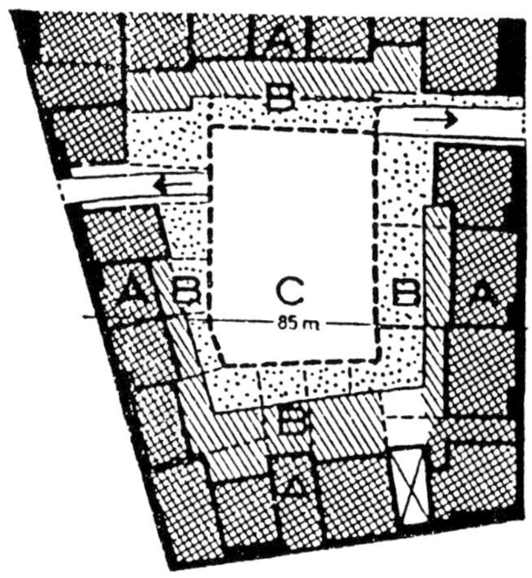

andersartige Nutzungen aufpfropfen?
– Altstadt – menschlicher Maßstab trotz Wohndichte. Identifikationsmöglichkeit: Sozial selbständig strukturierte Quartiere, hohes Maß an Querverbindungen. Kurze Wege durch geringe Hausabstände, „eine Apparatur zur Vermittlung von Kontakt-Alternativen" (U. Conrads [9]) – Polarität zwischen privaten und öffentlichen Bereichen. Kontinuierliche „Gebrauchsdichte". Fortlaufendes Mosaik charakteristischer Bereiche „mit einem hohen Grad an entdeckbarer Wiederholung und Abweichung der Formelemente innerhalb prägnanter Grundordnungen" (K. J. Krause [10]). Aufeinander abgestimmte Teilbereiche, vielfach noch multifunktional genutzt. Überschußräume. Optimale Wahrnehmungsrate von Komplexität und Ambivalenz. Bestehen von Sozialbindungen und Milieuverwurzelung, „ein auf's Ganze bezogenes Formenkontinuum von ‚friendly objects'" (R. Keller [11]).
– Altstadt – ein gestörtes, überaltertes und überlastetes Ordnungsgefüge, entstanden aus andersartigen Lebens- und Umweltbedingungen. Ein zentral gelegener, vom Fahrverkehr umfluteter Verkehrsknoten, der seine ursprünglichen Aktivkräfte weitgehend verloren hat und überwiegend einseitige Stadtteilfunktionen wahrnimmt. Ein Flickenteppich ineinander verschachtelter kleinteiliger Besitztümer. Ein Stadtteil mit einem höheren Anteil von baulichem Verfall, größerem Lärm- und Schmutzanfall sowie einem überdurchschnittlichen Anteil inaktiver Bewohner. Fragen: Wie weit sind diese Anzeichen quantifizier- und einstufbar? Wo liegen jeweils örtliche Fehlentwicklungen und wo allgemeine Zeittrends vor? Gibt es eindeutige Prioritäten für die Erneuerung?
– Altstadt – Eine überwiegend vorgegebene, in sich verfestigte Baustruktur mit nur bedingtem standortspezifischen Belastungsgrad. Frage: Was bedeutet der geschichtlich bedingte Stadt-„Umbau" noch als Regenerationsprozeß für die heutige Planung?

2 Altstädte – Planungsneuland

› Wie lange dauern die Werke? So lange, als bis sie fertig sind: solange sie nämlich Mühe machen, verfallen sie nicht (B. Brecht [12]).

Eigengesetzlichkeiten aufspüren

Weil sich „grüne Wiesen" mit einer niedrigen Zahl von Bindungen schneller und bequemer überbauen lassen, sind wir Jahrzehnte um den „heißen Brei" einer gründlichen Stadtkernplanung herumgeschlichen. Da jetzt Unverwechselbares auch im Kernbereich Mangelware wird, begeben wir uns endlich an das dicht verknotete Bindungsgeflecht vorgegebener Bebauungen. Mit viel Geduld müssen wir in bisher unaufbereitete und differenzierte Sachzusammenhänge vordringen und dabei vor allem die Tiefendimension der Planung in Richtung Situationsanalyse ausweiten, denn es geht um Weiterverwenden, Ändern und Ergänzen. „Was der Mensch sich anpaßt, erwacht zum Leben und bleibt solange lebendig, wie er es behält und ausfüllt" (H. v. Cramer [13]).

„Genius loci" – heute gleichgesetzt mit Image – wird zwar viel beschrieben, muß aber für jeden Altstadtfall erst aus der Tiefe eines verschwommenen Unterbewußtseins, auf Grund eines sorgfältig abgestimmten Zielprogramms, durch „präzisere, aussagefähigere Benennungen" in Form „wahrnehmbarer und prüfungsfähiger Kennzeichen" (K. Wittkau [14]) ans Tageslicht gehoben werden. Gerade diese Schöpf-Arbeit bringt Wesentliches zutage. So stellen wir z.Z. anhand der katalogisierten Einzelhäuser Zonenpläne der sehr unterschiedlichen

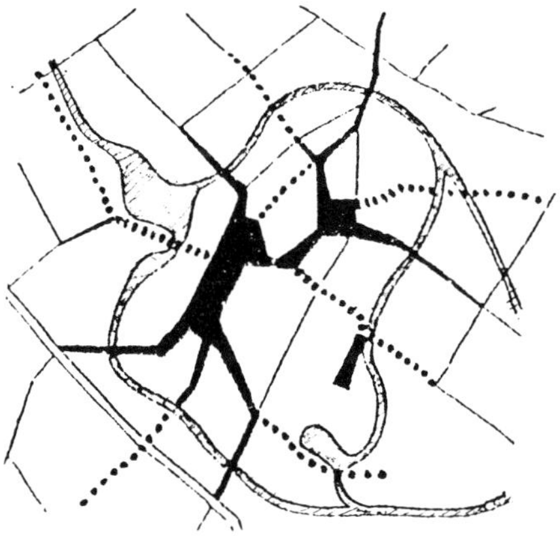

Nach dem „Entfaltungsprinzip" führen, von den innersten Zellkernen ausgehend, die „Bewegungslinien" als gefahrlose Wege (Fußgänger – Radfahrer – Behinderte) in die umliegenden Stadtteile. Radiales Fußwege- und rektanguläres Fahrstraßen-System ergänzen sich je nach Verkehrsfrequenz

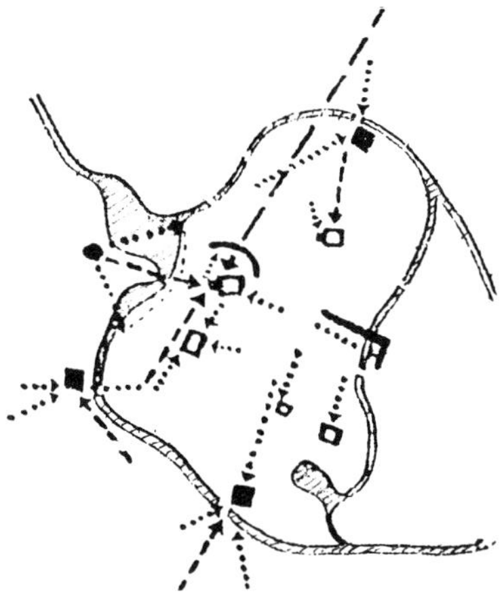

Die visuellen Bezüge der baulichen Dominanten, d.h. ihr Maßstab und Volumen zueinander, sind bei einer topographisch ebenen Stadt besonders sorgfältig abzustimmen. Auch die Randbereiche sind in diese Untersuchung einzubeziehen

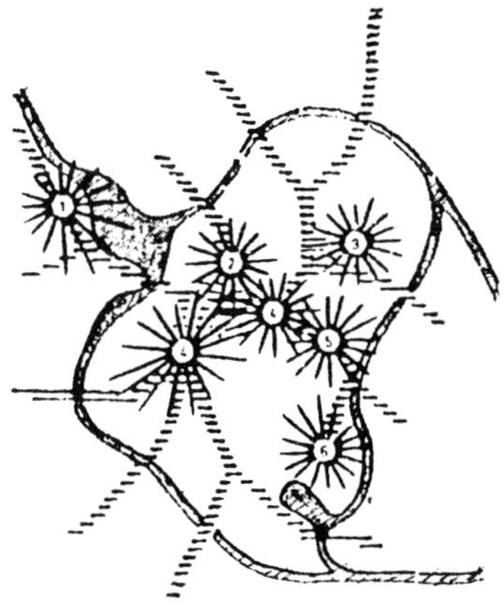

An den Hauptkreuzungen der „Bewegungslinien" liegen die wichtigsten Funktionszentren. Entsprechend der Potenz dieser Fixpunkte, verlaufen bei den teilweise sich überlagernden Funktionsfeldern ihre Anstrahlungen

Teilbereiche auf. Dabei ist es ratsam, sich von den historischen Gegebenheiten weitgehend die Hand führen zu lassen.

Zusammenhänge herstellen

Wenn „Milieu" die Summe natürlicher, gebauter und gesellschaftlicher Umweltkomponenten darstellt, sollten verfeinerte Verfahren entwickelt werden, die bei der Abwägung eines konkreten Einzelfalles alle drei Bezugsebenen ins Spiel bringen. „Die Stadt ist ein offenes Gitter und sie ist kein Baum" (C. Alexander[15]). Für den Hausgebrauch versuchen wir deshalb so ganzheitlich wie möglich die isolierten Teilsysteme zu integrieren, nur so lassen sich zusammenhängende Funktions- und Aktionsfelder erkennen. Dabei sollte die Gruppierung nach Typen, ein in der Stadtplanung vernachlässigtes hilfreiches Regulativ zur Eingrenzung und Eingliederung unübersehbarer Einzelfaktoren, Anwendung finden; als Formidee wandlungs- und anpassungsfähig, um theoretisch unendlich viele Endformen auf sich beziehen zu können.

Planen, auch von der Hand in den Mund

Vor zwei Jahren suchten wir noch nach dem „Leitbild", „Ordnungsprinzip", „Systemmodell". Inzwischen haben wir festgestellt, daß diese von außen angesetzten frommen Wünsche laufend von der Tagespraxis überrollt werden. Heute bemühen wir uns, anhand des Rahmenplanes die unvorhergesehenen, oft auch unbequemen, harten Tagesfakten dynamisch anzugehen und den meist nur vordergründig gesehenen Faktor Zeit mit ins Spiel zu bringen. Dabei fällt uns auf, wie unbeweglich alles Planen nach Zeitstufen geworden ist. Aber ohne Spielraum für Übergangslösungen läßt sich Stadterneuerung nicht bewältigen. Zwischen den unvermeidlichen Sachzwängen und dem unerläßlichen Freiraum für das Unplanbare müssen wir uns den Weg bahnen.

3 Zum Einzelfall

❜ Näher an die Dinge heran, ihre Atmosphäre, ihre Verwurzelung, ihre Kausalität, ihr Sein (G. Benn[16]).

❜ Die Ur-Aufgabe: Menschen zu behausen. Die Vielen wie auch den Einzelnen, der zwar im statistischen Durchschnitt enthalten ist, aber dennoch dort nicht vorkommt, weil zugunsten des Allgemeinen seine individuelle, einmalige, einzige Wirklichkeit ausgelöscht werden mußte (U. Conrads[17]).

„Bohrlöcher" vor Ort

Wir wollten zunächst den konkreten Einzelfall in den Blick bekommen. Nur hier wird Dichte und Begrenzung der Aufgabenstellung zugleich spürbar. Wir versuchten an möglichst vielen Stellen Verständnis und Mitvollzug für die Planung zu erreichen. Wir stellten fest: Fall steht höchst differenziert neben Fall. Trotz gleicher Brandmauer oft „meilenweit" voneinander entfernt. „Dieser hodologische Raum ist ... dem abstrakten mathematischen Raum entgegengestellt" (O. F. Bollnow[18]). Eigenständigkeit der Bewohner bis ins kleinste Detail, bei unerwartet hohem Assimilisationsgrad („Wir kennen ja nichts anderes"). Daraus ergaben sich wieder vielschichtige Fragenkomplexe, z.B. nach den Grenzwerten dieser langjährigen stationären „dynamischen Anpassungsvorgänge" (L. Burckhardt[19]) und der Bewertung ihrer baulichen Folgeerscheinungen („Dieser ‚Mucki'-Stall ist mein Einundalles"). Die zunächst verwirrende Fülle unterschiedlicher Besitzverhältnisse wies uns auf die Wertkomplexe „Sammeln und Behalten" hin, die eine differenzierte „Behälter"-Funktion des Hauses voraussetzen.

„Spielraum" aktivieren

Am einzelnen Haus als kleinster Sozialeinheit wird deutlich, wie „der Mensch in Kreisen lebt" (M. Wagner[20]) und sich erst „vom Einklang mit der Mitte" (Konfuzius) aus voll entfalten kann. Wir gingen diesen Anregungen nach und stellten in den alten Häusern – trotz oft zu niedriger Geschoßhöhen – überraschend viele einfallsreich und sinnvoll genutzte Zwischenräume, Nischen und Zwickel fest. „Die wiedergegebene Erkenntnis, daß Überfluß im scheinbar Unwichtigen ein wichtiges Kriterium für die bewohnte Stadt ist" (P. Peters[21]), ist hoch einzuschätzen, wobei Intuition im Stellenwert vor Quadratmetern steht. Im Wohnbereich zum Innenhof fanden wir den meisten Raum, der sich für individuelle Ausgestaltung anbietet. Diesen Spielraum als Erlebnisfläche mit seinen Alternativen auszunutzen, stellt eine weitere große Chance für die Altbauerneuerung dar. Die Planungen sind dazu weitgehend „offen" zu halten. Hier wird deshalb eine rückwärtige, nicht detailliert fixierte Planungszone von etwa 4–8 m Tiefe, je nach Blockgröße, ausgewiesen, eine Art kreativ-flexibler Zwischenbereich.

Freiräume bewohnbar machen

Die vielfach noch erkennbaren, meist aber durch Überbauung und Grundstücksverschachtelung entstellten Essentials der Wohnbereiche sind wieder herauszufiltern. Dabei

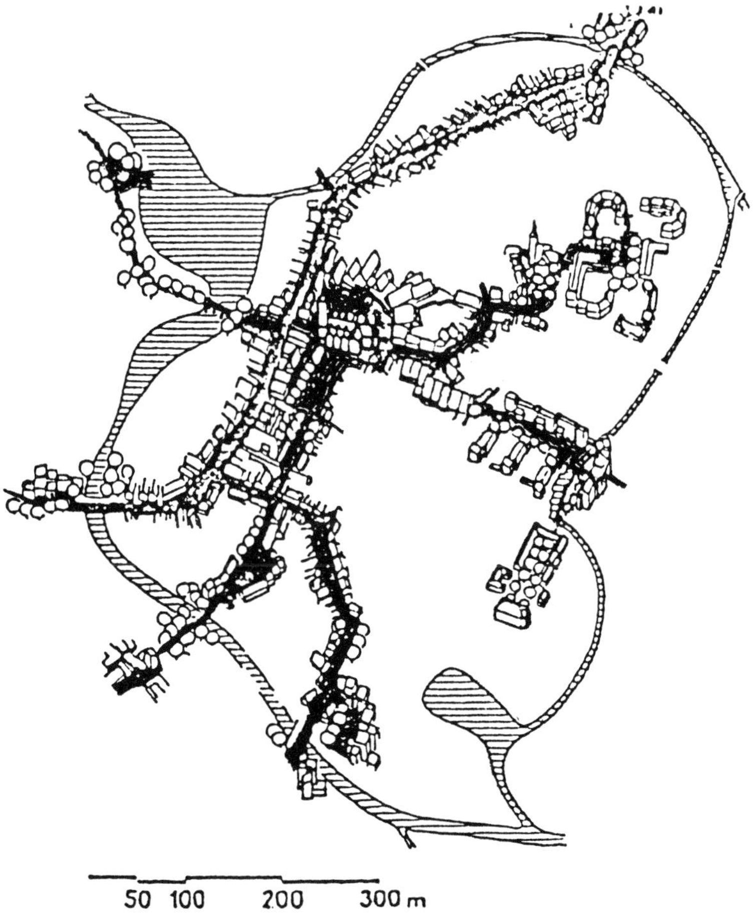

Städtebauliche Zielsetzung ist: Die neuen Wohn- und Dienstleistungsbereiche an die strukturellen Gelenkpunkte „anzukristallisieren" und zugleich die Ausprägung des zentrierenden Achsensystems zu festigen.

stellen die relativ kleinen Freiräume als korrenspondierende Verbindungen zwischen den Bausubstanzen in Form von „Schwellenbereichen" (H. String[22]) den besonderen Lagewert für neue, auch gemeinsame Aktivitäten der Anwohner dar. Für Familien mit Kindern wird damit das Wohnen in Altstädten wieder interessant. Die Forderung „Freizeitplanung muß mehr im Wohnbereich ansetzen" (H. Meuter, S. Röck[23]), bestätigt sich hier.

4 Zur Baugruppe

❟ Es gilt, das Gegensätzliche aufeinander abzustimmen, damit es sich in einander ergänzende Werte und Kräfte verwandelt (f. Roger[24]).

Bindeglieder einfügen

Das Suchen unserer Zeit, zwischenmenschliche Beziehugen zu verwirklichen, muß auch baulich mitvollziehbar sein. Die Bau-Gruppe als Katalysator zwischen Einzelgebäude und Stadtganzem ist zwar wiederentdeckt, macht aber in der Praxis unsere baulichen Wissens- und Erfahrungslücken deutlich. Der Altstadtkern Wiedenbrück besitzt 33 Baublöcke, nach Form und Art unterschiedliche Bau-Gruppen, die in der Zellstruktur der Stadt in sich abgegrenzte Einheiten bilden. Das Abwägen zwischen der erforderlichen Nähe – sich auszutauschen und dem nötigen Abstand – ein Eigner zu sein, also die „Kunst des Distanzhaltens", ist hier in vielfachen Variationen ablesbar.

Anhand der eingehenden Baublockanalysen im Rahmen der städtebaulichen Voruntersuchungen und eigener Beobachtungen war erkennbar: Blockgröße und Sozialstruktur stehen auch heute noch in einem engen Wechselverhältnis. Die Breitenmaße sind dabei entscheidender als die Längenmaße. Es gibt vier Blocktypen, die Nutzung, Bewohnerart und Verhalten

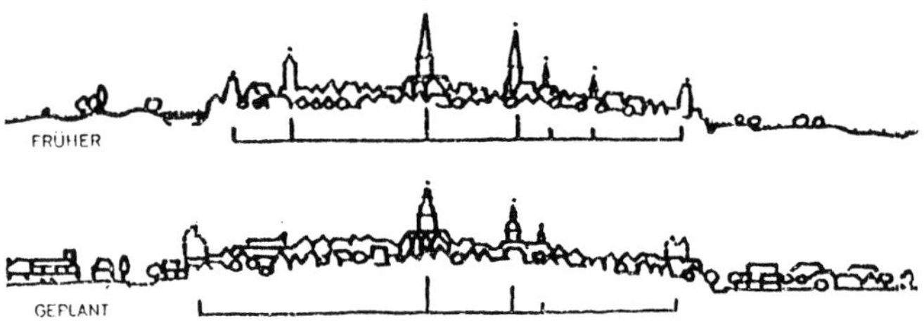

Neben der Erhaltung der sehr „zarten" Stadtsilhouette haben die 5 Torsituationen heute eine zusätzliche visuelle Aufgabe: das „Abheben" der Kernstadt von der übrigen Stadtfläche darzustellen. Dabei sollen keine historischen Torbauten rekonstruiert werden. Schon ein als Sichtzeichen situiertes und herausgehobenes Haus im Eingangsbereich kann die „Torsituation" verdeutlichen

weitgehend bestimmen. Wir fanden heraus, daß Blocksanierungen leichter durchführbar sind, wenn sich innerhalb eines Blockbereiches die Interessenlagen der Bewohnergruppen entsprechen, etwa um eine gemeinsame Zielsetzung zur Ausgestaltung des Innenbereiches zu erreichen. Es sollte deshalb innerhalb einer Baugruppe die „Mischung der Funktionen" behutsam gehandhabt werden.

Wandlungsprozesse aufgreifen

Der laufende Nutzungswandel in den Erdgeschossen – macht's möglich – Do it yourself – läßt auf Grund der heutigen Funktionstrennung Arbeit – Wohnen an Straßenseiten immer mehr Nebenflächen, vor allem Garagen, Lagerräume, und zur Wohn- und Hofseite die schon genannten unterschiedlichsten Hobby- und Freizeiteinrichtungen entstehen. Die Straßenfront außerhalb der Geschäftsbereiche wird damit zu einer Problemzone, da es bei diesem Parzellenzuschnitt kaum noch „nicht-störende" existenzfähige Gewerbebetriebe gibt. Hier stoßen wir auf den „harten Kern" der Stadterneuerung, der durch Fassadenkosmetik allzuleicht übertüncht wird. Nur „konzertierte Aktionen", bei denen die Straße verkehrsberuhigt und der Hof entkernt wird, bieten die Voraussetzung für eine gründliche Erneuerung der Bausubstanz.

Blockerneuerungen

Der erneuerte Baublock wird – wie auch früher – keine starre, nach außen völlig abgeschlossene Baugruppe sein. In seiner Gestaltung vom genius loci inspiriert, durchsichtig, vielgliedrig, in Neubauteilen auch elementiert (s. holländische Beispiele), gesamt in seinen Einzelbauten auswechselbar. Wichtig ist, neben der Ausgestaltung einer „halböffentlichen Fläche" im Blockinnenbereich, daß die Plangrenzen keine strukturellen Einheiten zerschneiden und den Zusammenschluß von Bewohnern fördern. Wir fanden dabei die Maxime bestätigt, daß „der Horizont, der den Raum um den Menschen zu einer endlichen überschaubaren Umgebung zusammenschließt" (O. F. Bollnow [25]), größenbestimmend sein sollte. Wenn es zudem gelingt, Zwangskontakte, Immissionsbelästigung und Verkehrsgefahren weitgehend zu mindern, sind wichtige Vorbedingungen zur Rückwanderung von Altstadtflüchtlingen gegeben. Dem zunehmenden Wunsch nach kreativem Wohnen, insbesondere von jungen Ehepaaren, die Altbauten suchen, „die wir uns zurechtmachen können", sollte in Form einer überörtlichen „Börse für Althäuser" entsprochen werden.

5 Zur Gesamtstruktur

❜ Eine Stadt muß beides besitzen: eine klare Struktur, die sofort begriffen werden kann, und ebenso ein Gefüge, das die allmähliche Bildung eines vielschichtigen und umfassenden Bildes zuläßt (K. Lynch [26]).

Tragfähigkeit ausloten

Schon bei der Aufgabenstellung „Re-Aktivierung – Re-Generierung" des Stadtkerns machte uns die Vorsilbe als Hinweis auf überwiegend Bestehendes nachdenklich. Wir erreichten daraufhin, daß die zunächst fixierte Einwohner-Sollzahl in eine Kannzahl umgewandelt wurde. Damit war, nach unserer Meinung, die wichtigste Aufgabenstellung freigegeben, den Grad der Tragfähigkeit dieser Stadtstruktur aus den Vorgegebenheiten zu entwickeln. Das heißt, die hier bestehenden Notwendigkeiten – die Nöte dieses Stadtbereichs, zu erkennen. „Nach vorne raus ist der Krach, hinten steht der olle Schuppen des Nachbarn vorm Fenster". Die Eingrenzung einer „Negativ-Schwelle" als zumutbarem Belastungsgrad ist vorrangig, bleibt aber solange ein theoretisches Wunschkind, bis diese komplexen Verhaltensweisen soweit durchleuchtet sind, daß praxisbezogene Erfahrungswerte vorliegen. Wie schwer das ist, zeigt sich an dem Faktum: „Erschreckend ist die Fähigkeit des Menschen zur Anpassung an eine kranke Umwelt" (A. v. Haller [27]). Hier fehlt noch weitgehend eine wertende Aufbereitung dieser psychologischen Zusammenhänge, obwohl vielfache Grundfakten innerhalb einzelner Disziplinen vorliegen. Für den Hör-, Seh- und Gehbereich haben wir noch Selbst-Zusammengebasteltes in Gebrauch. Das ist je länger, je mehr primitiv und wird der Aufgabe immer weniger gerecht. Diese Schwellenwerte des „menschlichen Maßstabes" sind für die

Höhe – Rhythmisierung – Diagonale der Altbebauung als maßstabsbestimmende Elemente wurden ermittelt und bereichsweise für Zonenpläne aufbereitet (schraffierte Häuser seit Jahren nicht mehr vorhanden)

Eine maßstäbliche Einfügung von Neubauten – hier ein geplantes kleines Kaufhaus in eine vorhandene Baulücke

Die Stadtkern-Sanierung ist u.a. an den Parzellenbreiten, als Wahrnehmungs-wirksames „Körnungs-Maß", orientiert (in der Hauptstraße 8–12 m).

Stadtkernplanungen wichtiger als das Durchpauken einzelner ohnehin nicht altstadtgerechter Punkte der Bauordnung (u.a. Geschoßhöhen, Abstandsflächen). Zugleich wird durch diese Vorarbeit die tragfähige Basis für die erforderliche „Definition der historischen und kulturellen Werte" (K. J. Krause [28]) gebildet.

Stadtkern als Nabe und Reaktor

Anhand alter Stadtkarten untersuchten wir die strukturelle Entwicklung und ihr Gefüge, vom ersten Zellkern ausgehend. „Diese zähe Wurzel ist der Phänotyp, der existentielle, einen weiteren Zusammenhang der Teile gibt es nicht" (G. Benn [29]). Hier liegen eigenständige Gesetzmäßigkeiten vor, die für unsere zusammenfließenden Städte noch zu wenig erkannt sind. Das gilt um so mehr für den regionalen Städteverbund mit seiner multizentralen hierarchischen Stufung als Raum-Kontinuum, denn letztlich sucht „der Verdichtungsprozeß Standorte, nicht Städte" (G. Isbary [30]). Danach sind Stadtkerne mehr als nur Komplementärbereiche ihrer Einflußzonen. Wir versuchen, hier ein Stück mit Analogien weiterzukommen, z.B. mit einer „Rad-Nabe", die trotz des Anscheins, „ruhender Pol" zu sein, einerseits Widerlager für Druckkräfte von außen ist, damit Abstützfunktionen zu verarbeiten hat, andererseits je nach Drehgeschwindigkeit und Auswuchtung Fliehkräfte auf engstem Raum unter Zugbeanspruchung zu bündeln hat. Das alles ist wieder abhängig von der Art der Antriebskräfte und wie weit eigene oder Fremd-Impulse überwiegen. Der Impuls-Umschlag auf die verschiedenen Funktionsbereiche führt nur ab einer bestimmten Komprimierungsstufe zu „Kettenreaktionen"; deshalb der Vergleich mit einem „Reaktor".

Für die praktische städtebauliche Arbeit ergibt sich aus diesen Überlegungen, daß der Modellcharakter, den die Stadtkernplanung – strukturell, funktional und gestalterisch – auch gegenüber den anderen Stadtbereichen wahrnimmt, dazu führen sollte, die Priorität für Altstadterneuerungen höher einzustufen. Es wurde das erste Sanierungsgebiet deshalb zentral im Kernbereich vorgesehen, um den ersten Erneuerungen auch volle Ausstrahlungsmöglichkeiten zu geben. Im gleichen Sinne ist, von der Entfaltungs-Nabe Marktplatz – Kirchplatz ausgehend, das speichenartige Achsensystem als Wege- und Verknüpfungsnetz mit seinen Funktionsschwerpunkten zu den umgebenden Stadtteilen geplant.

RAHMENPLAN
Altstadt Wiedenbrück
1973

Das Sanieren eines
Stadtkerns ist kein
Mumifizieren von alten
Steinen und Hölzern.
Es geht um die
zeitlose Substanz
des Maßstabes,
denen die Materialien
mit den baulichen
Mitteln ihrer Zeit
dienen.

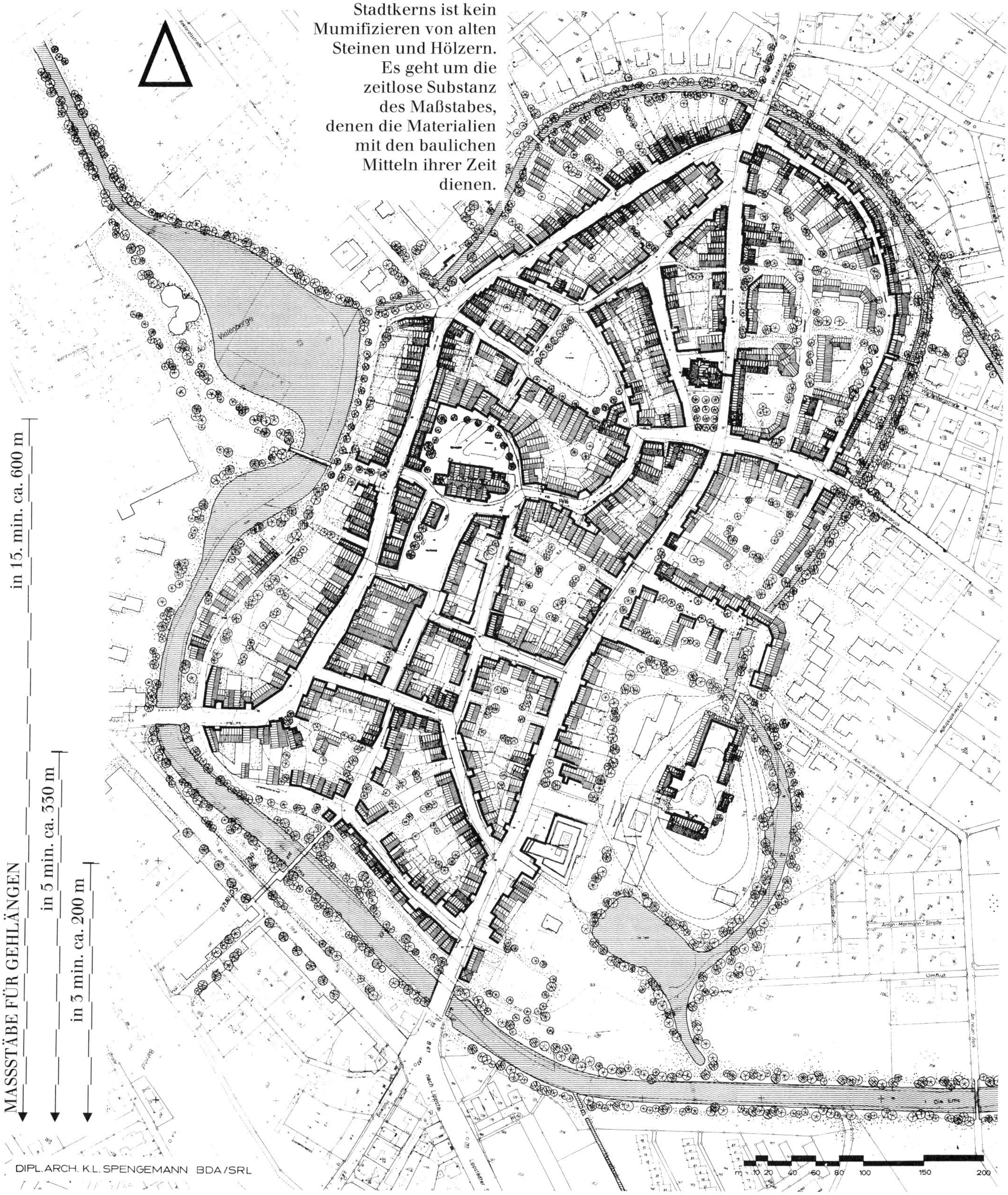

6 Rückgrate einziehen

❜ Formen, das heißt härten, kalt machen, dem Weichen Stabilität verleihen (G. Benn[31])
❜ Das Erlebnis der Bewegung durch markierte Punkte zu gliedern und den Rhythmus, der bereits von den Vorvätern gesetzt worden war, nachzuvollziehen (E. N. Bacon[32]).

Eine weitere Hauptaufgabe besteht darin, die ausgeuferte, nur noch locker verbundene Stadtstruktur von innen heraus zu festigen. In diesem Stadtkern ist noch deutlich das jahrhundertelang gewachsene Strukturmuster erkennbar. Wir versuchen, es da, wo es verwischt ist, planerisch wieder freizulegen, auch durch neue „Aktivitäts-Achsen" zu ergänzen. Das tragende Strukturgerüst, rektangulär im Fahrstraßen- und radial im Fußwegesystem ausgerichtet, führt an seinen Gelenkstellen und Verknotungen – als strategische Punkte des Stadtgefüges – „von selbst" zur „Ankristallisation" der entsprechenden Funktionen. Auf diese Weise wird für die zyklische Wellenbewegung der sich ständig neu ausbalancierenden Funktionsabläufe ein flexibler Grenzverlauf offengehalten. Jedoch liegen diese atektonischen Strukturelemente nicht an der Oberfläche, „Ich kenne keine Logik der Falten eines Kleides" (St. Exupéry[33]). Erst aus laufenden Ortsvergleichen (u.a. den Einkaufs- und Freizeitgewohnheiten) ist ihr Impulsverhalten zu definieren und zu lokalisieren. Dabei finden wir immer wieder bestätigt, in wie hohem Maße Funktionsabläufe von der strukturellen „Kanalisierung" nicht nur stimuliert werden, sondern abhängig sind. Im Aufspüren und Ausprägen dieser individuellen Leitstrukturen einer Stadt liegt die rahmenbildende Grundlage für alle weiteren Planungsschritte und zugleich ein Steuerungsmittel für die Stadterneuerung.

7 Unter dem Strich

❜ Es sind psycho-physisch verknotete, komplexe Probleme zu bearbeiten (G. Benn[34]).

Direkte grobe Fehleingriffe auf den Stadtkern werden heute in den meisten Fällen vermieden. Schwierig wird es schon bei den indirekten Folgewirkungen, etwa dem neuen Einkaufsmarkt im Weichbild des Zentrums. Schlimmer ist die Aushöhlung der Substanz durch kleine und kleinste Bauweltschäden. Der unnötig gefällte Baum, die geklotzte Werbung, die selbstgebastelte Hauserneuerung. Hier kommen auf zwei rechtzeitig gestopfte Löcher mindestens drei ungelenkte. Der Schadenspegel steigt also noch an. Obwohl die meisten Bürger im Unterbewußtsein noch ein besonderes „Mitgefühl" für ihre Altstadt – damit auch unterschwellig für die Bedeutung einer Zentralität – besitzen, erwartet der Bürger die peinliche Einhaltung einer quantitativ totalen Stadtbewältigung bis in die letzte Straßenecke einer Randzone. Damit wird der Stadtkern vom früheren „Nabel der Welt" zur Minifläche der Gesamtstadt relativiert. „Wenn wir als Stadt nur diese Aufgabe hätten", wird dem Planer deshalb oft entgegengehalten. Nach unseren bisherigen Erfahrungen liegt im Abbau dieser egalisierenden Diskrepanz der Ansatz für die Erneuerung. Das ist insbesondere durch eine qualitative Anreicherung der Kernsubstanz möglich. Dazu einige zusammengefaßte Vorschläge:

- Im örtlichen Einsatz muß mehr Zeit für die Erkundung der existentiellen Problematik des einzelnen Falles aufgewandt werden. Zugleich sind dabei die typischen Verhaltensmuster zu sondieren und planungsrelevant zu machen. Mit dieser Arbeit wächst auch eine Vertrauensbasis, welche erst die Voraussetzung für ein breiteres „Mitmachen” des Bürgers bildet und die Verantwortung für die Entscheidungsträger erleichtert.

- Der überörtlichen Einwirkung kommt vor allem die Aufgabe einer geschärften Bewußtseinsbildung zu. Die angelaufene große Thematik: „Fehlende Identifikation durch Umweltverfall” kommt beim Bürger an. Die Erkenntnis dämmert, daß sich totale Perfektion und volle Identifikation gegenseitig ausschließen, also ein Preis für „Selbstermöglichung” zu zahlen ist. Gesamt muß diese Breitenarbeit fachlich jedoch besser fundiert werden. Das ist aber nur möglich, wenn auch von fachkundiger Seite aus ein didaktischer Umsetzungsprozeß eingeleitet wird.
- Im fachlichen Bereich selbst liegt, weil Stadtkernplanung eigenen Ansätzen und Methoden folgen muß, ein großer Nachholbedarf vor. Die „interdisziplinäre Verständigung”, d.h. die Herstellung von Querverbindungen, ist hier zunächst wichtiger, als weitere Tiefbohrungen im isolierten Spezialbereich. Um kurzfristig erste Querfäden zu spannen, sollte ein strategisch gut situiertes kleines Verbundnetz von „Altstadtplanern vor Ort” eingerichtet werden. Dazu bedarf es oft nur einer regionalen Zusammenfassung bisher voneinander isolierter Kräfte, die zudem meist an gleichgelagerten Problemen knobeln. Eine erste, koordinierte Arbeit könnte das Aufbereiten typischer Grundfakten anhand erkennbarer Übereinstimmungen, z.B. für Baublockentkernungen, sein. Ohne die „Loi-Malraux” zu kopieren, sollten diese (nach Möglichkeit freischaffenden) Planer als verlängerter Arm der zuständigen Bezirksregierung in unmittelbarer Zusammenarbeit mit den Städten für eine begrenzte, zeitgebundene Aufgabe tätig sein. Durch diese zweiseitig orientierten Bindeglieder entsteht keine zusätzliche Institution, jedoch eine durch Arbeitsteilung höhere Planungseffizienz und ein größerer Qualitätsanspruch. Beides kommt den Städten letztlich zugute. Ohne kürzere Drähte für den laufenden Erfahrungsaustausch geht es nicht, nachdem wir inzwischen einsehen, daß in sich abgeschlossene „Planwerke” allzu kurzlebig sind und Stadterneuerung – entlang einer Zielstrategie – nur ein ständiger „Balance-Akt”, in Form laufender Einpendelungen neuer Fakten mittels kleiner Schritte sein kann.

Altstadtreform setzt dann ein, wenn das Vakuum-Denken – als Suche nach leeren Bauflächen – abgeblockt wird, und das Ringen um den dort haushoch angefüllten Stoff beginnt. „Ein jeder Stoff hat seine Wahrheit, welche von unerschöpflichem Reichtum, gleichzeitig aber von entschiedener Besonderheit und allein ihm selbst eigentümlich ist. Gibt man ihm eine fremde zu halten, läßt er sie einfach fallen” (P. Hacks [35]). Auf dieser Basis wird die Pflege des Wurzelwerks, ohne die unsere auswuchernden Stadtmassen austrocknen, wieder sinnvoll. Die Zielrichtung ist: „Das Prinzip der Individuation – anstelle der von außen gesetzten Gestaltanweisung” (H. Scharoun [36]). Anscheinend wächst dafür das Verständnis. Es ist die Voraussetzung zum Überwinden der jetzigen Durststrecke, die auch von seiten der Planung ein gut Teil mit abgekürzt werden kann.

4 Teil–Nehmen

1
L. Snozzi

› Städte sind Orte der kollektiven Erinnerung.

2
f. Roger

› Was nicht in der Gemeinsamkeit gereift ist,
läßt sich nicht aufdrängen.

3
Frei Otto

› Die Integration des natürlichen Menschen in seinen Umraum ist unsere neue Aufgabe.
Dazu gehört eine bessere Kenntnis der natürlichen Prozesse,
die zu den Gestalten führen,
aus denen sich das Gesamtbild der Natur zusammensetzt.

4
H. B. Bahrdt

› Mit falsch gebauten Städten kann man eine Demokratie genauso ruinieren,
wie durch die Errichtung eines totalitären Regimes.

5
P. Rumpf

› Der Architekt steht mit seiner Architektur in unserer Gesellschaft nicht isoliert und neutralisiert, sondern in ständiger Verantwortung dem Nicht-Architekten gegenüber.
Das muß er sich gefallen lassen, ob ihm das paßt oder nicht.

Wahrnehmen ist mehr als ein passives Beobachten. Wahrnehmen schließt aktive Teilnahme mit ein. Einer Teilnahme an der Architektur kann sich im Unterschied zu den anderen Künsten, niemand entziehen. Dieser Binsenwahrheit sollten wir näher auf den Grund gehen und versuchen, daraus Kapital für die Architektur zu bilden.

Nach meinen Erfahrungen ist die Anteilnahme am städtebaulichen Geschehen in höherem Maße vorhanden, als allgemein angenommen wird. Jedoch kommt diese Anteilnahme weniger verbal zum Ausdruck, weil der dazu gehörige Transferprozeß ohnehin schwierig ist und meist kaum Übung darin besteht. Wird aber dem Gefühl freier Lauf gelassen, werden überraschend klare, oft sehr persönlich zum Ausdruck gebrachte Ansichten dem gebauten Umraum gegenüber geäußert.

Was fehlt, sind weniger die Grundvorstellungen von Architekturwirkungen, sondern allgemeine Grundkenntnisse über architektonische Zusammenhänge. Latent sind dazu Ansätze vorhanden. An sie ist anzuknüpfen.

So wie es in der Musik ein breites Interessenspektrum gibt, so sollte dies auch für die Architektur als existentielle Umraumgestaltung auf weite Sicht erreichbar sein. Ich bin der festen Ansicht, daß eine derartige Zielsetzung nicht utopisch ist; vorausgesetzt Architektur wird von der dazu aufgeschlossenen Allgemeinheit nicht (wie bisher) unter dem Gesichtspunkt eines exklusiven Expertenwissens, mit elitären Kunstansprüchen gesehen.

Dazu ist erforderlich, daß vom Kindergarten bis zur Hochschullehre und Forschung über die wahrnehmbaren Wirkungen von Architektur Kenntnisse und Erfahrungen verbreitet und vertieft werden. Die Medien stellen heute dazu den wichtigsten Multiplikator dar.

Die Sensibilisierung, vierlerorts durch Negativerlebnisse verstärkt, ist so weit ausgeprägt, daß eine konsequente und eine nach Interessengruppen didaktisch gezielte „Aufklärung", nach meinen Erfahrungen viele offene Türen aufstößt. Ein praktikabler Einstieg ist die intensivere Teilnahme des Bürgers an der Mitgestaltung seines Umraumes. Hier besteht ein Defizit an Demokratie. Dazu einige Anmerkungen, die sich z.T. auf die Planung Wiedenbrück (s. 3.4) beziehen.

Städtebau ist ein vielseitiger Prozeß. Daß es dabei um konkrete Menschen, mit konkreten Interessen geht, wird allzuoft verdrängt.

„Baufürsorge" als Teil der Planung

Im Verlauf wöchentlicher Sprechstunden über mehrere Jahre mit meist anschließenden Baubesuchen stellte sich heraus, daß Stadterneuerung mit längerem Atem angegangen werden muß. Tieferes Eindringen in Ausgangspositionen und Interessenlage der Bewohner ist nötig. Nur so läßt sich der ein bis zwei Jahre dauernde Prozeß der Bewußtseinsbildung beim Bürger gegenüber einer neuen Planungssituation synchronisieren. Das Einzelgespräch hat dabei seinen besonderen Wert. „Nur wer allein kommt, wird überall angeredet und ins Gespräch gezogen". Auch „ist Geduld für das Kleine, Dürftige und Trockene" (W. H. Riehl [7]) zu üben, das oftmals unerwartete Aufschlüsse ergibt, eigene Fehler erkennbar macht, sogar neue Planungsgedanken zum Vorschein kommen läßt. Selbstverständlich ist eine Eingrenzung der Gespräche erforderlich.

Allgemein hat der Planungsverlauf die zeitliche anstehende Thematik zu bestimmen, wobei eine frühestmögliche und gründliche Information dem Bürger die Sorge nimmt, daß er „überfahren" wird.

Schallmauer des Eigeninteresses durchbrechen

Die Beratungen mit den Bürgern machen deutlich: nur über den Umschlagpunkt der ernstgenommenen eigenen Interessen, die meistens erst bis an den harten Kern existentieller Fragen freigelegt werden müssen, läßt sich das wenig ausgeprägte Verständnis für Allgemeinbelange wecken oder vertiefen. Immer wieder wird bei derartigen Gesprächen spürbar: „Unmerklich hat das Vertrauen auf institutionelle Verfahren, die Abhängigkeit von der Gutwilligkeit des einzelnen abgelöst" (J. Illich [8]).

Aktionsfelder aufbauen

Durch die Einzelbesprechungen ist leicht festzustellen, wo sich die Aktivkräfte, aber auch die aus vielerlei Gründen Planungs-Apathischen befinden. Wir versuchen, durch blockweises Zusammenführen das meist sehr einseitige Sich-Kennen auszuweiten und dabei oft tiefsitzende nachbarliche Voreingenommenheiten abzubauen. Eine weitere Aufgabe besteht darin, einen vom Baublock gewählten „Beirat" zu bilden, deren Vertreter paritätisch der Anwohnerschaft entsprechen (z.B. Eigentümer, Mieter, Gewerbetreibender, Hausfrau, Jugend und Alter). Dieser sollte dann in Aktion treten, wenn durch ausreichende Information der Boden dazu aufbereitet ist. Denn bei dieser konstruktiven Mitarbeit geht es schon um ein Abwägen oft sehr unterschiedlicher Interessen, was Objektivität und Stehvermögen voraussetzt. Nur durch die sachliche Arbeit einer derartigen bürgernahen Institution ist eine brauchbare Hilfe für alle nachfolgenden Entscheidungsgremien gegeben.

Die Altstadt-„Betroffenen" als kleine Minderheit einer Gesamtstadt – hier spricht man von den „Siechen und Griechen", können nicht auf ihrem Rücken die Fährnisse einer Stadterneuerung tragen. Bemühungen, Bürger die nicht betroffen sind z.B. über themenbezogene Arbeitskreise zu erreichen, werden von verschiedenen Seiten aus unterstützt. Eine Arbeitsgemeinschaft der ortsansässigen Architekten hat sich in diesen Jahren in Verbindung mit uns gebildet. Wobei wir in Arbeitsteilung gemeinsam einen interessanten Umbau durchführten.

Bei allen Versuchen, „Mitmacher" zu erreichen, sollte man nicht Idealvorstellungen einer Stadtgestaltung an die Wand malen, sondern „auf dem Teppich" der unterschiedlichen Interessenlagen der Bürger bleiben und hier anknüpfen. Nur auf dieser pragmatischen Basis läßt sich (wenn es gelingt) die zweite Stufe eines mehr sachbezogenen Allgemeininteresses aufbauen. Voraussetzung dazu sind jedoch Vermittler, welche in der Lage sind, Interessen und Kenntnisse, aufzustöbern und zu aktivieren. Leider ist die Zahl dieser umweltkundigen Mittler noch zu klein. Diese Lücke muß aus dem brachliegenden Potential bisher noch zu wenig informierter Bürger gefüllt werden. Das sollte mit Nachdruck in den nächsten Jahren, vor allem über Volkshochschulen geschehen.

Planer vor Ort

Wenn bürgernahe Planung ein laufender gegenseitiger Informations- und Anpassungsprozeß sein soll, muß er zeitlich und räumlich so dicht wie möglich stattfinden. Die Konsequenz ist: der verantwortliche Planer sollte die Zeit und Möglichkeit haben, zumindest in der Anlaufphase, auch diese vielschichtige Alltagspraxis durchzustehen. Nur aus der Nähe lassen sich die meist zu kurz gekommenen Alternativen entwickeln, vor allem die oft unvorhersehbaren kleinen Schritte entscheiden, am besten in unmittelbarer Zusammenarbeit mit der Bauaufsicht. Auf diese Weise läßt sich eine Vielzahl verwaltungstechnischer Bagatellfälle einfacher und schneller erledigen. Der Bürger dankt dieses in den meisten Fällen durch vertrauensvolle Offenlegung seiner eigentlichen Probleme (die erst seine baulichen Anliegen auslösen). Von da ist in Rückkoppelung der Weg oft kurz bis zu den Grundfragen der allgemeinen Planung.

Bürgernäher planen

Stadterneuerung braucht mehr Planungsenergien für die Arbeit an der Basis, denn hier findet die unerläßliche Transformation statt, welche erst die akkumulierenden Energien für das „Mitmachen" beim Bürger erzeugt. Ohne diesen Einsatz laufen sich auch wertvolle städtebauliche Bemühungen heiß oder versickern lautlos.

Mit Expertenwissen und Können allein kommen wir heute nicht weiter. Wir brauchen auch den aufgeschlossenen, mit gesundem Menschenverstand begabten Mitbürger, der noch bereit ist, für seinen Umraum Mitverantwortung zu tragen.

Voraussetzung für eine Identifizierung des Bürgers mit seinem Umraum sind dort Werte, die ihm etwas bedeuten. Nur diese vermögen (s)ein länger andauerndes Interesse auszulösen. Diese Umraum-Bedeutungen sollten von einem möglichst breiten interpersonellen Konsens ausgehen.

In dem Aufspüren und Abstecken bedeutungsträchtiger Umräume sehe ich einen vordringlichen konkreten ersten Schritt. Es geht dabei um „die kleinen überschaubaren Lebenskreise", wie sie der Bundespräsident R. v. Weizsäcker 1990 in seiner Weihnachtsansprache bezeichnete.

In jenem kleinen Weltausschnitt wird (in der Regel) Umsicht geübt. Diese „kleine Heimat" gilt es, als Mosaikstein des Städtebaus in Übereinkunft mit dem dort ansässigen Bürger zu reaktivieren.

Analyse und Eingrenzung von Bedeutungsflächen und Bedeutungszentren gehören zu den Aufgaben einer verantwortungsvollen Stadtplanung.
(Aus dem Ausstellungskatalog
„Deine Stadt Bielefeld – ein Stadtteil" 1989
Projektgruppe: Prof. Dr. F. X. Kaufmann
Universität Bielefeld)

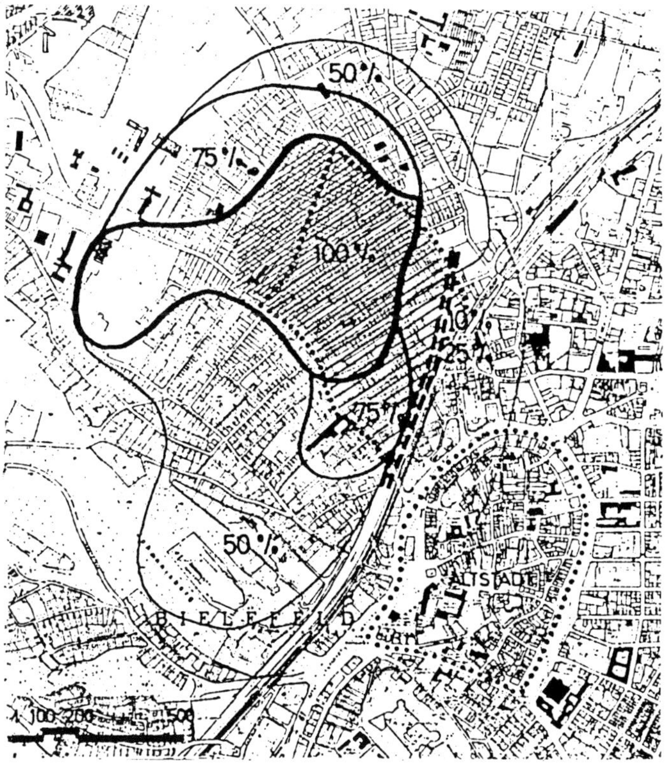

Bewertung ausgewählter Eigenschaften durch die Bewohner	trifft zu (%)	trifft z. T. zu (%)	trifft nicht zu (%)
Innenstadtnähe	99,0	1,0	—
Nähe zu Parks und Grünanlagen	78,6	14,6	6,8
ruhige Lage	26,8	32,7	40,5
gute Luft	28,8	28,8	42,4
Nähe zu Läden	85,0	9,7	5,3
Kinderfreundlichkeit des Gebietes	13,9	22,4	63,7
gute Kontaktmöglichkeiten für alte Leute	54,1	29,4	16,5
guter Zustand der Häuser	29,8	50,2	20,0
günstige Mieten	46,4	33,7	19,9
Heimatgefühl	61,0	23,4	15,6
gute Wohnungen	62,2	28,9	8,9
gute Erreichbarkeit der Arbeitsplätze	72,3	21,7	6,0
viele Bekannte im Gebiet	45,8	25,4	28,8

Der Einzugsbereich liegt nicht geometrisch, sondern hodologisch meist innerhalb eines etwa 5-Minuten-Umkreises. Zur stufenweisen Eingrenzung dieses Bereiches sind variable, praxisnahe Methoden zu entwickeln, wie es das nebenstehende großstädtische Beispiel andeutet. In kleineren Orten sind die Verhältnisse zur Abgrenzung offensichtlicher und damit einfacher durchführbar.

4 1 Bürger–Beteiligen

1
J. W. v. Goethe

› Der Mensch, der sich in die große, weite Welt gesetzt sieht, umzäunt, ummauert sich eine kleine drein und staffiert sie aus nach seinem Bilde.

2
O. F. Bollnow

› Erst durch die Lokalisierung an einer bestimmten Stelle im Raum kann auch das Ich diejenige Festigkeit gewinnen, sich selbst als etwas Identisches festzuhalten.

3
K. Lynch

› Städte sind die Wohnungen vieler Gruppen – und nur mit dem differenzierten Verständnis der Vorstellungsbilder von Gruppe und Individuum kann eine Umwelt gestaltet werden, die alle befriedigt.

4
R. Ostertag

› Kultur, das ist Bemühen, zur Entfaltung bringen, was in der Natur und im Menschen an Kräften angelegt ist.

5
W. Pehnt

› Wenn Heimat mit Wiedererkennbarkeit zu tun hat, so trägt jeder seine verlorenen Landschaften in sich ... ein Stück Wildnis, auf ein Revier für die altertümlichen Einzelwesen in uns.

6
Thesen des BDA

› Eine lebendige Stadt besteht aus lebendigen Stadtteilen. Die Identität des Wohnorts als „Heimat" hat besondere Bedeutung in Zeiten der beruflichen Mobilität und Städtekonkurrenz.

■ Aus den Erfahrungen als Stadtplaner entstand Anfang der achtziger Jahre die Idee, eine Bürgermitbeteiligung zu motivieren. Zielsetzung: Den Bürger seinen Lebensraum detaillierter erkunden und einschätzen zu lassen. Ihn durch sein unmittelbares Interesse und seine örtlichen Kenntnisse (partiell) mit in die Planungsabläufe einzubeziehen, um damit das Verständnis über städtebauliche Zusammenhänge und Verfahrensabläufe zu wecken und zu vertiefen.

Damit wurde in Bielefeld 1983 begonnen. Der ganze Stadtbereich (258 qkm, ca. 300000 Einwohner) mit seinen 15 Stadtbezirken konnte noch nicht flächendeckend bearbeitet werden. Bisher läßt sich feststellen: Die Eingrenzung von Umräumen als kleinste Zentralitätsstufe macht keine Schwierigkeiten, ebenso die technische Abwicklung, die von engagierten Bürgern laufend verbessert wurde. Durch hilfreiche Zusammenarbeit mit der Bauverwaltung wurden bezirksweise Kartierungsunterlagen beschafft. Problematisch ist, den „guten Willen" von Bürgern für eine (bisher) unentgeltliche Mitarbeit über einen Zeitraum von 2 bis 3 Jahren zu erwarten.

(Die nachfolgende, leicht gekürzte Erläuterung erschien in der DBZ [7]) ■

FLÄCHENBEDEUTUNG
Modellversuch zur Ermittlung von Planungsgrundlagen

Wesentliche Bereiche unserer sinnhaft wertenden Wahrnehmung kommen im bisherigen Verfahren der Bauleitplanung zu kurz. Deshalb ist es erforderlich, daß stützende Verfahren zur besseren Gestaltung des Umraumes entwickelt und erprobt werden.

Menschliche Kontakte sind heute mehr als

früher gegeneinander abgeschottet. So wissen wir viel zu wenig darüber, was uns und unseren Nachbarn im gemeinsamen baulichen Umraum etwas bedeutet. Wissen wir, ob diesen das gleiche Objekt ebenso interessiert wie uns? Gibt es überhaupt noch Übereinstimmungen in der Einschätzung des Umraumes?

Wer bauliche Zusammenhänge mit aufgeschlossenen Bürgern am konkreten Objekt erörtert, stellt meist mit Erstaunen fest, wie ähnlich die Werteinschätzungen auch heute noch sind.

Aus diesen positiven Erfahrungen heraus ist der hier dargestellte Modellversuch entstanden, den Bürger zu veranlassen, (s)einen „Flächenbedeutungsplan" als Ergänzung zum „Flächennutzungsplan" zu entwickeln.

Nutzung und Bedeutung

Dem Zeitgeist entsprechend wurde nach dem Kriege die Nutzung von Flächen zur Planungsmaxime erhoben. Wie weit Nutzung über das Nützliche und Nutzbringende hinaus auf Eigennutz mit zielt, auch Abnutzung mit eine Rolle spielt, mag dahingestellt bleiben. In jedem Fall zielt „Flächennutzung" auf reinen Gebrauch hin, auf die rationale Feststellung, daß Bauwerk und Boden in ihrer Funktion je nach Interessenlage materiell verwertbar und verfügbar sind.

Zu einer ganz anderen Denkkategorie gehört der Begriff Bedeutung. Nachdem die Sensibilität gegenüber dem Umraum wächst und wir beginnen, die um uns angehäuften „Nützlichkeiten" näher unter die Lupe zu nehmen, fragen wir danach, was sie uns eigentlich bedeuten. Dazu gehört, die ausgewiesenen oder geplanten Nutzungen auf unsere Wertvorstellungen hin zu prüfen.

Es zeigt sich dabei, daß wir in zunehmendem Maße unter „die Diktatur der Sachwerte" geraten sind „(Sinn-)Werte schienen Wegzehrung für brotlose Zeiten, Tugenden der Besitzlosen" (G. Höhler[8]). Ist uns deshalb der Blick für sinnhaft-gefühlsträchtige Werte, denen wir jetzt nachtrauern, oft verstellt?

Es mangelt uns an „Gehäusen für unsere Gefühle" (H. Adrian). Das gilt nicht nur für Gebäude, sondern ebenso für unsere tägliche Umgebung. Sie sollte sinnfällige Bedeutungen vermitteln, die u.a. Erinnerungen auslösen und Entdeckungen veranlassen. Voraussetzung ist, daß wir mit unseren Planungen näher an die Vorstellungswelt des Menschen heranreichen.

Aufgabe

Daß der Flächennutzungsplan vielfach zu einem „kommunalen Roulettespiel" (DAB 1/85, S. 49) verkommen ist, liegt mit daran, daß im Vorfeld der Planung zu wenig Substanzen, d.h. Flächen von Objekten, die dem Bürger etwas bedeuten, dingfest gemacht sind. Hierbei geht es weniger um die herausragenden Postkartenansichten eines Ortes, als vorrangig um die noch intakten Zusammenhänge zwischen Landschaft und Bauwerk oder deren bauliche Ensemble bzw. die ortstypischen Einzelelemente.

Ebenso zeigt sich immer mehr, daß neben den positiv zu wertenden Flächen auch negativ einzuschätzende ihren aktuellen Bedeutungsrang haben. Eine Karte mit zugeschütteten Mülldeponien, z.B. im Schichtenplan mit positiven Flächen zur Deckung gebracht, fördert mit Sicherheit Überraschendes zutage.

Der Bürger kann aus der genauen Kenntnis seines Umraumes diese Arbeit am besten leisten. Diese differenzierte Aufgabe ist nur zu erfüllen, wenn nicht interessen-politische Wertungen dabei im Vordergrund stehen, sowie keine unmittelbare Betroffenheit vorliegt.

Wir sollten das Gewicht einer von Bürgern

miterarbeiteten Bestandsaufnahme als Unterfutter der Planung nicht zu gering ansehen. Interessenkollisionen lassen sich leichter vermeiden, wenn für jedermann einsehbare Fakten, z.B. der Bedeutungsrang eines Gebäudeensembles, schon vor Beginn einer Planung auf dem Tisch liegen und bei Änderung der Interessenlage sachlich mit erörtert werden können.

Durch das Aufspüren der Charakteristika einer Stadtlandschaft wird das notwendige Eigenleben der einzelnen Stadtteile gestärkt und den kommunalen Bezirksvertretungen damit eine ihnen zustehende Aufgabe erleichtert.

Wie im einzelnen diese vom Bürger eingebrachte Bestandsaufnahme durchgeführt wird, ist nachrangig. Wichtig ist, daß diese „Spurensicherung" in einer offenen Form stattfindet. Jeder Interessierte kann daran mitwirken. Die Dokumentation ist jederzeit ergänzbar oder reduzierbar zu gestalten.

Entscheidend ist, daß aus diesem bürgernahen Weg der gezielten Mitbeobachtung keine zusätzliche Planungsinstitution wird.

Einfachheit der Methodik und fachliche Verständnisnähe sind mit entscheidend für einen erfolgversprechenden Anfang. Allerorts gibt es Mitbürger – alte und junge –, die an einer solchen Arbeit Interesse finden, oft überraschende Kenntnisse mit einbringen und sich für eine Mitarbeit zur Verfügung stellen.

Zielsetzung

Beim Flächenbedeutungsplan geht es um eine „Grundausstattung" für Bebauungspläne durch einen vom Bürger vor der Planung eingeholten Konsens. Daran findet diese Arbeit letztlich ihren Zeit- und Kompetenzrahmen. Wie weit sich zusätzlich aus der Suche nach charakteristischen Bau- und Grünwerten Gestalttypologien im Sinne einer Formbestätigung ergeben, wird sich herausstellen.

Ist erst ein Netz von verschiedenartigen, dicht gelagerten Einzelobjekten auf dem Plan ablesbar, sind deren Flächen leicht zu einem Bereichssplan zusammenzufassen. Es lohnt sich, dann auch andere Disziplinen, etwa Historiker oder Biologen, mit hinzuzuziehen. Gegebenenfalls können „Lehrpfade" für verschiedene Bedeutungsbereiche angelegt werden.

Ein Flächenbedeutungsplan läßt sich nicht als eine kurzfristig geplante Initiative durchführen. Sein Gelingen, hängt zum einen mit davon ab, wie weit wir unsern Umraum nur als funktional nutzbare Güteransammlung oder als einen sinnerfüllten Lebensbereich ansehen. Zum anderen hängt es auch davon ab, wie weit sich die Bürger als „mitbestimmende Autoren" (H. Adrian) ihres Umraumes verstehen.

Flächenbedeutungsplan – Bielefeld

Nach einer im Stadt-Bezirk Senne erprobten Methode wurde begonnen, die vorfixierten Umräume zu erkunden. In einer offenen Gruppe, in z.T. wechselnder Zusammensetzung, wurden die über Stadtteilzeitungen erbetenen Objektvorschläge auf ihre charakteristischen Bedeutungen hin vor Ort untersucht.

Die anfängliche Unsicherheit im Einschätzen konnte bald überwunden werden, vor allem, wenn je nach Fall Fachleute (Biologe, Architekt, Historiker) zur Bewertung mit herangezogen werden konnten. Es ergaben sich aus dieser Naherkundung bisher neun Kriterien, für die leicht einprägsame Zeichen entwickelt wurden. Die ausgewählten Objekte wurden mit den jeweiligen Zeichen in den Flächenbedeutungsplan eingetragen. Der Stadtplan (1:20000) mit Koordinaten und Straßennamen diente zur leichteren Orientierung als Unterlage.

In einem anderen dichter bewohnten Stadtbezirk sind inzwischen durch Eintragungen in Folienpläne die verschiedenen Kriterien geson-

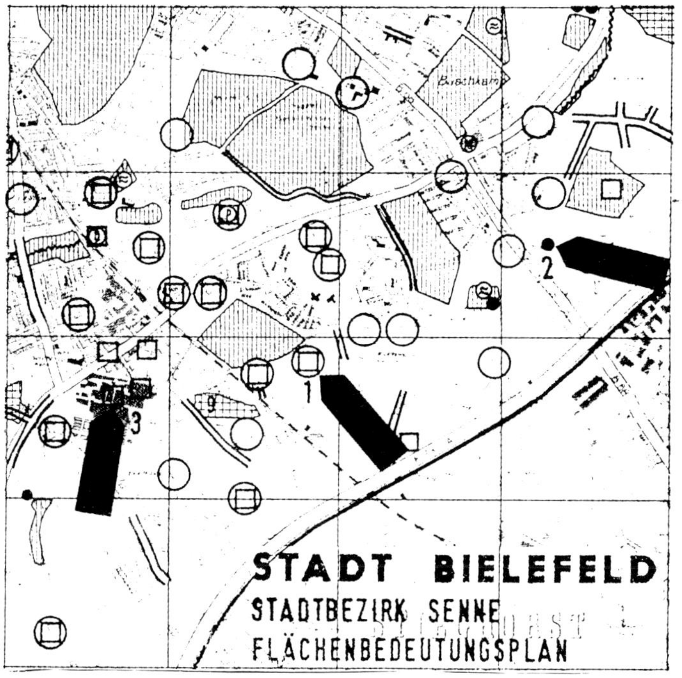

- I Biotopkataster
- II Landschaftsräume
- III Straßenbegleitgrün
- IV Baumgruppen
- V Einzelbäume
- VI Bauwerke mit Bäumen
- VII Bauwerke
- VIII Wasserläufe
- IX Teiche und Tümpel
- X Natur-, Bau- und Bodendenkmäler

Flächenbedeutungsplan – Ausschnitt

1 Bauwerke mit Bäumen

2 ● Einzelbäume

3 □ Bauwerke

Nach Kriterien, die für einen Ortsteil jeweils neu zusammengestellt sind, werden die bürgerseits ausgesuchten und mit Fachleuten gemeinsam gefilterten Objekte kartiert.
Sie dienen, mit der Empfehlung der örtlichen Bezirksvertretung versehen, der Information im Ortsgebiet und als zu erörterndes (Basis)-Material künftigen Bebauungsplänen.

(Statt Farbfotos) Skizzen der mit Pfeil angezeigten Beispiele (gezeichnet von E. Häussermann)

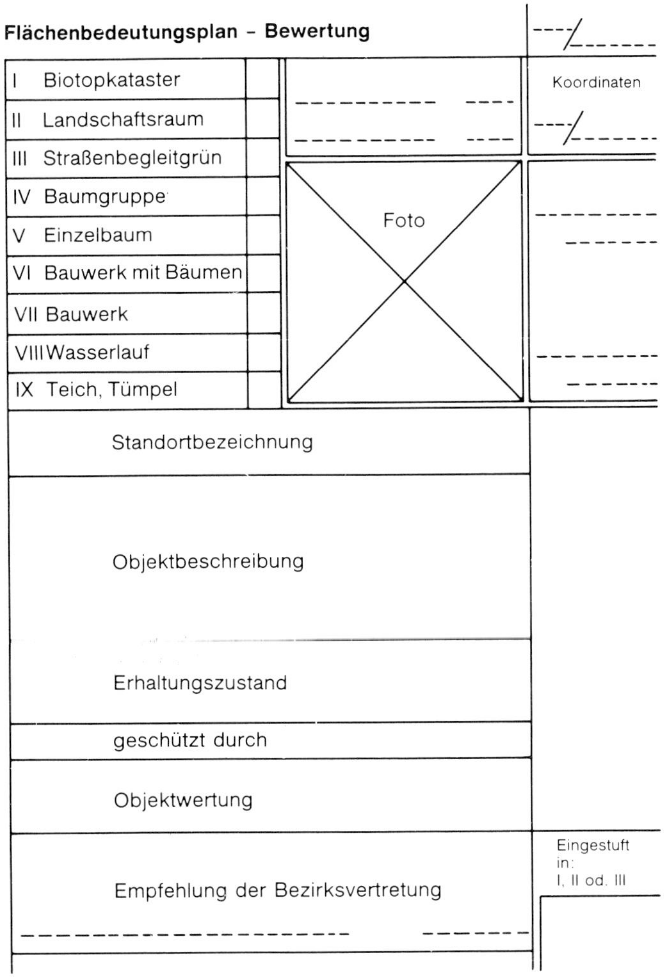
Flächenbedeutungsplan - Bewertung

I Biotopkataster
II Landschaftsraum
III Straßenbegleitgrün
IV Baumgruppe
V Einzelbaum
VI Bauwerk mit Bäumen
VII Bauwerk
VIII Wasserlauf
IX Teich, Tümpel

Koordinaten

Foto

Standortbezeichnung

Objektbeschreibung

Erhaltungszustand

geschützt durch

Objektwertung

Empfehlung der Bezirksvertretung

Eingestuft in: I, II od. III

Muster eines Bewertungsblattes für ein ausgewähltes Objekt

Zur Schärfung des Urteilsvermögens erfolgt für jedes Objekt, anhand einer fachlich fundierten Objektanalyse, die Einstufung nach drei Wertgruppen zusammen mit den Bürgern.

dert erfaßt, und können damit gleichzeitig zur Deckung gebracht werden.

Anhand eines Bewertungsblattes wird jedes Objekt nach drei Stufen eingeschätzt. Die Wertungsstufen I-II-III haben sich als übersichtlich und ausreichend erwiesen.

Der Bezirksvertretung Senne wurde 1985 als erstem Stadtbezirk vom „Förderkreis Stadtqualität" der Flächenbedeutungsplan (z.Z. 160 Objekte) überreicht. Er ist durch Beschluß dieser Vertretung an den Rat der Stadt weitergeleitet worden, um ihn in Form einer Empfehlung künftig für Bebauungspläne als Grundlage zu verwenden, d.h. die im Plan aufgeführten Objekte sind bei Erörterungen mit zu berücksichtigen.

Im Sinne eines erweiterten Demokratie-Verständnisses wäre es folgerichtig und sinnvoll, Vertreter der politisch unabhängigen Bürgergruppen an einer Erörterung der von ihnen vorgeschlagenen Objekte im Bauausschuß (im Regelfall) mitzubeteiligen. Verständnis und Verantwortung würden damit beiderseitig gestärkt.

DAS WAHRE
IST
DAS GANZE

G. W. F. Hegel

Das Wahrnehmen von Architektur bleibt zeitlos an ihren einzelnen archetypischen Grundelementen orientiert.

(Zeichnung H. Klock, 1991)

Schluß-Folgerungen

1
H. Tessenow

› Wir wollen mehr als das Fundament – aber wir wollen das Fundament zuerst.

2
U. Conrads

› Bauen heißt also: keimhaft veranlagte Energien freisetzen, zu lebendiger Wirklichkeit bringen, durch die Ausformung dieser Energien.

3
H. Deilmann

› Inzwischen besteht Übereinstimmung darüber, daß auch im künstlerischen Bereich objektivierbare Größen ermittelt werden können.

4
„ein Hochschullehrer" – notiert von P. Rumpf

› Die Architekten müssen in ihrer Disziplin so arbeiten, daß sich die anderen Disziplinen für die Architektur interessieren und nicht umgekehrt.

5
L. Snozzi

› Der Architekt, gefällt er sich in seinen eigenen künstlerischen Fähigkeiten, so sind wir Zeugen wuchernder Form- und Detailproduktion.

6
Frei Otto

› Der Wandel der Aufgaben macht ein Überdenken des Berufs des Architekten und seiner Ethik unumgänglich. –
Pflicht ist es . . .
Menschen sicher zu behausen,
Nächstenliebe zu üben
und Menschen durch
Bauwerke zu erfreuen
und friedlich zu stimmen.

Den Werkberichten liegen drei Zielvorstellungen zugrunde:
zum einen, architektur-immanente Fakten aus dem unbestimmten Bereich wahrgenommener „Gefühle" zu versachlichen,
zum anderen, die Standort-Bedeutung näher auf den Wahrnehmungsprozeß zu beziehen,
zudem, aus der allgemeinen Wahrnehmungsteilhabe an der Architektur Konsequenzen zu ziehen.

Viele offene Fragen und Hypothesen zeigen, daß diese subjektiv durchgeführten Arbeiten nur Ansätze sein können. Ich bin mir jedoch sicher, daß die Architektur ein breiter abgesichertes Fundament erhält, wenn die in uns angelegten Verhaltensmuster nach und nach dingfest gemacht werden und die Einmaligkeit eines jeden Standortes analytisch besser ausgelotet wird als bisher. Der Architektur werden damit langfristig Möglichkeiten geboten, über den eigenen Schatten einer oft allzu introvertierten ästhetischen Betrachtung zu springen, und nach außen den Nimbus einer elitären Kunstgattung abzustreifen.

Die heutige Architektur braucht ihren eigenständigen festen Platz innerhalb des weiten Rahmens der Humanökologie. Hier kann „ökologisches Bauen" nur einen Teilbereich ausfüllen. Erst auf einer breiteren Plattform wird Architektur in Zukunft von mehr Menschen als existentielle Herausforderung wahrgenommen.

Zu Anfang dieses Jahrhunderts entstanden durch neue Technologien neuartige Architekturen. Am Ausgang des Jahrhunderts haben sich die technischen Möglichkeiten für die Baugestalt so ausgeweitet, daß Steuerungsorgane erforderlich sind. Aus vielerlei Aspekten sind diese zu entwickeln.

Unter dieser Zielsetzung habe ich einige Ergebnisse der dargestellten Experimente und Untersuchungen zusammengestellt:

– Schon im Vorbewußtsein üben bestimmte Elemente der Architektur auf den Menschen aktive Wirkungen aus. Passives Abschalten diesen Elementen gegenüber ist, so vermute ich, nicht möglich. Sie gehen uns „unter die Haut”.
Folgerung:
Diese vor dem Bewußtwerden erkennbaren Elemente bilden den „harten Kern” einer Architektursubstanz. Als permanente Einwirkungen sind sie im Planungsprozeß zu berücksichtigen.

– Durch die Dauerhaftigkeit von Architektur über Generationen entsteht ein hoher Gewöhnungsgrad. Dieser hat sich über Jahrhunderte innerhalb von Kulturkreisen in archetypischen „inneren Bildern und Uhren” manifestiert. Diese in uns eingeprägten Muster steuern zu einem wesentlichen Teil unsere Wahrnehmung.
Folgerung: Wir sollten die in der Wissenschaft vorliegenden Erkenntnisse über Archetypen nutzen und sie für die Architekturgestaltung praxisnah weiterentwickeln.

– Um Architektur über den reinen Sehvorgang hinaus erlebbar zu machen, brauchen wir Sinn-Schichten, in die der Umraum mit einbezogen ist. Es gibt keine umraumisolierte Architektur.
Folgerung: Die Dosierung von Architekturelementen muß mit dem Umraum korrespondieren. Ortsspezifisch allgemein leicht anwendbare Analyse- und Diagnoseverfahren sind zur standortgerechten „Einpflanzung” neuer Architektur zu entwickeln und dezentral zu erproben.

– Form folgt Bewegung. Je schneller die Geschwindigkeitsabläufe sind, um so mehr werden optisch-real Architekturgestalten bei deren Wahrnehmung verändert. Das Raumgefühl wird dabei vom Zeitgefühl abgelöst.
Folgerung: Bewegungsablauf und Bebauung sind visuell aufeinander abzustimmen. Architekturen nahe an Schnellstraßen besitzen andere Gestaltanforderungen, als solche an Straßen mit langsamen Bewegungsabläufen.

– Farbgebung und Materialwahl gehören zu den Primäreindrücken unserer Wahrnehmung. Beide sind substanziell wirksame Elemente der Architekturgestalt.
Folgerung: Material- und Farbwerte rangieren allgemein noch unter „ferner liefen”. Hier ist eine Trendwende einzuleiten. Sie gehört zu den schwerwiegenden Aufgaben im Bereich der Architektur.

– Baumasse und strukturelle Gliederung einer Architektur, insbesondere ihre Höhen und Diagonalerstreckungen werden von der Wahrnehmung besonders sensibel registriert.
Folgerung: Zur Gestaltung eines lebenswerten Umraumes gehört es, derartige Gestaltansprüche unserer Sinne, in Übereinstimmung mit den Standortgegebenheiten kreativ für neue Architektur zu nutzen.

- Ein Raumerlebnis kommt erst im bewußten Stadium der Wahrnehmung zustande, nachdem vom Unter- und Vorbewußtsein dazu „Grünes-Licht" geschaltet wurde.
  Folgerung: Raumgestaltungen sind in besonderem Maße auf archetypische Basiselemente angewiesen.

- Bauliche Details prägen die Charakteristik einer Architektur. Ihre Wahrnehmung braucht eine zeitliche Vertiefung und findet deshalb, je nach räumlichem Abstand, in der Regel erst im Stadium der bewußten Wahrnehmung statt.
  Folgerung: Die Durchgestaltung einer Architektur bis zum einprägsamen Detail ist für die Wahrnehmungsfolge aus verschiedenen Abständen von zentraler Bedeutung. Die gestuften Wahrnehmungsmöglichkeiten vom großen Gebäudeumriß bis zum kleinen Türdrücker (oder umgekehrt), sollten zu keinem Bruch in einer sinnhaft mitvollziehbaren Gestaltfolge führen.

- Zu einem wesentlichen Teil wird Wahrnehmen von Architektur durch ähnliche Grundmuster geprägt. Aus ihnen haben sich über Generationen fortentwickelte Erfahrungen zu Typenbildungen verdichtet.
  Folgerung: Eine Architektur ist ohne ihre „basalen Grundformen der Erscheinung" (Josef Lehmbrock) nicht verständlich. Um die Erarbeitung von Typologien nicht einzuengen, sollte endlich zwischen Typ und Norm zu beiderseitigem Vorteil, eine eindeutige Begriffsabstimmung und Arbeitsteilung erfolgen. Die gegenseitige Neutralisierung verhindert Planungseffizienz.

- Wir brauchen den an Architektur interessierten Mitbürger als mithandelnden Partner, um die allgemeine (etwa 90%), meist anonyme Architektur in ihrer Gestaltqualität zu verbessern.
  Folgerung: Über das natürliche Eigeninteresse an seinem Umraum ist der Mitbürger zu motivieren, Architektur als Lebensqualität besser einzuschätzen und seine städtebaulichen Einsichten zu vertiefen. Die vielerorts vorliegenden Erfahrungen darüber sind miteinander auszutauschen, weiterzuverarbeiten und deren Ergebnisse (von den Medien) zu verbreiten.

Das Wahrnehmen von Architektur ist in einen lebenslangen Lernprozeß eingebunden. Von ihm ausgehend ist ein fundiertes und erweitertes Verständnis für Architektur aufzubauen.

Gefordert ist der Mut zur kleinen, ortsprägenden Alltagsarchitektur sowie zur großen Vision, Architektur und menschliche Existenz näher aufeinander zu beziehen.

In diesem Beziehungsgeflecht werden Architektur und Schönheit in Zukunft eine neu zu bedenkende Rolle spielen. Weil dieses Phänomen in den Werkberichten nur indirekt enthalten ist, mag der Hinweis darauf, angereichert und erhärtet mit Zitaten als Abschluß dienen.

Das europäische Kulturerbe fordert dazu heraus, die Erkenntnisse über Zusammenhänge zwischen Mensch und Architektur zu erweitern und kreativ umzusetzen.

Das Wahrnehmen
einer Blumenwiese,
eines Hauses,
eines Ortes – – –
Sind wir noch auf der Suche
nach Schönheit – der zart
besaiteten und scheuen
Schwester der Qualität?

Das Wort dazu haben:

7 C. F. v. Weizsäcker

❜ Schönheit ist eine Mitwahrnehmung des Lebensnotwendigen, aber indirekt, ohne das Pathos der Notwendigkeit.

8

❜ Der Schönheitssinn ist ihm (dem Menschen) mitgegeben, um auch seine eigenen Werke mit einem anderen Maßstab zu messen als dem Maßstab dessen, was er in der Verblendung des im Augenblick lebenden Ich für nützlich hält.

9 J. Piaget

❜ Ästhetische Werte hängen nicht von imperativisch wirkenden Regeln ab, aber sie beziehen sich doch auf mehr oder minder geregelte Strukturen.

10 J. E. Berendt

❜ Archetypen weisen auf harmonikale Zusammenhänge als Lebensgrundlage hin.

11

❜ Die verborgene Harmonie ist mächtiger als die offensichtliche.

12

❜ Harmonikales Denken ist analoges Denken.

13 Le Corbusier (zur Akropolis)

❜ Das ist Baukunst ... in unserem Inneren über die sinnliche Wirkung hinaus Widerhall erwecken, gleichsam einen Resonanzboden in uns zum Schwingen bringen.

[14] M. Sack

❜ Das ist es doch auch, was barocke Üppigkeit neben gotischer Strenge erlaubt, diese mitunter so wunderbar dissonante Harmonie der Epochen.

[15] G. Behnisch

❜ Damit würde das, was früher der Architektur auch sichtbar an der Oberfläche zugehörte, das Maßstäbliche, Maßvolle, das Harmonische ins Innere, in die Dinge wandern und könnte nun von daher wieder aufgedeckt werden, nicht mehr mit unseren Sinnen direkt, wie früher, sondern erst mit Hilfe eines Übersetzungsvorganges. Nach wie vor wird auch dann noch das Gefühl unmittelbar angesprochen.

[16] R. Jung

❜ Warum bringen wir es nicht mehr fertig, etwas von der Baukunst Venedigs oder Sienas, etwas von ihrer Schönheit herzustellen? Da stimmt doch etwas nicht.

[17] J. Brodsky (über Venedig)

❜ Es ist, als würde der Raum, der hier mehr als irgendwo um seine Unterlegenheit der Zeit gegenüber weiß, ihr mit der einzigen Eigenschaft antworten, die die Zeit nicht besitzt: mit Schönheit.

[18] Toblacher Gespräche

❜ Die ästhetische Dimension der bebauten Umwelt ist lebensnotwendig. Schönheit kann nicht auf Einzelbereiche beschränkt werden als Gegengewicht zu den vielerorts wuchernden Häßlichkeiten. Schönheit erwächst aus der Versöhnung von Natur und Kultur und muß ein Baustein der Zukunft werden.

[19] Frei Otto

❜ Die Lehre vom Schönen in der Architektur ist noch keine Lehre für Menschlichkeit im Bauen.

Das Schöne
ist der Glanz
des Wahren.

Thomas
von Aquin

Literatur-Nachweis

Kap.	Zitat	Autor	Titel	Verlag	Seite
E	1	Leonardo da Vinci	aus: „Das dritte Ohr” von J. E. Berendt	Rororo transformation, Hamburg 1990	16
	2	C. G. Jung	aus: „Die Psychotherapie von C. G. Jung” von W. Hochheimer	H. Huber Verlag, Bern – Stuttgart 1966	18
	3	H. Matisse	„Farbe und Gleichnis”	Fischer-Bücherei (324) Frankf./M. 1960	87/88
	4	A. Mitscherlich	„Perlach – bemerkenswert, bedenkenswert”	Merian – „München” 12. Dezember 1971	136
	5	A. Gosztonyi	„Der Raum” (Band 2)	K. Alber V., Freiburg – München 1976	782
	6	Frei Otto	„Die neue Pluralität”	„glasforum”	8
	7	E. Fromm	„Die neue Sicht der Gesellschaft”	„Lesebuch” – Deutsche Verlagsanstalt Stuttgart 1985	121
	8	J. Posener	aus: „ein Brief an U. C.”	„Bauwelt” 1980/H. 25	1110
	9	W. Siegfried	„Mensch – Bewegung – Raum”	Dissertation – Universität Zürich – 1977	2
1	1	G. Vollmer	„Evolutionäre Erkenntnistheorie”	Hirzel Verlag, Stuttgart 1975	180
	2	C. St. Wilson	„Die natürliche Phantasie/Architektur als Erlebnis”	„Bauwelt” 1989/H. 37	1785
	3	H. Kükelhaus	„Unmenschliche Architektur”	Gaia Verlag, Köln, 1978	40
	4	K. Tucholsky	aus: „Sprüche u. Widersprüche z. Planung”	„Bauwelt’ 1983/H. 28	1112
	5	J. Pieper	„Aufarbeiten genügt nicht” (Leserbrief)	‚Bauwelt” 1981/H. 26	1069
	6	C. G. Jung	wie E (2)	←	63
	7	–	–	←	22
	8	J. Piaget	aus: 1.1 (8)	←	246–250
	9	C. G. Jung (u.a.)	„Das Grundproblem der gegenwärtigen Psychotherapie” (1931)	„Das C. G. Jung Lesebuch” Walter-Verlag, Olten und Freiburg 1984	13
		–	„Einige Aspekte der modernen Psychotherapie (1929)	–	44
		–	„Vom Werden der Persönlichkeit” (1932)	–	119
		W. Hochheimer	„Die Psychotherapie von C. G. Jung”	wie E (2)	
		W. Obrist	„Archetypen/Natur- und Kulturwissenschaft bestätigen C. G. Jung”	Walter-Verlag, Olten und Freiburg 1990	
	10	V. v. Weizsäcker	„Gestaltkreis”	G. Thieme Verlag, Stuttgart 1973	
	11	O. F. Bollnow	„Mensch und Raum”	W. Kohlhammer Verlag, Stuttgart 1963	
	12	G. Vollmer	wie 1 (1)	←	
1 1	1	J. E. Berendt	wie E (1)	←	41
	2	–	–	←	21
	3	W. Obrist	wie 1 (9) u.a.	←	156
	4	K. Lynch	„Das Bild der Stadt”	„Bauwelt-Fundamente” (16) Ullstein Verlag, Berlin 1965	151
	5	S. Boisserée	aus: „J. M. William Turner”	Wienand Verlag, Köln 1980	6
	6	A. Hajos	„Wahrnehmungs-Psychologie”	Kohlhammer-Urban V., Bd. 157, Stuttgart 1972	
	7	W. H. Ittelson ... Mitw. D. Dempsey	„Einführung in die Umwelt-Psychologie”	Klett-Cotta Verlag, Stuttgart 1977	
	8	H. Legewie W. Ehlers	„Knaurs moderne Psychologie”	Droemer Knaur Verlag, München, Zürich 1972	
	9	M. Ueckert R. Kakuska J. Nagorny	„Psychologie”	Bertelsmann-Verlag, Gütersloh 1976	
1 2	1	E. Roth	Straßenbahn Aushang	Stuttgart 1987	
	2	K. Wagenbach	Der Verleger K. W. in einer Anzeige	„Die Zeit” Nr. 28/5. 7. 91	44

Kap.	Zitat	Autor	Titel	Verlag	Seite
	3	V. v. Weizsäcker	„Der Gestaltkreis”	Suhrkamp Taschenbuch St. W., 18 Stuttgart 1983	211
	4	Ch. Norberg-Schulz	„Genius loci”	Klett-Cotta Verlag, Stuttgart 1982	170
	5	A. Siza	Ein Gespräch mit Alvaro Siza	„Bauwelt' 1990/H. 29	1470
	6	F. Schuhmacher	„Vom Städtebau zur Landesplanung”	E. Wasmuth Verlag, Tübingen 1951	48
	7	V. v. Weizsäcker	wie 1.2 (3)	←	
	8	W. Metzger	„Gesetze des Sehens”	W. Kramer Verlag, Frankfurt/M. 1975	
	9	Verf.	„Form folgt Bewegung”	„Bauwelt” 1988/H. 10	364–70
	10	M. Sack	(Ausstellungsbericht)	„Die Zeit” Nr. 14 – 27. 3. 87	69
	11	U. Conrads	„Rückblicke auf ein Pensum für Morgen” (Vortrag)	„Bauwelt” 1987/H. 13	476
	12	P. Rumpf	„Augenblicke”	„Bauwelt” 1987/H. 32	1157
1 3	1	L. Kahn	aus einem Aufsatz von C. J. Wilson	„Bauwelt” 1989/H. 37	1795
	2	H. Klock	„Die Sprache der Dinge”	Ausstellung in Berlin/Nov. 91	
	3	J. Hennig	„Von Oben besehen”	„Röhm-Spektrum” – 36, Darmstadt	80/81
	4	H. Kükelhaus	„Die Stadt nach der Evolution”	„Bauwelt” 1969/H. 45	1581/2
	5	U. Conrads	„Bauprodukte die der Architekt sich wünscht”	„Deutsch. Architekten BL.” 3/85	295
1 4	1	H. D. Schaal	„Architekturen 1970–90”	Ausstellung in Stuttgart 1990 Katalog: G. Hatje Verlag	8
	2	U. Hohlbein	→	„Die Zeit” Nr. 39/1991	76
	3	D. Liebeskind	→	„DBZ” 5/91	690
	4	L. Snozzi	→	„Der Architekt” 12/87	582
	5	W. Obrist	wie 1 (9) u.a.	←	193
	6	P. Rumpf	→	„Bauwelt” 1978/H. 25	971
	7	K. Jaspers	„Die Sprache”	Piper-Verlag, München 1964	
	8	Verf.	„Sprache und Entwurf”	„Bauwelt” 1981/H. 39	1735–37
	9	T. Werneck und F. Ullmann	„Dynamisches Lesen”	W. Heyne Verlag, München 1977	46
	10	U. Conrads	„Ein IBA-Höhepunkt”	„Bauwelt” 1981/H. 16	647
2	1	W. Hochheimer	wie E (2)	←	25
	2	Ch. Norberg-Schulz	wie 1.2 (4)	←	23/13
	3	Frei Otto	„Gespräch mit Ch. Marquart”	„Die Zeit” Nr. 41/5. 10. 90	56
	4	A. Loos	aus: „Bauen in alter Umgebung” v. M. Sack	„DAB” 6/1984	754
	5	R. Ostertag	„Architektur und Realität”	„glasforum” 2/1992	6
	6	P. Peters	→	„Baumeister” 6/1984	8
	7	K. Gruber	„Die Gestalt der Deutschen Stadt”	G. Callwey Verlag, München 1952	77
2 1	1	H. Böll	„Aufsätze – Kritiken – Reden” (Bd. I)	dtv 616 – 1965	138
	2	U. Conrads	→	„DAB” 3/1985	295
	3	Michelangelo	aus 1 (2)	←	1787
	4	Verf.	„Behälter oder Gebäude”	„DBZ” 3/1981	379
			„Das Wahrnehmen von Dächern”	– 9/1982	1233–36
			„Fenster Augen des Hauses”	– 9/1984	1177–80
			„Eingang und Schwelle”	– 11/1985	1469–72
			„Treppe und Zuweg”	– 9/1986	1103–06
			„Baum und Bauwerk”	– 10/1987	1261–68
			„Gebäude im Umfeld”	– 9/1988	1181–86

Kap.	Zitat	Autor	Titel	Verlag	Seite
2 1.1	1	H. Gruhl R. Weidemann S. Hirsch	„Dekonstruktion eines Hauses"	„DBZ" 4/1991	504
	2	M. Sack	„Bauen in alter Umgebung"	„DAB" 6/1984	754
2 1.2	1	M. Metzger	wie 1.2 (8)	←	133
	2	Th. Fischer	„Vorträge über Proportionen"	Henschel Verlag, Berlin – 1955	78
	3	Ch. Norberg-Schulz	wie 1.2 (4)	←	179
	4	H. Wetzel	„Stadt Bau Kunst"	K. Krämer Verlag, Stuttgart 1978	24
2 2	1	P. Klee	„Pädagogisches Skizzenbuch"	F. Kupferberg Verlag, Mainz 1965	23
	2	F. Schumacher	wie 1.2 (6)	←	47
	3	A. Portmann	„Biologie und Geist"	Rhein-Verlag, Zürich 1956	146
	4	G. Bammes	„Der nackte Mensch"	Otto Maier Verlag, Ravensburg 1982	418
	5	–	–	–	419
	6	–	–	–	435
	7	M. Sundermann	„Fassaden und ihre Auswirkungen"	„Baumeister" 3/1982	246–50
	8	G. Bammes	wie (4) und 2.6 (4)	←	
	9	J. Piaget	„Erkenntnistheorie der Wissenschaften vom Menschen" dazu: wie 1 (8)	Ullstein (2950), Frankfurt – Berlin – Wien 1973	
	10	L. Bernstein	„Musik die offene Frage"	„Goldmann-Taschenbuch" (33052) München – 1981	37
	11	W. Metzger	wie 1.2 (8)	←	201
2 3	1	H. Legewie W. Ehlers	wie 1.1 (8)	←	243
	2	U. Conrads	„Spielraum für Leben"	C. Bertelsmann-Verlag, München – Gütersloh – Wien 1972	9
	3	L. Bernstein	(mitnotiert)	TV-Sendung am 7. 7. 81	
	4	Th. Fischer	Ausstellung zum Gedenken an Theodor Fischer (notiert)	in Stutgart 1989	
	5	V. M. Lampugnani	„Die Ablagerungen der Tradition"	„Bauwelt" 1980/H. 39	1741
	6	G. Wolf	„Vom Grundriß der Volkswohnung"	Otto Maier Verlag, Ravensburg 1949	11
	7	Verf.	„Ein Grundrißbaukasten als Planungshilfe"	„Baumeister" 11/1949	560
	8	–	„Grundrißatlas"	C. Bertelsmann Verlag, Gütersloh 1955	
	9	J. Pieper	„Mimesis und Metamorphosen der Architektur"	„Bauwelt" 1981/H. 8	271–79
	10	V. H. Lampugnani	wie (5)	←	1740–1773
	11	O. Schmidt	„Der harte Kern der Baukunst"	„Bauwelt" 1982/H. 44	1816–1819
	12	Verf.	„Grundmuster der Architektur"	„DBZ": 12/1991	1773–1777
	13	J. Posener	→ (Zitate)	„Der Architekt" 9/1981	411
	14	G. Wolf	aus einem Vortrag von Gustav Wolf	im Januar 1946 (in Münster i.W.?)	
	15	J. Pieper	wie (9)	←	279
2 4	1	A. Siza	„Neubauten in Porto 1987–90"	„Bauwelt" 1990/H. 29/30	1476
	2	H. Jahn	→	„VFA-Profil" (Architektur-Magazin) 6/1990	8
	3	W. Benjamin	aus: „Passagen" (zitiert v. M. Sack)	Harenberg Verlag, Dortmund 1984	28
	4	O. Wagner	„Erstes Postulat"	„KS – Neues Bauen" 9/1980	5
	5	A. Mitscherlich	„Perlach – bemerkenswert, bedenkenswert"	Merian – „München" 12. 12. 71	136
	6	L. Bernstein	wie 2.2 (10) sowie	←	
		–	„Von der unendlichen Vielfalt der Musik"	H. Leins Verlag, Tübingen – 1982	

Kap.	Zitat	Autor	Titel	Verlag	Seite
	7	J. E. Berendt	wie E (1)	←	
	8	K. Lorenz	„Die Rückseite des Spiegels"	dtv (1249) München 1980	
	9	M. Trieb	„Stadtgestaltung, Theorie und Praxis"	„Bauwelt Fundmente" 43 Bertelsmann, Düsseldorf 1974	
	10	K. Gruber	wie 2 (7)	←	
	11	O. Völkers	„Deutsche Hausfibel" „Dorf und Stadt"	L. Staakmann Verlag, Leipzig 1937 L. Staakmann Verlag, Bamberg 1956	
	12	H. Simon	„Das Herz unserer Städte" (Bd. 1–4)	R. Bracht Verlag, Essen 1963–1965	
	13	K. Schattner	„Stahl und Form"	Inst. für Architekturdokumentation, München 1987	2
2 5	1/2	E. Schulz	„Hochhaus und Stadtkrone"	FAZ – 16. 6. 1962 (Nr. 138)	
	3	N. N. Baranow	„Die Silhouette der Stadt"	Verlag für Bauwesen, Berlin 1985	13/124
	4	B. Freund	„Bedenken gegen das Wohnhochhaus"	„Bauwelt" 1974/H. 7	276
	5	K. Humpert	„Hohe Häuser in Stuttgart"	Ausstellungskatalog Nov. 1989 (Vorwort)	
	6	Verf.	„Der stärkste Stadtbaustein"	„Bauwelt" 1992/H. 32	1824/5
	7	N. N. Baranow	wie (3)	←	
	8	O. F. Bollnow	wie 1(11)	←	45
2 6	1	H. Hesse	„Bäume"	Insel-Taschenbuch – 455	9–12
	2	–	–	–	
	3	–	–	–	
	4	A. Dürer	aus: „Die Gestalt des Menschen" v. G. Bammes	VEB-Verlag, Dresden 1973	56
	5	Verf.	„Baum und Bauwerk"	„DBZ" 10/1987	1261–68
3	1	M. Heidegger	„Bauen – Wohnen – Denken"	G. Neske Verlag, Pfullingen 1954	155
	2	H. D. Schaal	wie 1.4 (1)	←	7
	3	W. Pehnt	→	„Der Architekt" 1/1985	33
	4	A. Mitscherlich	wie 2.4 (5)	←	134
	5	–	–	←	136
	6	M. Sack	„Integration von Alt und Neu"	Ausstellungs-Katalog, München 1978	17
3 1	1	Th. Fontane	aus: „Der Stechlin"	Proemersche Verlagsanstalt, München 1952	869
	2	H. D. Schaal	wie 1.4 (1)	←	93/41
	3	O. W. Bollnow	wie 1 (11)	←	123
	4	Ch. Norberg-Schulz	„Problem des Ortes"	Ausstellungs-Katalog, München 1978	11
	5	W. Metzger	wie 1.2 (8)	←	256
	6	Frei Otto	wie E (6)	←	8
	7	Ch. Norberg-Schulz	wie 1.2 (4)	←	
	8		sowie: „Logik der Baukunst"	Bauwelt-Fundamente (15) Ullstein-Frankfurt/Wien 1965	
	9	J. Pieper	„Architektonische Toposforschung"	„Bauwelt" 1989/H. 3	78–101
	10	F. Spengelin W. Rossow	„Stadtbild und Stadtlandschaft – „Planung Kempten"	Bundesminister für Raumordnung 02/H. 009, Bonn 1977	
	11	A. E. Parr	„Über die Konsequenz der Monotonie"	„Bauwelt" 1966/H. 20	571–76
3 2	1	H. Kükelhaus	wie 1 (3)	←	41
	2	J. E. Berendt	wie E (1)	←	78

Kap.	Zitat	Autor	Titel	Verlag	Seite
	3	O. F. Bollnow	wie 1 (11)	←	179
	4	D. Zimmer	→	„Zeitmagazin” Nr. 45/1. 11. 85	48
	5/6	G. Simmel	aus: 1.4 (1)	←	96
	7	H. D. Schaal	wie 1.4 (1)	←	93
	8	O. F. Bollnow	wie 1 (11)	←	
	9	Verf.	wie 2.1 (4)	←	
3 3	1	K. Schattner	„Eichstätt”	„Der Architekt” 2/1988	153
	2	–	wie 2.4 (13)	←	2
	3	H. B. Reichow	„Organische Stadtbaukunst”	G. Westermann, Braunschweig 1948	34
	4	O. F. Bollnow	wie 1 (11)	←	193/203
	5	BDA-Hessen	„Thesen zum Wohnungsbau”	LD. Verband, Frankfurt/M. (Juni 1991)	
	6	E. N. Bacon	„Stadtplanung von Athen bis Brasilia”	Artemis-Verlag, Zürich 1968	
	7	Ch. Mäckler	„Frankfurt-Projekt”	„Bauwelt” 1987/H. 3	72–90
	8	B. Ressler	„Projekte”-Ausstellung in Stuttgart	Ausstellungs-Katalog 1987	
	9	J. Pieper	wie 3.1 (9)	←	79
	10	C. Alexander	aus: „Kriterien der Stadtplanung”	„Werk-Chronik”, Winterthur 2/1966 und	
			von Yona Friedman	4/1966	23/24+87/88
	11	L. Snozzi	→	„VFA-Profil” 10/1990	56
3 4	1	B. Pascal	„Pensées”	Lambert Schneider Verlag	
				Heidelberg 1954	46
	2	W. Pehnt	→	„Der Architekt” 7/8 1988	429
	3	Th. Mann	„Meerfahrt mit Don Quijote”	„Zeitmagazin” Nr. 14/1991	24
	4	O. v. Nostiz	„Die Stadt in der Wüste”		
			Nachwort zu Antoine de Saint-Exupéry	K. Rauch Verlag, Düsseldorf 1951	550
	5	A. Pieper	Bericht über Hoyerswerda	„Allgäuer-Zeitung”, Immenstadt 30. 9. 1991	
	6	C. Buchanan	„Verkehr in Städten”	Vulkan Verlag, Essen 1964	204/5
	7	Verf.	„Zur Diagnose eines Stadtkerns”	„Stadtbauwelt” 1975/H. 47	164–171
	8	P. Hacks	„Adam und Eva” (Paraphrase)	Theater-Heft/Bielefeld Nr. 23/1973–74	
	9	U. Conrads	wie 2.3 (2)	←	79
	10	K. J. Krause	„Stadtgestalt und Stadterneuerung”	Bundesvereinigung Deutscher	
				Heimstätten 1974	48
	11	R. Keller	„Bauen als Umweltzerstörung”	Artemis-Verlag, Zürich 1973	85
	12	B. Brecht	aus: „Bauen ein Prozeß”		
			von L. Burckhard und W. Förderer	A. Niggli Verlag, Teufen 1968	
	13	H. v. Cramer	aus: „Stadt für Menschen” von P. Peters	Callwey Verlag, Stuttgart 1973	18
	14	K. Wittkau	„Altstadtsanierung”	Universität Bielefeld 1974	39
	15	C. Alexander	wie 3.3 (10)	←	87
	16	G. Benn	„Provoziertes Leben”	Ullstein Verlag Nr. 54/Berlin 1955	105
	17	U. Conrads	„Eine Zumutung”	„Bauwelt” 1975/H. 10	293
	18	O. F. Bollnow	wie 1 (11)	←	195
	19	L. Burckhard	„Familie und Wohnung”	„Bauwelt” 1975/H. 9	277
	20	M. Wagner	„Wirtschaftlicher Städtebau”	J. Hoffmann Verlag, Stuttgart 1951	22
	21	P. Peters	wie (13)	←	132
	22	H. String	„Forderungen zum Wohnungsbau”	„Baumeister” 1/1975	19
	23	H. Meuter	„Wochenfreizeit in besiedelten Räumen”	Information zur Raumentwicklung	
		S. Röck		Bonn 1974/H. 9	333
	24	f. Roger	„Die Gewalt der Friedfertigen”	Herder Verlag, Bd. 421, Freiburg 1974	83
	25	O. F. Bollnow	wie 1 (11)	←	77

Kap.	Zitat	Autor	Titel	Verlag	Seite
	26	K. Lynch	wie 1.1 (4)	←	179
	27	A. v. Haller	„Umweltschutz und Ethik"	„Das Gespräch aus der Ferne" Nr. 239/1972, Bodendorf	
	28	K. J. Krause	wie (10)	←	85
	29	G. Benn	„Doppelleben"	dtv 408/München 1967	86
	30	G. Isbary	„Der Standort der Städte in der Raumordnung"	O. Schwarz Verlag, Göttingen 1964	13
	31	G. Benn	wie (29)	←	27
	32	E. N. Bacon	wie 3.3 (6)	←	51
	33	St. Exupéry	wie 3.4 (4)	←	490
	34	G. Benn	wie (29)	←	22
	35	P. Hacks	wie (8)	←	
	36	H. Scharoun	„Struktur in Raum und Zeit"	Handbuch Safari Verlag, Berlin 1957	15
4	1	L. Snozzi	→	„VFA-Profil" 10/1990, Oldenburg	68
	2.	f. Roger	wie 3.4 (24)	←	68
	3	Frei Otto	„Die Neue Pluralität" (Vortrag)	„glasforum" 6/1989	7
	4	H. P. Bahrdt	„... und die Verantwortung des Architekten?"	„Bauwelt" 1981/H. 38	1679
	5	P. Rumpf	→	„Bauwelt" 1978/H. 25	972
	6	Verf.	wie 3.4 (7)	←	170–71
	7	W. H. Riehl	„Die Naturgeschichte des Deutschen Volkes"	A. Kröner Verlag, Leipzig 1935	42/64
	8	J. Illich	„Entschulung der Gesellschaft"	Rowohlt (6828) HBB 1973	115
4 1	1	J. W. v. Goethe	aus: „Goethe" von R. Friedenthal	Piper Verlag, München 1963	162
	2	O. F. Bollnow	wie 1 (11)	←	182
	3	K. Lynch	wie 1.1 (4)	←	179
	4	R. Ostertag	„Architektur und Realität"	„glasforum" 2/1992	7
	5	W. Pehnt	→	„Der Architekt" 7/8 1988	432
	6	BDA-Hessen	wie 3.3 (5)	←	
	7	Verf.	„Flächenbedeutung"	„DBZ" 1/1986	55/56
	8	G. Höhler	„Die Anspruchsgesellschaft"	Goldmann-Sachbuch (11390) Econ-Verlag, Düsseldorf, Wien 1979	228/224
S	1	H. Tessenow	„Heinrich Tessenow-Archiv"	Fachhochschule-Ulm 1985	6?
	2	U. Conrads	„Von einer gewissen Unübersichtlichkeit"	„Der Architekt" 6/1982	297
	3	H. Deilmann	„Gebäude-Wesen, Typ und Gestalt"	Vortrag: Münster 1965	
	4	P. Rumpf	„Ein Werkstattbericht aus Siena"	„Stadtbauwelt" 1990/H. 36	1760
	5	L. Snozzi	wie 4 (1)	←	58
	6	Frei Otto	wie 4 (3)	←	7/8
	7	C. F. v. Weizsäcker	„Garten der Menschlichkeit"	C. Hanser Verlag, München – Wien 1977	141
	8	–	–	–	142
	9	J. Piaget	wie 2.2 (9)	←	215
	10–12	J. E. Berendt	wie E (1)	←	369/105/111
	13	Le Corbusier	zitiert von Colin St. John Wilson	„Bauwelt" 1989/H. 37	1785
	14	M. Sack	„Lückenbaukunst"	„Die Zeit" Nr. 27/29 6. 90	56
	15	G. Benisch	„Offene Architektur"	„Glasforum" 4/1282	8
	16	R. Jung	(Auslage in der Deutschen Bundesbahn)	„Intercity" 6/1991	22
	17	J. Brodsky	aus „Ufer der Verlorenen"	„Zeitmagazin" Nr. 33/91	12
	18	Tagung	„Toblacher-Gespräche", Tirol 1989	„Der Architekt" 6/1989	295
	19	Frei Otto	wie 4 (3)	←	7